榜　样

2019年度新时代铁路榜样风采录

中国国家铁路集团有限公司宣传部（党组宣传部）　编

中国铁道出版社有限公司

2020年·北　京

图书在版编目（CIP）数据

榜样：2019年度新时代铁路榜样风采录 ／ 中国国家
铁路集团有限公司宣传部（党组宣传部）编. — 北京：
中国铁道出版社有限公司，2020.12
ISBN 978-7-113-27394-1

Ⅰ．①榜… Ⅱ．①中… Ⅲ．①铁路员工－先进事迹－
中国－现代 Ⅳ．①K826.16

中国版本图书馆CIP数据核字(2020)第220390号

书　　名：**榜　样**——2019年度新时代铁路榜样风采录

作　　者：中国国家铁路集团有限公司宣传部（党组宣传部）

策划编辑：赵　静

责任编辑：陈若伟　付巧丽　卢　笛　　　编辑部电话：(010) 51873179

装帧设计：刘　莎

责任校对：王　杰

责任印制：赵星辰

出版发行：中国铁道出版社有限公司（100054，北京市西城区右安门西街8号）

网　　址：http://www.tdpress.com

印　　刷：中煤（北京）印务有限公司

版　　次：2020年12月第1版　2020年12月第1次印刷

开　　本：700 mm×1 000 mm 1/16　印张：23.25　字数：400千

书　　号：ISBN 978-7-113-27394-1

定　　价：86.00元

前　言

　　中国国家铁路集团有限公司党组认真贯彻落实习近平总书记对铁路工作的重要指示批示精神和党中央、国务院的决策部署，牢牢把握"千千万万普通劳动者最伟大""幸福都是奋斗出来的"宣传导向，以选树宣传"新时代·铁路榜样"为载体，在铁路全行业持续推出一大批先进典型人物。

　　2019年，中国国家铁路集团有限公司、中华全国铁路总工会面向铁路全行业，聚焦基层一线职工，通过广泛发动、层层推选，在人民铁道、中国铁路全媒体平台和中央、地方主要媒体大力宣传的基础上，授予10位铁路人"新时代·铁路榜样"称号，授予36位铁路人"新时代·铁路榜样"提名奖。

　　荣获"新时代·铁路榜样"称号的沈阳局集团公司锦州电务段信号工刘博、北京局集团公司北京南站业务指导张润秋、太原局集团公司湖东机务段电力机车司机景生启、郑州局集团公司郑州北站连结员陈林、武汉局集团公司武昌客车车辆段质检员黄望明、上海局集团公司科研所机辆技术研究室主任朱挺、南宁局集团公司百色工务段维修工长汪伯华、广州铁路公安局长沙公安处刑警支队大队长宋鹏飞、中铁十一局集团桥梁有限公司川藏铁路拉林段质检女工班工长崔欣、中国中车集团公司青岛四方机车车辆股份有限公司钳工首席技师郭锐，还被中共中央宣传部、中国国家铁路集团有限公司联合授予2019年度"最美铁路人"称号。

荣获"新时代·铁路榜样"和"新时代·铁路榜样"提名奖的46位铁路人，全部来自铁路基层一线，是铁路运输、铁路建设、铁路装备、铁路公安各领域的优秀代表。他们以实际行动诠释了"人民铁路为人民"的根本宗旨，体现了时代性、先进性、代表性，展示了铁路人的先行风采、服务本色、担当品格、奋斗精神。

为充分发挥先进典型示范引领作用，讲好新时代铁路故事，我们编辑出版了这本榜样风采录，把榜样的先进事迹和精神风貌展现给广大读者。相信在习近平新时代中国特色社会主义思想指引下，在"新时代·铁路榜样"的感召下，200多万铁路人一定能够立足岗位，深学笃行，自觉投身"交通强国、铁路先行"的生动实践，为全面建成小康社会、实现"两个一百年"奋斗目标做出应有的贡献。

目　录

最美铁路人　新时代·铁路榜样

新时代·铁路榜样提名奖

目　录

最美铁路人　新时代·铁路榜样

润秋的故事讲不完

张润秋 1999年参加工作，曾任北京南站客运值班站长，现任北京南站客运车间业务指导，先后获得全国劳动模范、全国满意度服务明星、中华儿女年度人物、北京市劳动模范、北京青年五四奖章、全国铁路标杆班组长、全国铁路优秀共产党员标兵等荣誉。

润秋的故事讲不完

——记中国铁路北京局集团有限公司北京南站客运车间业务指导张润秋

高李鹏　高玉洁

柴　娜/摄

外形似巨型飞碟的北京南站，有着"中国高铁第一站"的美誉，开通10年发送旅客近3亿人次。

就在这座敞亮的现代化车站里，有一位客运工作人员的名字被很多旅客传颂。有人说，北京南站有个好姑娘；有人说，高铁站里有个"活雷锋"；有人说，铁路上有个微笑天使。

一位普通的客运工作人员，为什么能够感动众多旅客？近日，记者走近张润秋和润秋服务组，听他们讲述10年间，一座车站、一位客运工作人员与来自天南海北旅客间的点滴故事。

日行3万步解答上万句，她微笑始终如一

7月21日，暑运高峰中的北京南站候车厅秩序井然。这一天，近19万名旅客从这里乘车启程。

北京南站二层高架候车区旅客通道旁，"润秋爱心服务区"几个大字十分显眼。站在服务区的张润秋口不停、眼不停、手不停，解答着旅客问询。

"请问13检票口怎么走？"

"请问车票怎么改签？"

……

问题一个接一个，几乎不容她歇息片刻。遇到客流高峰，张润秋几小时喝不上一口水是常事。面对重复了千万遍的问题，她总是面带微笑，一边回答，一边配合手势指引，力争用最短的时间让旅客明白。

2008年北京南站开通时，张润秋就当上了客运值班站长。2010年11月，以张润秋为核心成员，北京南站成立了"润秋服务组"，主要服务重点旅客、解答旅客问询。

在川流不息的大厅巡视、推轮椅接送重点旅客进出站……一天下来，她走路超过3万步，回答旅客问询达上万句。即使这样，张润秋脸上也不见一丝厌烦，始终带着真诚的微笑。

采访过张润秋的记者总会忍不住问她同一个问题："每天如此重复，你不烦吗？"

"真不烦！能够帮助别人，也是一种幸福！"她说。

张润秋至今难忘收到第一面锦旗的故事。那也是北京南站开通后收到的第一面锦旗。

那时，北京南站开通不到 1 个月。有一天，张润秋正在值班站台值守，只见一位满头大汗的旅客匆匆赶来说，自己把一个贵重皮包忘在列车上了。

原来，这位旅客刚刚乘坐京津城际列车到达北京，下车后发现没带皮包，可列车很快就要折返，于是赶快来找工作人员帮忙。

此时，距列车检票放行仅有四五分钟时间。张润秋一边安抚旅客情绪，一边联系寻找。当对讲机中"找到了"的声音传来时，那名旅客悬着的心终于放了下来。此时，距旅客检票仅剩几秒钟。

没想到，几天后，这位旅客特意到车站送来锦旗致谢。这件小事，让从事客运工作没多久的张润秋认准一条：服务旅客要用心。

2010年9月的一天，候车大厅里，一位坐在轮椅上的重点旅客进入张润秋视线，她赶忙走过去，弯下腰轻声问："您需要帮助吗？"

注视张润秋半天，这位旅客默默掏出一张车票递给她。张润秋接过一看，列车快到检票时间了，便推起轮椅对旅客说："我送您提前检票进站吧。"

送进站，送上车，找到列车长作重点交接……当一切安排妥当、张润秋微笑着向旅客说"再见"时，那位旅客突然掏出一张名片塞到她手中，感动得热泪盈眶。

事后张润秋才得知，这位叫尹小星的旅客，就是手摇轮椅先后征服泰山、黄山等20多座名山，翻越海拔5000多米的唐古拉山、穿越塔克拉玛干沙漠的"轮椅英雄"。

在张润秋的工作日志上，前面五六页密密麻麻记满了电话号码：济南站值班站长、南京客运段值班室、天津站公安派出所……"服务旅客时经常会需要。"张润秋解释。

一位记者采访张润秋后，写下这样一段话：温暖一颗冰冷的心需要多久？两人从素昧平生到亲如一家需要多久？这些在普通人身上需要花费大量时间、甚至一生才能做到的事，在北京南站，如高铁一样，这一切都被按下了快进键。

真正用心服务旅客，也许是润秋服务组能够"由外到内"、抵达旅客内心

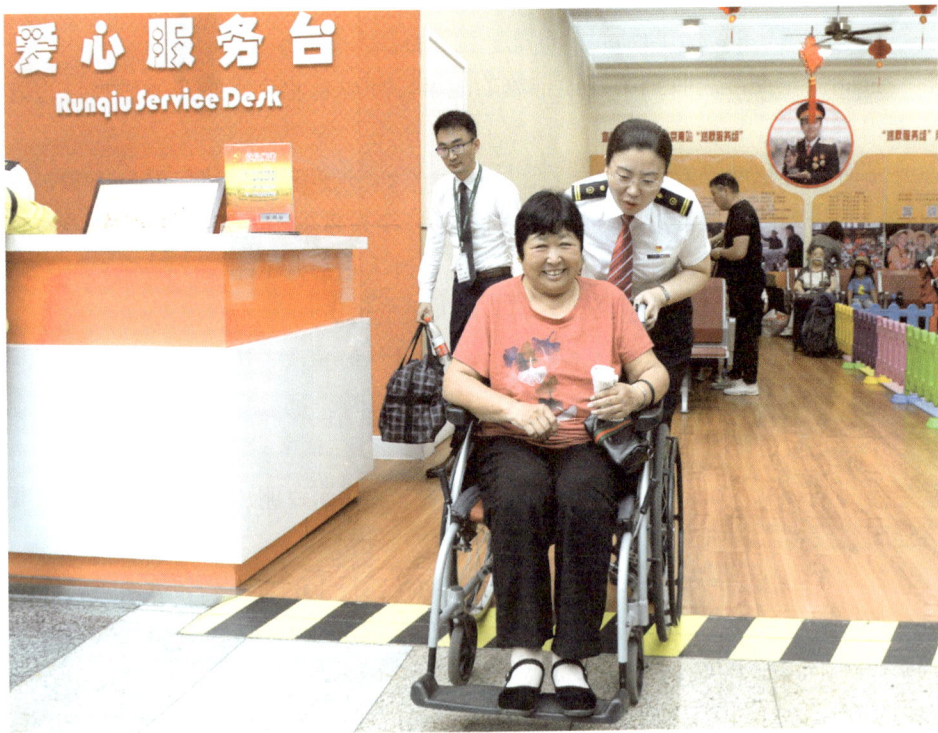

陈 涛/摄

的途径。

"外地旅客的导游、残疾旅客的亲人、老年旅客的女儿、年轻旅客的朋友、儿童旅客的阿姨、外籍旅客的翻译。"旅客送给了张润秋众多美誉。

8969封表扬信和815面锦旗

"你看，我们刚收到一个快递包裹，收货地址是北京南站张润秋爱心服务区。"张润秋指给记者。

包裹上没留下电话和寄货地址，只有署名北女士，留言上写道，感谢润秋服务组对老太太的帮助。显然，寄货人希望张润秋和服务组姑娘们一定要收下这份心意。

张润秋和服务组姑娘给旅客提供的帮助，都铭记在了他们心里。

从2010年成立至今，润秋服务组收到表扬信8969封、锦旗815面，平均每天收到3封表扬信。

"我妈妈说到了北京南站一定要看看您，替她向您问声好！"年轻姑娘说。

"阿姨特别希望在北京南站见到你，你在吗？"患有帕金森综合征的老人为表达心意，坚持要来看看张润秋。

"你还记得我吗？谢谢你曾经帮助过我！"岗位上的张润秋经常碰到这样的旅客。因为帮助别人的事情每天都在发生，实在想不起时她就会对旅客笑笑。

……

"被人惦记的幸福感是别人无法体会的。"张润秋说。

2012年元旦，正在值班的张润秋接到了一个从美国纽约打来的越洋祝福电话。打电话的是年逾古稀的老华侨十凯文。

原来一个月前老人在出差中因心脏病发作动了手术，不巧又赶上痛风发作，以致寸步难移。当天老人乘坐G14次列车从上海返回北京，在北京南站，张润秋把老人抱上了轮椅，一直把老人送上出租车，并送到了宾馆。

"如果当时没有你们的爱心相助，后果不堪设想。"老人满怀感恩地说，"在祖国仍有那么多活跃在群众中，为旅客排忧解难、嘘寒问暖的'活雷锋'，实在令我感佩不已！在这里，我谨向你和润秋服务组深深致谢，致敬！"

这样的故事，在张润秋身上发生过很多很多。

张润秋在巡视中看到大厅里一位老奶奶在哭泣。她走过去问："老人家，您怎么了？需要帮忙吗？"原来老奶奶着急到上海看望癌症晚期的妹妹，却买不到车票。张润秋安慰老人："别着急，我试试帮您买吧。"留下老人联系电话，张润秋送老人离开车站。没想到，80多岁的老人忽然转过身来向她深深鞠了一躬。

"真是受不起啊。"讲到这儿，张润秋眼睛湿润了。

一名军人从秦皇岛坐车到北京南站换乘去福建。到车站才发现车票丢了，身上没有足够的钱补票，归队时间又不能迟到，无奈中他找到张润秋求助。张润秋帮他联系秦皇岛站，找到了丢失车票，又帮他联系快递直接寄到他工作地点。在踏进车厢的那一刻，这位军人向张润秋敬了一个标准的军礼。

时间过去很久，老人鞠躬的场景和军人的军礼一直留在张润秋心里。"我们做的都是小事，却得到了旅客最高的赞誉。"张润秋说。

服务旅客永远在路上

"进了北京南站，我眼前一亮，你摁亮了小台灯，我心中一亮。"一封感谢信写出了无数旅客的心声。

原来，一位老人到润秋服务台想了解开往天津的列车。他见张润秋正忙，就要了一本列车时刻表自己看起来。张润秋默默摁亮了一盏小台灯，老人抬起头看着张润秋笑了。后来，老人就给张润秋写了这封感谢信。

因为心里始终装着旅客，张润秋眼里总能看到旅客的困难，帮助就多了一分亲人间的温暖。

见到银发老人步履蹒跚地走进候车大厅，问明情况，张润秋一手接过老人手里的行李，一手扶住老人。她找来轮椅，把老人送到车上。分别之际，离开祖国50多年的归国华侨握住张润秋的手说："高铁的发展成就举世瞩目，我为祖国日新月异的变化感到骄傲。"

去饮水间打水，看到老人坐在冰凉的地上，她忙上前询问；经常接送患重病的病人，她会在推轮椅时尽可能让他们感到舒服；看到有残障的旅客，她一定会多叮嘱几句……

开通10年，北京南站日均发送旅客从2万人次增加到近15万人次，工作量翻

了很多倍，但张润秋一直想的是，如何让旅客出行体验更美好。

张润秋把北京南站列车换乘车次、时刻背得滚瓜烂熟，还买来交通旅游图，每晚都研究到深夜，对公交、地铁接驳线路对答如流。为方便与外籍旅客交流，她整理翻译了"常用工作英语500句"，从此有了"活地图""义务导游""电子时刻表"的美誉。

北京南站全站电扶梯多达76部，无障碍直升梯有35部。每个角落，张润秋走了一遍又一遍，就为了告诉旅客最方便的路线。

对不同年龄、不同需求的旅客，张润秋总结出"勤微笑、勤观察、勤问候""眼到、话到、手到"的服务口诀。

根据高铁旅客需求，张润秋创新提炼了"六式六心"服务法。适应旅客需求，张润秋和服务组姑娘们在微博、博客、微信上注册账号，真正实现站站、站车"爱心一条龙"服务。

"将心比心，用心换心，以心交心，真情用心开启每一位旅客的美好旅程。"张贴在润秋爱心服务区墙上的一句话，默默诠释着润秋服务组的服务真谛。

如今，担任北京南站客运车间业务指导的张润秋忙碌依然。脚步匆匆、微笑依旧的她，成了亿万旅客心目中的铁路活雷锋。

真正把旅客装在心中

采访过张润秋多次，记者还是不禁要为她点赞。

10年时间，张润秋做过的好事说不完：抢救临产的孕妇，帮离家出走的孩子找父母，看护离家出走的精神病人……平凡岗位上，她的服务让南来北往的旅客深切感受到了高铁好、铁路好、首都好、祖国好。

来自美国的越洋电话，寄自新西兰的名信片，不署名的快递包裹……每一个感人故事的背后，都是张润秋那句朴素话语的映照：为旅客服务，就是要把旅客当做自己的亲人，把旅客的事当做自家的事。

岗位上的张润秋，再忙再累，面对旅客求助时的笑容总是那么真诚，直抵人心。用她自己的话说，每天很累，可见到旅客有困难就一定要管，而且要管到底、管好！

润秋服务组的姑娘们佩服张润秋帮旅客总能帮到点子上。因为真正把旅客放在心上、装在心中，她总能看到旅客的难处，帮助里就多了一分亲人般的关爱。也许，这就是张润秋让无数旅客念念不忘的秘诀，也是她感动旅客的根本。

在高铁第一站传递家的温暖

张润秋

2008年8月1日，我国第一条时速350公里的高速铁路——京津城际铁路开通运营，它的起点北京南站被誉为"中国高铁第一站"，我有幸成为第一批高铁客运服务人员。11年来，无论是建站之初从无到有，还是面对日益增长的高铁服务新需求；无论是紧张繁忙的春暑运，还是突如其来的疫情防控阻击战，我和姐妹们始终以现代化客运服务为目标，倾情打造"润秋服务"品牌，努力让旅客出行体验更美好。

记得车站刚开通，一位聋哑旅客急匆匆地跑到服务台，不停地打着手势。

陈 涛/摄

原来他是来北京看奥运会的，不知道怎么坐公交车去比赛场馆。我通过手语和他沟通，在一张纸上详细写下乘车路线，并提醒他注意安全。这位旅客特别感动，向我竖起大拇指，还用手势比了一个"感恩的心"。由此我想到，虽然北京南站铁路、地铁、公交、出租车等交通方式无缝衔接，但因为面积大、客流多，更需要我们做好引导，帮助旅客轻松换乘。于是，我把北京南站列车换乘车次和时刻背得滚瓜烂熟，利用休息时间把地铁和附近的公交车都坐了个遍，每天还关注了解首都的重要活动和文体赛事，不少旅客称我是北京南站的"活地图""时刻表""义务导游"。为了让旅客在北京南站出行更顺畅，大家都主动出主意、想点子，车站集思广益，增设客运综合信息显示屏、优化引导标识、引入网约车、建立路地协调联动机制，让旅客快速接驳换乘。慢慢地，找我咨询的人少了，为车站点赞的人多了。

随着高铁网越织越密，北京南站的旅客越来越多，每天始发终到400多趟，高峰日发送旅客超过20万人次。正常情况下，我们每个人都满负荷运转，一旦遇到极端恶劣天气，保障旅客顺畅出行的考验特别大。有一次，暴雪导致多趟列车晚点停运，滞留的旅客将服务台围得里三层外三层。"为什么停运？""到底晚到什么时候？""你们怎么解决？"面对众多的问询，乃至斥责和诘难，我和姐妹们始终面带微笑一一解答。我知道，我们的一言一行代表着"高铁第一站"的服务品质。我们一边与晚点列车长确认情况，一边帮助旅客换乘、改签、退票。一直忙到凌晨两点多，候车大厅才安静下来。经过10多个小时的紧张工作，我们每个人都喉咙嘶哑、双腿打颤，不想再说一句话，但从彼此的眼神中都感到了团队的温暖、信念的力量。

这个信念，就是让每一位旅客在北京南站都能有家的温暖。2019年中秋节，我正在候车大厅忙碌，听到有人喊我的名字，原来是葛阿姨拿着亲手做的月饼来看我了。我与葛阿姨相识于2010年8月，一次当班巡视中，发现她在候车大厅的角落抹眼泪，老人说，想去上海看望病危的妹妹，怎么也买不到票。当时恰逢世博会出行高峰，车票确实很紧张。我往售票窗口跑了十几趟，终于帮葛阿姨买到了一张别人的退票。晚上下班后我又把葛阿姨送上车，并联系上海站将她作为重点旅客予以关照。打那以后，葛阿姨就把我当成了亲闺女，我也多次送老人家进站上车，我们娘俩常常互相看望、彼此牵挂，心里特别温暖。如今我和很多旅客都成了朋友，许许多多的节日问候、朋友圈点赞，还有大街上一声暖心的"秋姐"……让我感觉被人惦记着真好。特别是在今年疫情防控期间，经常有旅客给我发信息、打电话，叮嘱我做好防护、注意休息。一天，我穿着防护服背着消毒桶在检票口进行消毒时，与一位经常往返天津的重点旅客在候车大厅内相遇，一声问候他便认出了我。口罩遮住了我们嘴角的微笑，但我们彼此心里却徜徉着爱的暖流。

只要心里把旅客当亲人，眼里总能看到他们的难处。重点旅客需要照看、遗失物品需要找回、各种问询需要解答……我一天到晚总有忙不完的事，尤其是在春暑运、节假日等大客流的时候，常常不能回家。女儿经常一个人抱着心爱的小熊问："小熊小熊，你说妈妈今天几点回来？""小熊小熊，你说妈妈今天能早点儿回来吗？""小熊小熊，你说妈妈今天怎么还不回来啊？"问着问着就自个儿睡着了。一天晚上，女儿不小心磕破了额头，我特别着急，在去医院缝针的路上，女儿抱着小熊哭着说："小熊小熊，我是不是又给妈妈添乱了？"那一刻，我泪如雨下，我把懂事的女儿紧紧地抱在怀里，反复重复着一句话："对不起，宝贝！……对不起，宝贝！"

如今，高铁已经成为老百姓最喜爱的交通工具，这背后有无数铁路人在坚守奉献，为中国高铁高品质服务给力加油。近年来，我见证了网络购票、刷脸进站、电子客票等服务的智能化，给铁路客运工作带来的巨大变化。"润秋服务"也始终紧跟客运发展步伐，不断探索创新，先后开设润秋热线、润秋博客、润秋微博，为旅客提供更高品质的服务。有一次，我的微博收到一条求助信息，一位重病旅客想从曲阜转到北京治疗，需要站车全程重点照顾。我立即联系列车和曲阜东站，提前推着轮椅在站台等待，直到送上救护车。后来旅客在微博中写道："病友给的'润秋'名片真给力，坐高铁有困难就找润秋服务组，太靠谱儿了！"随后，我们逐渐在车站官方微博、微信平台增设重点预约服务功能，建立高铁站与站、站与车联网联动服务机制，与十余所高校共建志愿服务基地，率先实现高铁客运服务从"一个站"到"一张网"的延伸与辐射。

2019年9月，17名雅万高铁的外国同行来北京南站参观学习，我向他们讲述中国高铁发展历程、分享高铁服务经验。外国朋友纷纷找我签名拍照，赞叹中国高铁发展快、服务好，看着他们既佩服又羡慕的样子，我感到非常光荣和骄傲。11年来，我们多次向中外各界人士展示高铁服务品牌，十几个国家上千名铁路人员前来学习取经，"润秋服务"品牌也越来越靓丽。

这些年，我和姐妹们根据旅客出行需求，先后总结出"三勤三到"服务法、高铁车站"六式六心"服务法，针对老幼病残孕等重点旅客实施"定制"服务。我们每天帮扶重点旅客1000人以上，日均为旅客解决问题1500余件，接受咨询上万次。服务组成立以来，共收到感谢信8900多封，锦旗800多面，先后荣获了全国"工人先锋号"、全国"五一巾帼标兵岗"等荣誉。在我的带领下，越来越多的小"润秋"已经成为高铁客运一线的服务明星和骨干力量。

今年疫情防控期间，北京南站客流虽然不大，但人流构成复杂，我们肩上的责任比以往任何时候都要重。我和姐妹们每天坚守阵地，决心让每一位进出北京南站的旅客都感到安全放心。当前，国内疫情防控形势持续向好，复工复产积极推进，进出站、上下车的旅客一天天又多了起来，我们感到由衷的高兴，不久的将来，一个流动的中国必将更加充满活力。

服务因用心而精彩，人生因奉献而美丽。2014年1月29日，我受邀参加中共中央、国务院春节团拜会；2019年10月1日，我作为铁路代表在天安门广场参加了庆祝中华人民共和国成立70周年大会，感到无比自豪。今后，我和姐妹们要把高铁服务做得更好，在追求一流服务品质的道路上努力奔跑，北京南站"润秋服务组"的姐妹们永远是您的家人！

在时代的召唤中奋斗成长

景生启　中国铁路太原局集团有限公司湖东机务段大秦第二机车队重载司机。1993年参加工作，先后获得全路优秀共产党员、全路首席技师、火车头奖章、"铁路工匠"、全国五一劳动奖章等荣誉，是全路第一个享受国务院政府特殊津贴的重载司机。在2014年大秦线3万吨重载试验中担当主控司机，亲历了我国具有自主知识产权重载铁路技术的重大突破，总结出"2万吨列车精准操纵法""3万吨列车操纵法"，填补了世界重载列车操纵技术标准的空白，被称为中国铁路"重载第一人"。

赵 永/摄

在时代的召唤中奋斗成长

——记中国铁路太原局集团有限公司湖东机务段重载司机景生启

樊康屹 赵 永

653公里的大秦铁路，承担着中国铁路1/4的煤炭运量。如同大动脉，为整个东部地区输送"血液"。大秦铁路运营30年来，已累计运输煤炭近60亿吨。

设计能力为1亿吨的大秦铁路，经过数次扩能改造后年运输能力达到了4.5亿吨。在一条铁路线上完成如此大的运量，得益于具有自主知识产权的重载运输技术的成熟运用。这其中，就包括在大秦线开行运载效率更高的2万吨重载列车。一列2万吨列车运送的煤炭，能装满4000辆载重5吨的汽车。景生启就是一名驾驶2万吨重载列车的司机。

今年46岁的景生启担当机车乘务工作已经25年了。

25年来，景生启经历了大秦铁路主型机车6次转型升级，他驾驶重载列车在大秦线上往返1400余趟，累计安全行车超过180万公里，运输煤炭2100多万吨。

25年来，景生启由一名从农村走出来的技校生，成长为一名精准掌控2万吨重载列车操纵技术的"铁路工匠"，成为中国铁路第一个操纵3万吨列车的重载司机、全路第一个享受国务院政府特殊津贴的重载司机……他说："身处这个伟大的时代，我为自己有幸成为中国铁路重载技术发展的亲历者、见证者、奋斗者，能够在大秦铁路服务国家发展的奋斗进程中贡献自己的一分力量感到无上光荣。"

司机操着工程师的心

"什么是榜样？景'大车'就是咱们的榜样！"

近日，在中国铁路太原局集团有限公司的《员工行为规范》推广中，景生启作为标准作业的形象代言人再次成为职工们追捧的明星。他的"一次值乘作业标准流程"成为全局"学标、对标、达标"活动的样板。

在外人看来如同军人一般精准的标准化作业，对于景生启来说只是常年的习惯使然，是他第一次听到"大车"这个称呼时就在心底种下的种子。

"大车"是对火车司机亲切的称呼，包含着对火车司机能力大、责任大、贡献大的赞许。1993年，大秦线全线开通之初，20岁的景生启从一名中专生成为湖东机务段的一名学习司机。在他成为一名正式"大车"前，父亲叮嘱他说："无论是种地还是做木匠活，咱都讲究个实在。当火车司机是个多能耐的事，实实在在学好手艺才能走得稳、走得远。"

景生启的父亲是当地远近闻名的木匠，对做人和技艺有着自己朴素的理解。父亲的话，一直是他职业生涯的座右铭。

从小就目睹父亲精湛木工技艺的景生启，对驾驶机车也有着精益求精的执念。从跟着师傅一板一眼学起，景生启就以匠人特有的拙朴对待学标落标。运行中，每遇一个信号，司机需要手指、呼唤，一个单程至少要做600多次。在一些人看来，这些单调的动作仅是一种形式，偷点懒并不影响安全。景生启却从不懈怠，每次都"剑指精确、握拳有力"。

景生启在实践中逐渐积累起有关机车构造原理、行车操纵标准、非正常处理办法等经验，在别人认为"只要能开车就行"时，他却视《技规》《行规》为一名司机的"宝典"。他能随口背出任何一条规章，对大秦线20个站场设备、31个分相坐标烂熟于心，被大家称为"活规章"。一门心思钻研驾驶重载业务的景生启，逐步掌握了韶山3型、韶山4型、DJ1型、和谐1型、和谐2型等6种机型的驾驶技术。

在景生启家中，有一个堆满资料的柜子，里面除了有勾画得密密麻麻的业务书籍外，还有他在一张张线路纵断面图、站场示意图中手记的操纵要点、坡道受力分析计算结果。大秦线先后更换过6种机型，开行过6000吨、1万吨、2万吨列车，进行过3万吨列车试验，每一次的机型更换、载重试验，他都要进行LKJ操作、操纵预案等方面的分析，都要记录下操纵心得及优化方法，难怪有人说他是"驾驶员操着工程师的心"。正是这种"国家有需要，大秦有担当"的使命感、这种匠人匠心的执着精神，为他在实践中不断钻研、不断进取、不断奋斗注入了不竭动力。

心诀全在一把闸上

距首都北京以北100公里有座名为渭水河大桥的铁路桥，大秦线在这里画出一个漂亮的S形大弯。2.6公里长的钢铁巨龙"浓缩"在S形大弯中，给人以"神龙见首不见尾"的动感震撼。

当人们感叹钢铁巨龙的磅礴之势时不会想到，列车过桥驶入军都山隧道后，即刻进入大秦线驾驶难度最为复杂的区段：从8.46公里的军都山隧道开始，是长达51公里、坡度超过12‰的连续下坡区段。在这样的坡道上操纵重载列车，撂闸猛了，冲击力瞬间集中释放，轻则造成中部机车渡板变形，重则造成断钩分离；撂闸浅了，则可能引发列车超速甚至放飚……

今天，大秦线的司机通过这一复杂区段时，都能够精确掌握排风、充风、速度三者的最佳操控时机。而这，都得益于景生启创造的"生启治坡法"。

653公里的大秦线仅大同到茶坞的300多公里线路上就有近1公里的海拔落差，并有52座隧道、540座桥梁，桥隧相连、地形复杂。2006年，大秦线开始大规模开行2万吨重载列车。列车越长，冲击力越大。开行2万吨列车，解决纵向冲动是个绕不过去的坎儿。景生启作为最先掌握2万吨操纵技术的优秀司机之一，成为总结2万吨操纵法的担纲人。

重载列车的驾驶心诀全在一把闸上。

在外行看来，景生启的操纵并没有什么特别。他轻握手柄的拇指和食指不时推拉一下，长大列车就能平稳前行。但在行家眼中，那只手柄上的一毫米偏差，在列车上的体现可是天壤之别，看似简单自然的一招一式却处处透露出几十年的功底。熟悉景生启的人更清楚，这种精益化的操纵是一种"人机合一"

的境界，是他对车、路精准掌控的结果。

要把自己的操纵技术变为可推广、可复制的操纵法，景生启感到无从下手。之所以被称为心诀，是因为车况、路况、天气、载重等变量因素太多，操纵难度大。一些人说，在大秦线上驾驶2万吨列车就如同中国烹饪，大师的秘诀并不在于看得见的流程，而在于随变而变的掌控。从"输入"到"输出"，景生启开始了新的奋斗。

为了将个性化的操纵技法转化为模块化的操纵方法，景生启给自己编制了时间表，每趟出乘前设计一套操纵预案，运行中试验一种操纵手法，退勤后再对照运行曲线，在脑海中"复盘"每一步操纵得失。他根据自己的操纵心得，计算出2万吨列车在长大下坡道运行的下滑力，并结合不同车底及温度、湿度等诱因，制定针对性操纵方法，减少了列车纵向冲动，达到"杯满不溢"的效果。经过近半年的努力，针对大秦线16个起伏坡道的"操纵模块"成功出炉，2万吨列车中部机车渡板变形等多个难题迎刃而解，景生启首创的"分步循环制动法"被命名为"生启治坡法"，填补了我国重载列车操纵技术空白。

铁路男儿更要担当

如果问景生启，25年的重载岁月哪个时刻最难忘，他一定会告诉你是2014年的4月2日。那一天，他驾驶着3万吨重载试验列车，向全世界展示了中国重载技术自主创新的成果。

操纵3万吨重载组合列车，最大的难点是准确掌握头、中、尾4台机车的相对距离和所处坡道位置，保证多台机车牵引、制动的同步性，否则，极易发生牵引时前拉后拽、制动时前堵后拥等危险状况。

这样的重任并非任何一位重载司机所能担当，这样的肩负也意味着景生启要做出更多的努力。

在正式试验前的40多天里，受命进入试验组的景生启完全处于忘我的状态。在3万吨列车的静、动态试验中，他白天和操纵团队上车试验，夜晚就在试验组里梳理试验数据，将每趟车的操纵实况密密麻麻地记在5个大本子上。每个细节，他都要反复推演上百次，修改、试验，再修改、再试验，不断优化操纵方案。由他主导的"3万吨列车操纵法"，为确保3万吨列车成功试验开行提供了操纵技术依据。

赵　永/摄

　　那段日子，他的妻子为照顾老人和孩子，辞去稳定的工作，一门心思地支持他。为了不让老人担心，他没有告诉老母亲自己在忙什么。直到母亲看见他驾驶着3万吨列车出现在电视上，才知道自己的儿子从事着一项伟大的试验。

　　3万吨重载试验的圆满成功，带给景生启的不仅是荣誉和成就，而且是一种

"献身重载事业就是献身中国梦"的精神升华，让他对重载司机的责任与担当有了更深的理解。他说："3万吨重载试验是立足于国家发展战略的重大技术创新和技术储备。大秦人从来就以国家需要为使命，我们不仅要把重载技术一代代传承下去，而且要把重载精神发扬光大。"

培养更多优秀的重载司机成为景生启新的奋斗方向。

2018年，中国铁路总公司在"六线六区域"实施"货运增量"行动，大秦线作为增量重点，今年要完成4.5亿吨任务。太原局集团公司实施了提高2万吨列车开行比重、提升列车达速率等一系列提效举措，使大秦线重载列车平均追踪间隔由14分钟压缩至12分钟。景生启说："这样的车流密度，一列不畅就会影响全线的运输效率，必须让更多的司机都能具备'贴线'运行的能力。"

"贴线"运行是指司机根据信号指示，达到实际运行速度与线路限制速度高度吻合的最佳状态，目前只有景生启等少数几名司机能做到。在他的倡导下，湖东机务段组建优秀司机培带团队，把过去的"1+1"培带模式拓展为"$N+N$"培带模式，以"滚雪球"的方式促进2万吨列车司机技能的整体提升，为大秦线提质增效提供了操纵技术支撑。

心有所念，终有回响。踏上新时代新征程的景生启更加豪情满怀："既然选择了重载事业，我就要用一生来担当。"

采访手记

诚于心　勤于行

无论是熟悉景生启的人，还是与他接触不多的人，都会对他得出一个踏实、真诚的印象。他不善言谈，却总给人以靠谱、笃定的感觉。在他的人生字典中，责任就意味着言必行、行必果，无论是对家人、对同事，还是对自己，决不失信。

对单调的事儿保持耐性，对重复的活儿慎终如始，从景生启所记的一本本手账、所画的一张张图纸、所坚守的一个个职业习惯中，我们看到一位匠人强大的精神力量，也看到新时代铁路产业工人的坚定信仰和执着追求。不驰于空想，不骛于虚声，把追求重载列车安全高效的梦想转化为一趟趟标准值乘、汇入一次次操纵技术创新，全身心地在"交通强国、铁路先行"的奋斗中展示新作为，我们为之点赞！

当好大秦重载的火车头

景生启

我工作的大秦铁路全长653公里，是我国"西煤东运"的能源大动脉，为全国六大电网、五大发电集团、上万家工矿企业和十几个省市提供生产生活用煤，被誉为"中国重载第一路"。参加工作26年来，我亲历了牵引重量从6000吨、1万吨、1.5万吨，到2万吨的发展历程，并驾驶3万吨重载组合列车完成开行试验任务。能为重载铁路贡献一份力量，我感到无比自豪！

大秦铁路1988年开通运营，设计年运量1亿吨，通过不断地扩能改造，如今已达到4.5亿吨的年运量，线路上开行的2万吨重载列车达到了70%。这种2万吨

赵 永／摄

赵 永/摄

重载列车是采用两列1万吨组合的"1+1"模式，由2台机车牵引，主控机车在前部，从控机车在列车中部。这样的车到底怎么开，国内外没有任何可以借鉴的操纵经验和参考标准，只能靠司机一趟一趟摸着石头过河。

大秦铁路60%的线路处于山区，东西海拔落差上千米，其中，地形最险、操纵最难的是两段总长93公里、12‰的大坡道。210节车辆、2.6公里长的2万吨列车经过这里时，首尾高低落差31.4米，相当于10层楼的高度，下坡时因缓解制动产生的纵向冲动力特别大，严重影响列车安全。开行初期，司机为了保证安全，经常在下坡时先停车再启动，而这一停一启至少要耽误6分钟，堵得后续列车也跟着停车，对日运量要完成130万吨来说，影响很大。大秦铁路是一条与时间赛跑的铁路，找到一个既不停车，又不冲动的办法迫在眉睫。我看在眼里，急在心里，下定决心要与这个难题较较劲。

从那以后，我就一趟一趟地试，不断调整列车缓解的速度和地点，尝试着减小列车冲动。车开得稳不稳，列车中部司机感觉最明显，每次调整以后，我都会用车载电话询问他，"这次冲动大不大，能给我打多少分"。经过反复修正操纵方法，虽然我的得分越来越高，但冲动始终没有完全消除。有一天，我看到两位老人正在练习太极推手，眼前一亮，如果能像打太极一样，精准地借力用力，就能顺势化解列车冲动。按照这个思路，我重新绘制受力分析图，计算缓解时间点，在循环制动中不断寻找调速手柄的最佳级位。当试到第113趟，列车平稳顺畅通过大下坡后，电台里传来中部机车司机激动的声音："景师傅，一点冲动都没有，这事儿算是成了！"

为了让更多人掌握这套平稳高效的操纵方法，单位安排我专职帮乘，手把手带出89名司机，他们又像滚雪球一样把技术传给更多司机，从此，大秦铁路大坡道停车重启彻底成为历史。这件事让我信心倍增，于是趁热打铁，连续攻克了"多机平稳过分相""上坡道启车"等12个重载操纵难题，总结出的《2万吨精准操纵法》被作为标准范本，成功复制到我国瓦日、唐呼等重载新线，还填补了世界重载列车操纵技术标准的空白。

大秦铁路是我国重要的能源运输通道。为满足经济社会发展需要，大秦铁路千方百计挖潜扩能，在运行速度、开行密度、牵引重量方面不断创新突破。作为火车司机，就应该尽可能按照最高限速来运行，这对2万吨重载列车的操纵来说，无疑是一个更大的考验。

为了练就稳中求快、快中有稳的操纵技术，我把仅有10厘米长的操纵手柄滑槽，细分成100个级位，以头发丝般的触感，用心揣摩级位与速度之间的完美结合。那段时间，我几乎着了魔，筷子、牙刷、钢笔，只要手里有东西，就会不由自主地模仿调速动作，长此以往感觉越来越到位。记得在一次铁路司机职业技能竞赛实作操纵项目中，随着速度表指针的转动，列车很快达到了每小时80公里，这个速度是重载司机技术和心理的一道坎儿。当速度达到每小时84公里临界值，眼瞅着就要逼近每小时85公里的超速失格线时，车上的几位评委几乎同时靠了过来，看着机车运行监控装置上实际运行速度的绿线贴着限速红线一点点平行移动，纷纷掏出手机，记录下这精彩的一幕。比武结束后，有评委问我："敢让2万吨重载列车贴限运行，还是头一次见，你是怎么练出来的？"其实，我平时就是这么开的。大秦铁路平均运行时间712分钟，我一般用560分钟，试验时最快的一次只用了535分钟。

大秦铁路是我国重载铁路技术创新的发源地和试验田。为落实国家创新驱动发展战略，让中国重载持续领跑世界，大秦铁路启动了3万吨重载列车开行试验，这在我国重载铁路发展史上具有里程碑的意义。2014年2月，我被选拔为试验列车主控司机，当时就立下军令状：只能成功，不能失败！

那段时间，我白天与铁科院专家上车搞静态试验，收集记录同步操纵、牵引制动、功能模块等各项数据，晚上独自模拟推演列车通信中断、循环制动、断钩保护等一系列状态下的应急预案。开行试验的日子越来越近，我感到压力非常大，嘴角起泡、上颚溃烂，但当找到解决安全风险的一个个办法时，又高兴的像个孩子。这一个多月，我过得紧张而充实，终于在开行试验前，完成了10万余字的《3万吨重载列车操纵预案》。

2014年4月2日，是我最难忘的日子。中国首列编组320辆、总长近4公里、牵引总重31500吨的重载试验列车整装待发。当电台传来指令："55001次袁树林站4道发车"，一声嘹亮的汽笛划破长空，我向前推动手柄，列车缓缓启动，迎着清晨的朝阳，我国历史上最重、最长的列车，在大秦铁路上一路穿山越岭，安全抵达秦皇岛柳村南站，试验取得圆满成功。这个振奋人心的消息通过各大新闻媒体传遍海内外，我国在世界重载领域又取得了历史性突破！

大秦铁路开通运营30多年来，不断刷新着年运输量、开行密度和运行速度的世界记录，滚滚乌龙在这条钢铁大动脉上一天也没有停歇，即使在今年新冠肺炎疫情最吃紧的时候，大秦铁路日均运量仍保持在95万吨以上，成千上万和我一样的重载铁路人奋斗其中、奉献其中。近期，全国各地复工复产节奏日益加快，大秦铁路的重载列车自动驾驶试验也正在分秒必争地进行，我非常荣幸成为了实验团队中的一员。我相信，不久的将来，大秦铁路一定会再传捷报！

一位信号工的"数据大师"之路

　　刘　博　1982年出生，中国铁路沈阳局集团有限公司锦州电务段锦州车载车间信号工，2002年参加工作。2014年，在全国铁道行业职业技能大赛上夺得机车信号项目总冠军，并获得全国技术能手、全路技术能手、火车头奖章、全路青年岗位能手等荣誉；2015年，被评为辽宁省高功勋技能人才，享受国务院政府特殊津贴；2017年，被评为辽宁省劳动模范；2018年，被中国铁路总公司授予"铁路工匠"荣誉称号。

一位信号工的『数据大师』之路

——记中国铁路沈阳局集团有限公司锦州电务段锦州车载车间信号工刘博

韩庆潇 唐冠军 金鑫

山万庆/摄

2019年4月15日11时许，在中国铁路沈阳局集团有限公司锦州电务段锦州车载车间的管控室里，一个年轻的身影正在一丝不苟地对锦承线朝阳西站拆插道岔过渡施工引起的LKJ数据更新进行核查。这个年轻人就是锦州车载车间信号工刘博。

1982年出生的刘博，2002年进入铁路工作。他立足岗位，精心钻研技术业务，用自己的辛勤付出将全国技术能手、全路技术能手、火车头奖章、辽宁省劳动模范以及中国铁路总公司"铁路工匠"等18个荣誉收入囊中，并享受国务院政府特殊津贴，成为遨游在数字世界里的"数据大师"。

全新领域，数字世界开启新视野

2002年，青春懵懂的刘博从沈阳铁路机械学校内燃机车专业毕业后，满怀激情地来到了锦州机务段。最初只是干拧螺丝、焊电路、写记录、打文件等最基础的工作，这让刘博有些失落。后来，与师傅冯运河

的一次作业，改变了刘博的工作轨迹。

2004年夏季的一天，天空中飘起了雨丝。当天傍晚，刘博与师傅冯运河接到了在山海关整备场进行LKJ车载数据换装作业的临时任务。18时，作业正式开始。对于还从未进行过车载数据换装作业的刘博来说，这是一次巨大的考验。

LKJ是列车运行监控记录装置，其中的车载数据系统更是列车运行的"大脑"。这些数据对应的是各种机车运行状况，以及信号、线路、桥涵、隧道等设备质量情况。每次线路施工，基础数据就会发生变化，更新到机车上的数据更是多达900万个字符，如果发生错误，后果不堪设想。看着师傅熟练地为一台台机车换装数据，刘博内心羡慕不已。他暗下决心，自己一定要熟练掌握这项技能。

数据换装作业结束时，已是次日8时，刘博的衣服早已被汗水、雨水浸透。看到他疲惫不堪的样子，冯运河指着整装待发的机车说："你知道昨晚我们换了多少辆车的数据吗？"刘博摇摇头："不知道。""昨晚，我们一口气为80多台机车换装车载数据！"听到这里，刘博十分惊讶，惊讶于师傅和自己竟然完成了这么大的工作量，一种强烈的自豪感油然而生。看到换装数据后的机车安全平稳地驶出整备场，刘博异常兴奋。他指着那些自己还记得住编号的机车对师傅说："看，这就是我们换装数据的机车！"

勤学苦练，信号工实现华丽转身

第一次为机车进行车载数据换装作业，让刘博领略到了数字世界特有的魅力，他的"数据大师"之路也由此开启。

因为当时车载数据没有专门的专业，加之车载数据工作内容的复杂性，勤奋好学的刘博在工作之余找来大量专业书籍，有空就抱着书本"啃"。他记了30多万字的笔记，家里的电脑也总是被他一个人"霸占"，一弄就是大半夜。为进一步提升业务水平，刘博还到北京交通大学进修机车车辆专业，不断丰富自身的理论知识。

同时，他还坚持将所学知识和岗位实践紧密结合起来。刘博发现自己在LKJ设备故障处理和文件分析方面的技术比较薄弱，就利用业余时间在练功室对着设备拆了装、装了拆，反反复复，直到熟练为止。

2008年4月，随着设备管理专业性不断增强和机车相关设备的优化整合，锦州电务段组建了承担机车无线通信设备、机车信号设备、车载LKJ及相关设备维护工作的车载车间。作为车载数据工种里的"排头兵"，刘博也被划归到了锦州电务段。

刚刚在新单位度过磨合期，刘博就遇到了一个难题：该段管内大部分LKJ设备由于过了质保期，频繁发生单机运行故障，导致机车有时出不了库，甚至途中停车。

当时，受技术能力限制，设备只能返厂维修，但问题始终没有解决。刘博多次向厂家反映，厂家坚持说是芯片问题。为了查清楚原因，刘博一头扎进数据模拟室，调取2300多个机车运行数据文件，对比分析190多万条数据，添乘机车跟踪监测返厂维修过的板件，最终确认是设备自带软件数据清理不干净造成的单机运行故障。

由于厂家没有解决方案，随后一段时间内，刘博反复写数据、清空、再写、再清空，常常端着饭盒边吃边琢磨，守着试验台测试。最终，他完成了DALLAS芯片人工写入空数据方案，彻底解决了单机运行故障的问题。这一成

山万庆/摄

果得到了该局集团公司电务部的认可，并迅速在电务系统推广。

在多年如一日的学习、探索、钻研中，刘博创新成果不断。他提出并参与研制的统计工具表，将数据换装统计效率提高了80%以上；他研制的GYK数据模拟比对试验台，为轨道车安全上线提供了可靠的数据支持……

诲人不倦，扶持新一代成长成才

随着理论水平和技术业务水平不断提升，刘博开始在各项铁路技能比赛中崭露头角，先后获得全国技术能手、全路技术能手、全路青年岗位能手及火车头奖章等荣誉。

高超的技艺让刘博收获了更多认可，肩上也多了一份沉甸甸的责任。2016年，以他的名字命名的锦州电务段"刘博铁路信号工技能大师工作室"挂牌成立。从此，刘博除了自己钻研技术，还要带领7名青年骨干学技术、攻难关。

作为一名年轻的专业带头人，刘博深知自己任重道远。从业务素质到心理素质，他时刻用自己的实际行动影响和带动身边的年轻人成长成才。

"车载工作最重要的就是标准，差一点儿也不行。"刘博坚信好钢是炼出来的，因此在作业完成质量上始终分毫必究。

为了让工作室的青年职工练就过硬的业务技能和心理素质，每次练习和考核时，刘博都会提出异常严格的要求，有时候甚至"很不近人情"。

一次，他把一个连续4天的添乘任务交给工作室的青年职工沈军独立完成。当任务进行到第三天时，沈军给刘博打来电话："火车司机都换了好几班，这几天我一直没能好好吃饭睡觉，能不能下车调整一下，明天再接着干？"刘博当即拒绝了他："你必须坚持下来，我在前面的车站等你。"在下一站，见到熬红双眼的沈军，刘博十分心疼，可他还是狠下心来，递上一瓶水，对他说："剩下的添乘任务咱们一起完成。"

后来，沈军告诉刘博，其实他不是累，而是一个人在车上待久了太寂寞。刘博告诉他，干数据工作必须要耐得住寂寞。正是这样的历练让"90后"青工沈军很快从一个普通信号工成长为LKJ数据联锁骨干。2018年，沈军取得沈阳局集团公司首届"双创杯"青年职业技能竞赛车载专业第一、总排名第二的好成绩，并获得全国青年岗位能手称号。

不只是沈军，工作室里的其他6名青工也纷纷脱颖而出。秦嘉宁获得2016年沈

山万庆/摄

阳局集团公司技术状元、"尼红式青年"称号，王震获得2017年沈阳局集团公司技术状元称号，李盼获得2018年沈阳局集团公司技术状元称号，张坤雪、王一竹、崔琦三人也先后获得沈阳局集团公司技术标兵、技术能手称号。

更重要的是，工作室的学习氛围日渐浓厚。他们研发的微机联锁驱动板自动检测装置被总公司评为一等奖；研制的CIR设备故障点判断系统（无线设备故障检查仪）可以让检测人员准确判断故障部位，大幅缩短了设备故障处理延时；研制的CIR送受话器检测装置获得第四届全国铁路青年科技创新奖。

工作上，刘博一路摘金夺银，但每每谈及家庭，他总是深感愧疚。他印象最深刻的是2014年，那是他最忙碌的一年，先是参加沈阳局集团公司的专业技术培训，又赶上沈山线自动闭塞改造、大量数据更换，紧接着还要去武汉参加第四届全国铁道行业职业技能大赛，五六个月都没怎么回过家。就在这段时间，他3岁半的孩子患上了手足口病，疼得整天哭闹。刘博白天忙于工作，晚上回到宿舍，听见孩子在电话那头哭着说："爸爸，我想你"，不禁流下了眼泪。

作为新时代铁路榜样，刘博以一名信号工的身份默默奉献，为铁路运输的安全畅通保驾护航，用一颗匠心为中国铁路领跑世界贡献力量。

采访手记

平凡岗位书写不平凡人生

进入铁路18年来，刘博在工作中不断充实自我，用一个又一个奖项和科研成果为自己的平凡人生抹上了不平凡的底色。

他的不平凡，源自他对工作的责任感，一丝不苟的工作态度创造了"零错误"的记录；他的不平凡，源自他对现状的"不满足"，负重前行的工作劲头让他在各个平台崭露头角；他的不平凡，源自他对青工近乎苛刻的要求，严格的要求练就了一支技能水平和心理素质过硬的青年队伍……

幸福都是奋斗出来的。在新时代的新征程上，刘博用自己的努力继续书写不平凡的人生，为中国铁路的改革发展继续奉献青春！

做守护列车安全的"数据侠"

刘　博

在牵引普速列车的机车上，都有一个俗称"黑匣子"的列车运行监控记录装置，它是确保列车运行安全的"大脑"，简称为LKJ。入路17年，我一直从事LKJ的维护工作，做到了设备检修"零故障"、机车检测"零违章"、数据维护"零差错"。

记得我刚看到LKJ数据时，就像刚学英语一样，每个字母都认识，可放一起就成了天书。学了三个月，发现它几乎涉及到所有行车专业知识，每一个关键字符和选项的微小变化，都会影响机车运行。它的重要性和神秘感让我很着迷，就越干越来劲。当时正赶上大虎山站施工改造，我主动请缨，承担了全部数据模拟检验工作。大虎山站是一个多方向的编组站，LKJ数据模拟检验内容近3万个试验点。随着项目的深入，碰到的困难远远超出了我的预料，特别是对着电务平面图、工务配线图研究径路、道岔、限速等非本专业的内容，更是让我头疼。我就以蚂蚁啃骨头的精神，一点点地学，一行行地编，一个个地试。实在不懂的问题，我就千方百计请教，怕人家不耐烦，我把20多个能请教的师傅按专业分别编上号，遇到相关的问题就给他们轮流打手机，一天下来得充两三次电。连续十几天，每天十几小时的试验，终于一项不差、一点不漏地完成了任务，形成了1400多项的检验大纲和记录表，得到了上级专业部门的充分肯定。锦州电务段LKJ数据模拟检验工作，从此在全局挂了号。主管领导赞许地跟我说："你小子一战成名，真是块干数据的料！"

其实我知道，宝剑锋从磨砺出，这些年我一直没有停止学习。一有时间就"泡"在练功室里搞拆装，一组组数据算，一条条电路捋。晚上回家躺在床上，头脑中还一遍遍地推演，来了灵感，就起来查图纸、作记录，有时候一晚上折腾好几回，媳妇调侃我："你是学疯了啊！说梦话都是LKJ！"正是凭着这股疯劲儿，我在第四届全国铁道行业职业技能大赛上夺得机车信号项目总冠军。

　　精湛的技术不仅是学出来的，也是干出来的，更是在解决难题中练出来的。2009年，LKJ设备频繁发生单机运行故障，有时导致机车出不了库或途中停车。受技术能力限制，设备只能返厂维修，耗时长、费用高，但问题还是没有从根本上解决。为了保安全、降成本，我决心彻底攻克这个难题。随后，我调取2300多个机车运行文件，对比分析190多万条数据，一有时间就添乘机车研究故障现象。找了三个多月的故障规律，终于发现是设备自带软件数据清理不彻底造成的，当时我兴奋得手舞足蹈，于是对症下药，经过上百次试验，制定出DALLAS芯片人工写入空数据方案。这一成果得到了集团公司认证，推广后彻底消除了此类故障。

　　工作中各种各样的难题，我都想上手试试。试验台的操作面板坏了，市场上买不到，我就自行设计双控电路，使其成功"复活"。LKJ数据换装报表人工确认工作量大，容易出现错误，我就编写了统计软件，大幅提高了准确率与工作效率。慢慢的，工友们有疑难问题，都喜欢找我，把我当成了万能信号工。今年疫情防控期间，有一天很晚了，我突然接到应急电话：机务出勤点IC卡数据无法写入，影响列车正常运行，而且这列车装有疫情防控物资。看到情况紧急，我迅速来到单位，启动了远程处置流程，指挥现场人员配合研判故障，很快找到了问题症结。看着列车正点开出，周围的同事们都向我竖起了大拇指。

　　LKJ数据维护是铁路行车安全的关键岗位，一个字符的失误，都可能造成严重后果，我们必须坚守"零容忍"的底线。有一次，和家人约好晚上给我过生日，可下班前复验数据工装时发现，IC卡提示签上的文件时间是08∶02，与卡内的08∶01不符，经过反复核对，确认是打印错误。当时工装已经打包待发，妻子也几次电话催我回家。我虽然知道一个标识错误不会影响行车安全，但数据工作就是差一点也不行，放过去，就突破了我一直坚守的底线。于是，我和工友重新打印，逐个更换，打包发送到各个换装地点，当我回到家，已经过了零点。看见插着蜡烛的生日蛋糕和妻子的留言，心中一酸，"老公，孩子为了等你回来，一口都没吃就睡着了，睡前还念叨着让你吃蛋糕，你一定得吃一口，早点睡，祝你生日快乐！"从那以后，我尽可能多地腾出时间来陪伴家人，我知道工作需要我，家人也需要我，而要干好工作，更离不开家人的支持！

　　2018年，为打好污染防治攻坚战，中央要求调整运输结构、增加铁路货运量。沈阳局集团公司为此大幅优化了货车径路，需要同步更新LKJ车载模式和数据。这次更新变化大、任务紧，作为管内数据换装第一责任人，我担当了"沈西—锦州—山海关"第一列试验货车的添乘任务，核对数据并应对突发情况。这趟任务需要近30个小时，可没走到一半，我的腰脱病就犯了，整个下半身锥刺般疼痛，怎么调整姿势都不管用。车到锦州时，司机劝我下车去医院，但任务没完成，如果后半段出现了意外情况，不能及时处理，会影响整个试验和货运增量进度。我就咬着牙坚持了下去！当任务圆满完成时，我疼得全身僵硬、一动都不敢动了，从机车到出站口300米的距离，整整挪了半个小时。出站后父亲看着我皱了皱眉，几次张嘴都没说出话，小心翼翼地把我扶上了电动车。我知道他心疼我，又很理解我，他是个老铁路，深知铁路安全有多重要！

　　铁路人的传承从来没有断过，我们都有这个责任。干数据工作要有耐得住寂寞的心态和过硬的本领，为了帮助青工克服心理浮躁和动手能力弱的问题，我对他们的要求非常严格，甚至有些不近人情，他们背地里都叫我"魔鬼教头"。有一次，我把连续四天添乘三条支线的任务交给青工沈军，这个任务需要每天在机车上干10多个小时。到第三天，沈军打来电话想下车调休，我告诉他："你必须坚持下来，我在前方站等你。"上车后，我递给他一罐红牛："你先歇会，我来干。"当沈军得知我两天一宿只睡了不到4个小时还来手把手地教他，主动抢着完成了后面的任务。正是这样的历练，沈军很快成长为业务骨干，2018年荣获全路青年岗位能手。"刘博铁路信号工技能大师工作室"成立后，我带着青工学技术、攻难关，培养出8名集团公司技术状元、2名国铁集团技术能手，研制了信号故障模拟实验平台、车载安全VR培训系统、便携式微机监测系统等20多项技术成果，其中微机联锁驱动板自动检测装置获得了国铁集团成果展示项目一等奖。

　　每当我看到熟悉的机车安全驶过，每当我看到刚入路的青工能够独当一面，一种强烈的自豪感油然而生，更感到自己的付出有意义、有价值。蓬勃发展的铁路事业给了我宽广的舞台，我要以不懈奋斗的精神追逐青春梦想，遨游在数据的海洋，为列车运行安全保驾护航。

调车场上的"无敌解钩手"

陈 林 中共党员，1989年4月出生，2012年转业参加工作，中国铁路郑州局集团有限公司郑州北站驼峰连结员，主要负责郑州北调车场下行驼峰货物列车的分解工作。6年来，他分解列车不计其数，没有出现任何差错。他2016年荣获郑州北站"四优"共产党员称号，2016年、2017年连续两年摘取车站调车职业技能大赛桂冠。他的事迹先后在中央电视台《新闻联播》《新闻30分》等栏目播出。2018年农历大年初五，中国铁路总公司党组书记、总经理陆东福专程到郑州北站看望慰问陈林及其班组职工。

编组场上的『无敌解钩手』

——记中国铁路郑州局集团有限公司郑州北站驼峰连结员陈林

肖培清 何飞

何飞飞，朱和光/摄

八月的中原大地，骄阳似火。在郑州北站十里编组场，一列列货物列车犹如吸足了能量的巨型暖气片，不断地散发着灼热的气浪，股道间温度达到50摄氏度。

在下行驼峰场，一名穿着黄蓝相间工作服、戴着黄色布帽、身材瘦小的小伙子，一手拿着电脑打印的调车作业计划小票，一手拿着一根长长的、一端安有"U"形提钩器的杆子，沿着从驼峰上溜下来的一列货物列车来回奔跑。汗水浸湿了衣服，脸上布满了汗珠，他仍旧全神贯注，根据作业小票提示提钩、解钩、摘管……经过35次重复作业，一列长长的装有货物的列车被拆分开来。它们或成单，或成双，或多组串联，沿驼峰而下，步入各自股道，与停在那儿的其他货车车辆"亲密接触"。随后，它们将组成一列新的货物列车，按照货物到达方向疾驰在祖国广袤的大地上。

小伙子叫陈林，今年29岁，是郑州北站下行运转车间的一名驼峰连结员。自2012年转业参加铁路工作

以来，他就一直在"追着火车跑"。6年来，他平均每个班次解钩作业千余次，
分解的货物列车不计其数，没有出现一点差错。同事们称他"无敌解钩手"。
最近，他被中国铁路总公司选树为"新时代·铁路榜样"。

立足岗位成长之秘诀：用心、敏感、认真

郑州北站日均办理货车2.2万辆，承担着京广、陇海4个方向的列车分解、
编组任务。陈林所在的下行驼峰担负着整个编组场65%的调车作业量。

"刚上班那会儿，看着车辆从驼峰溜下，看着师傅们'追着火车跑'，
听着车辆之间的碰撞声响，我心里直发怵。"回想起第一次接触驼峰连结员工
作，陈林感慨万分。驼峰连结员的主要工作是紧跟时速10公里的货物列车一路
小跑，将其连接车钩分离，并摘开风管，是一个对技能与体力都要求很高的
岗位。

"那时，我啥都不懂，啥都不会，第一次使用提钩器摘风管就没有摘
开。"陈林对第一次摘风管记忆犹新。这激发起了他的斗志。从那以后，他就

何飞飞，朱和光／摄

何飞飞，朱和光/摄

专心研究风管连接的构造以及提钩器操作诀窍，并反复实践练习。一次摘不开就两次、两次不行就三次……手上磨出了泡，鞋子跑出了洞，新领的工作服没几天就变得脏兮兮的。仅仅一个半月，他就熟练掌握了驼峰连结员工作的基本技能。

与运动的车辆打交道，安全最重要。"其实，刚上班那会儿，师傅强调最多的还是安全。"陈林说，"除了业务外，我们还必须熟记各种规章制度。"那时，他随身携带着一个小本子，里面记录着驼峰连结员工作必须知晓的规章制度。一有空，他就会拿出来看。"那是血与泪的总结。"他说。如今，陈林对这些规章制度已经烂熟于心，但仍会时常翻看，提醒自己执行作业标准不能走样。

作为"铁三代"，"安全"二字从小就进驻陈林心中。工作后，父辈们叮嘱最多的还是安全。驼峰连结员除了摘钩、排风、瞭望等工作外，还需要特别注意车辆提钩时机、溜放间距以及风管气压等。

　　"如果溜放的车辆风管存有余风，车辆就可能在未进入编组股道前停下来。这样，后面溜放的车辆就会撞击停止的车辆，极易造成事故。"据陈林介绍，除此之外，他们还要在"轰隆隆"的现场准确识别对讲机传来的各种指令，稍微分心走神就可能出现工作失误。陈林休班时间多是读书学习，或到车站进行日常演练。

　　功夫不负有心人。2016年，他参加车站调车职业技能大赛，取得个人比武第一名的佳绩；2017年，他再次摘取车站调车职业技能大赛个人比武桂冠。

　　用心、敏感、认真——陈林将其归纳为自己立足岗位成长之秘诀。陈林一个班12个小时，平均解体列车2000多辆，奔跑、行走十几公里，半个月就穿坏一双鞋。

　　工作6年来，陈林记了100余万字的业务笔记和工作心得，穿破了140余双胶鞋。6年来，他没有一次违规作业，还防止大小事故十几起。

安全效率双赢之要领：快、准、稳

　　"陈林，9道车辆解体完不用回屋了，西边驼峰已经开始预推，作业计划小票给你放在信号机下面了……"今年7月27日10时40分，陈林别在胸前的对讲机传来指令。10时55分，汗水早已浸透衣服的陈林顾不上休息，迅速来到另一列准备解体的货物列车旁。他拿起计划小票扫了一眼，打趣道："今天这温度，一列车63辆，要摘55钩，干完活儿可真是'蒸桑拿'了！"

　　"嘟……"一列货物列车驶出编组场，渐行渐远。陈林用袖子擦了擦额头上的汗水，专注地看着一列货物列车被顶送上驼峰。溜放作业开始，陈林一手"掐"计划小票上的摘钩位置数据，一手握提钩杆，随车"起舞"。

　　当摘到第9钩时，他发现车辆风管未被摘开，于是一个箭步上前，靠着手中的提钩杆快速精准捣掉钩头底部两边固定钩舌的销子，顺势将提钩器准确卡扣在风管结合处，使劲往斜上方一拉，风管被断开，随后提钩，一节车辆稳妥地从整列车中分离开，沿设定好的线路去往自己的"位置"。准确判断、快速跑动、精准定位、娴熟摘钩……三四秒间，陈林一气呵成，犹如在作一幅水墨画，行云流水，酣畅淋漓。

　　陈林说："解钩手拆分列车，一定要做到速度快、卡位准、重心稳。"

陈林告诉记者，眼下正值暑运，天气热，调车作业任务繁重，必须练就一身"快、准、稳"的本领，才能实现安全与效率双赢。15分钟后，这列车解体完毕，陈林回到提钩房休息，湿透了的工作服紧紧贴在他的后背。

"编组场安全，成在调车，败也在调车。有了安全，才谈得上效率。"在提钩房，去年入路的职工王梦琦说。他告诉记者，陈林结合编组场调车安全红线管理内容编写的几句通俗易懂、便于记忆的顺口溜很受职工欢迎，如今已在班组推广。"班前想喝酒，管住手和口；危险不出现，防溜是关键；车闸要拧牢，铁鞋不能少；领车不瞭望，警钟要常敲……"说着说着，王梦琦轻松背诵起来。"现在，我每天接班后都会背诵一遍。它基本上涵盖了所有调车安全注意事项。"王梦琦说。

采访中，陈林探寻调车安全规律的过程给记者留下了深刻印象。陈林结合所在岗位工作实际，总结出了3个"第一趟"必须高度警觉的安全规律，即接班后第一趟调车作业，职工还未进入工作状态，容易发生纰漏，必须班前提醒或班中盯控；饭后第一趟调车作业，职工身体惰性增强，容易简化作业过程，必须及时提醒；交班前最后一趟调车作业，职工急着交班，注意力容易分散，必须重点盯控。如今，这3个时间点已经成为郑州北站调车作业安全卡控的关键时段。

凝聚团队力量之法宝：依靠、授业、帮促

去年12月，陈林通过公开竞聘成为郑州北站下行运转车间北区二班副班主任，协助车间管理干部加强现场安全卡控。

岗位变动后，陈林把更多的精力用在了安全盯控与业务传帮带上。据车间主管驼峰的副主任徐亮介绍，作为副班主任，陈林既要带领大家完成生产任务，又要确保班组成员的人身安全。工作中，他结合调车作业特点，细化完善了班组自控、互控、他控措施，最大限度发挥了团队作用。

今年1月15日，郑州北站综合集成自动化管理信息系统正式上马。新系统使用之初，由于种种原因，编组场列车解体量大幅下滑。陈林主动请缨，组织成立了驼峰自动化课题攻关小组，先后破解了往驼峰传输调车计划、调车进路平行作业等24项技术难题，既降低了作业人员的劳动强度，又提高了作业效率。1月28日，陈林带领他所在的班组创造了新系统上马以来单班解体51列的

何飞飞，朱和光/摄

新纪录。

一花独放不是春，百花齐放春满园。"停、停……你的信号显示动作不规范、联控用语不标准。"前不久，郑州北站每年一度的调车职业技能大赛即将鸣锣吹哨，陈林带领班组职工进行赛前"预演"。第一次参加比赛的徒弟雷明总是掌握不了要领，陈林只好利用休班时间给雷明"开小灶"。他与雷明分享练功比武经验，不厌其烦地讲解车辆防溜、排风复检等技术关键点，并把自己多年来记录整理的调车作业心得告诉雷明。"虽然师傅年龄比我大不了几岁，但他谦逊的作风、耐心的态度、精湛的业务都是我学习的榜样。"雷明说。

如今，陈林已带出了5个优秀徒弟，他们成为车间重要岗位上的中坚力量。陈林所在的班组也连续两年获得郑州北站调车职业技能大赛团体第一名的好成绩。

一个人的力量是渺小的，而当这个渺小的力量被认同、被传递、被凝聚时，就会变得强大。

采访手记

安全工作没有捷径

驼峰连结员的工作枯燥，千万次地做着重复的动作；驼峰连结员的工作危险，需要时刻警醒、敏锐、认真。陈林千万次地把一件事重复做好，时时刻刻保持着对安全的敬畏之心，值得我们学习。

安全工作没有捷径、玩不得虚招，需要业务娴熟，需要执行标准不走样。安全工作有规律可循，不能瞎打瞎撞，需要总结规律，按规律办事，方可事半功倍。陈林对待工作用心、认真，刻苦钻研业务，注重发挥团队作用，收获成功实属必然。

调车工作是铁路安全的重点领域。年轻的陈林在这一领域的积极实践，为我们树立了榜样。

奔跑的青春有力量

陈　林

2018年春运，《人民日报》、新华社、中央电视台等60多家媒体报道了我调车的故事，一部《无敌解钩手》的微电影也迅速在网络传播。今年疫情防控期间，《无敌解钩手奔跑在"战疫"生命线》的报道也在媒体上多次出现。一时间成为网红，让我的确很意外，但我心里清楚，社会各界对一名普通连结员的关注，其实是对中国铁路的点赞。

我所在的郑州北站地处京广、陇海两大干线的交汇处，是连接我国华北、华南、华东和西北、西南的重要交通枢纽，每天2.3万辆车辆在这里分解、编

何飞飞，朱和光／摄

何飞飞，朱和光／摄

组，再运往全国各地。驼峰连结员主要工作是在编组场的驼峰上紧跟时速10公里左右的调车车列，奔跑中摘开连接车辆的车钩，使车组分离并溜向预定的股道。这个岗位不仅安全责任大，而且对技能和体力的要求都很高。记得23岁那年，我参加工作来编组场的驼峰提钩组，师傅和工友们都比我高出了一头，我站在他们中间显得很瘦小。工作中，别人一抬手就能做的摘钩动作，我需要踮起脚跟；别人每次准确跨位，我需要多跑三四步；别人轻松摘开风管，我需要使尽全力。有工友劝我："这个活你干不了，还是换个别的岗位吧。"我心里憋着一股劲，来了就不能当逃兵，我不但要干，还要干到最好！

从那以后，我像《士兵突击》中的战士许三多一样，开始了疯狂练功。上班时我细心观察师傅的一招一式，认真琢磨作业要领，一下班就跑到演练场，真刀实枪地练习每个动作。有一天，我下了白班像往常一样去演练场，一个多小时后，我回到更衣室，看见手机上有十几个未接电话，都是母亲打来的。我心头一紧，父亲近来身体不好，是不是有啥事？赶紧回拨，母亲着急地说："你爸消化道大出血，正在医院抢救，你赶紧过来！"我顾不上换衣服，立即赶往医院。在手术室门外，看到坐立不安的母亲，心里特别难受。手术结束后，看着病床上虚弱的父亲，泪水在我的眼眶内直打转。第二天上夜班前，父亲见我几次拿起电话又放下，对我说："我现在没事了，快去上班吧，在工作中一定集中精力，别惦记我。"父亲是一名老铁路，他的理解和支持，更增添了我干好工作的信心。

那段时间，高强度的训练，对我身体的考验特别大，胳膊酸痛难忍，有时吃饭连筷子都抓不住，母亲心疼得直掉眼泪。师傅看我这么刻苦，就给我"开小灶"，主动利用休息时间指导我练功学技术。功夫不负有心人，我的业务技能迅速提高，在解体作业中，捣销、摘管、提钩，三四秒内一气呵成，使车辆快速分离，被工友们称为"无敌解钩手"。

想要干好连结员工作，除了过硬的身手，还要做到对规章制度烂熟于心，对站场环境了如指掌。工余时间，我把《技规》《行规》《调标》拿出来反复学习，还一句句录到手机里，有空就听一遍。班中作业间隙，我徒步熟悉线路，了解道岔位置，牢记股道边的参照物。有付出就有回报，2016至2018年，我连续三年夺得车站调车职业技能竞赛冠军，大家都叫我"三冠王"。

这些年，铁路科技飞速发展，很多先进设备投入使用，但有些关键岗位仍需有人出大力、流大汗。连结员就是这样的岗位，脏、累、苦、险，劳动强度大，安全风险高。我一个班工作12个小时，解体车辆2000多辆，摘车钩1000多次，奔跑行走20公里，将近半个马拉松。最难的时候还是遇到恶劣天气，不论严寒酷暑、风霜雨雪，都不能少跑一步、少看一眼，越是这个时候，越不能有一丝一毫的疏忽大意。2017年8月的一天，编组场热得像个大蒸笼，股道间的气温达到了四五十度。我在解体一列货车时，干到第9钩，发现车辆开钩较晚，溜放速度慢，感觉不对劲。查看关键部位后，断定这辆车走行部有问题。我刚叫停后续溜放作业，这辆"问题车"就停在了严禁停车的二部位。如果再晚两秒钟，后面的车辆就溜下来，极有可能造成追尾脱线的安全事故。事后，车间主任在大会上说："陈林，你立了大功，我给你请奖！"

8年寒来暑往，我一直在编组场上奔跑，安全提钩120多万次，解体车辆近

300万辆，始终做到了无违章、无违纪、无差错，防止大小事故11起。工作虽然辛苦，但我乐在其中，我很珍惜有这样摔打锻炼的经历。

铁路的蓬勃发展是一代代铁路人薪火相传、接续奋斗的结果。每当来了新职工，我就想起了曾经的自己，就想把自己所有的本领传授给他们。张松是名大学生，刚到调车岗位，心里落差大，学习工作积极性不高。有一次，在接班点名会上，我提问张松业务题，他答不上来，却反问我："这么多的题，谁能记得住？有本事让我来问问你！"我顺手把业务题递过去，他连问几道我都对答如流，还结合现场实际分析解读。这件事对他触动很大，我顺势带他参观车站的劳模荣誉墙，介绍调车岗位先进典型，讲述我的成长故事。后来，他开始主动跟我学业务、练技术，还在车站调车职业技能竞赛中获得了第二名的好成绩。如今，他也成为车间的业务骨干，还当上了调车长。这些年，我带出了5个徒弟，和30多名青工结对子，还成立了"陈林式青年突击队"，定期开展"传帮带"和突击奉献，看着他们成长成才，我比自己进步还高兴。今年疫情防控期间，我带领突击队主动帮班、替班18次，参加防疫志愿活动35次。今年五四前夕，我所在的班组也光荣当选中原铁道十大青年标兵集体。

为了让青工们学起来更容易，我逐步梳理自己的工作心得，针对调车作业中精神容易松懈、注意力容易分散的时段，总结出"三个一趟"的安全规律；还根据调车安全管理红线，编写了通俗易懂、便于记忆的安全警示顺口溜。如今，"三个一趟"被车站确定为调车作业安全卡控的关键，顺口溜也越传越广。

奋斗的青春最美丽。蓬勃发展的中国铁路事业给了我们年轻人施展才华的广阔天地，在挥洒青春和汗水的编组场上，我将一如既往地向前奔跑，为确保铁路运输安全畅通贡献自己的力量！

铿锵之声奏华章

黄望明　中国铁路武汉局集团有限公司武昌客车车辆段武昌运用车间质检员、"黄望明客车检车员铁路技能大师工作室"负责人。1970年12月出生，工作29年来，曾两次获得火车头奖章，2005年获得全国技术能手荣誉，2014年获得湖北省交通运输行业十行百佳标兵荣誉，2015年获得湖北省技能大师、全国铁路劳动模范荣誉，2016年获得全国铁路优秀共产党员荣誉，享受国务院政府特殊津贴。他所负责的铁路技能大师工作室被湖北省总工会首批命名为"示范性劳模创新工作室"，被中国铁路总公司党组命名为"党内优质品牌"。2018年3月当选第十三届全国人民代表大会代表。

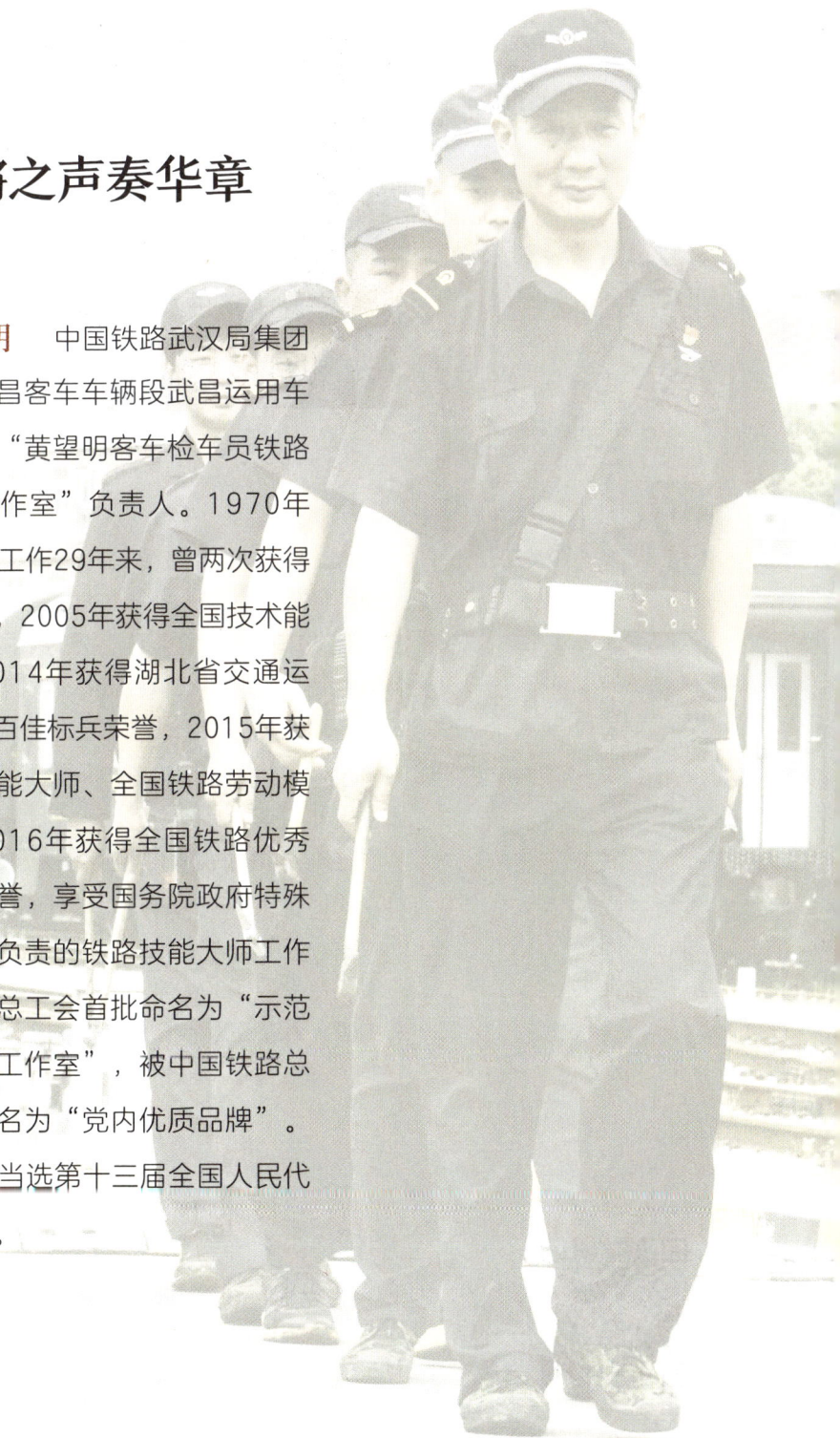

铿锵之声 奏华章

——记中国铁路武汉局集团有限公司武昌客车车辆段武昌运用车间质检员黄望明

秦涛 次少杰

次少杰/摄

"砰砰、砰砰……"华灯初上，武昌客车车辆段客车整备库里，身着蓝色工装的中国铁路武汉局集团有限公司武昌客车车辆段武昌运用车间质检员黄望明正在一辆辆静静停靠的客车下不停地钻进钻出，小小的检车锤与轮轴、螺栓、弹簧等部件撞击发出的声音显得格外响亮。

这一串串敲击声在他听来是隐藏奥秘的美妙音符，任何"不合拍"的声音都可能成为发现安全隐患的线索。从事客车车辆检修工作的29年里，他在敲击声中先后发现了3000多个安全隐患、排除危及行车安全的重大故障200余个，被同事亲切地称为"检车状元""客车神探""技能大师"，获得了全国技术能手、火车头奖章等荣誉。

技术工人是最初的梦想

1989年，身材瘦削的黄望明从技校毕业，离开家乡孝感到武昌客车车辆段从事检修工作。那一年，他刚满19岁。临出门，父亲和他促膝长谈。"只有靠技术吃饭，才能永远不落伍。"这是父亲说得最多的话，也是让他记忆最深刻的话。从此，"成为一名技术工人"的梦想在黄望明心里深深地扎下了根。

心中有梦想，干事有劲头。从第一天上班起，他就像一个工作狂，白天到车辆旁仔细观摩故障的发现和处理方法，拉着有经验的师傅问这问那；晚上不顾一天的劳累，从同事那里借来业务书籍，学习、总结、消化一天所学，书本和笔记上满是密密麻麻的圈点符号。

练功场成了他第二个"家"。为了彻底弄懂车辆内部构造和工作原理，他利用休息时间一趟趟地往段练功场跑，一次次地从练功车下钻进钻出，一遍遍地把各种车辆配件拆装分解。向书本学、向实践学，每个技术步骤他都要琢磨成百上千次，就连检车员检车的最基本"形体动作"他都不知练了多少遍，直到成为肌肉记忆。

除了在单位勤学苦练，他还在家里腾出一间房，设为"练功房"。这个不到7平方米的小房间被他布置得满满当当，一面墙上挂满了各型客车车辆的图片，另一面墙的书柜里满是专业书籍，还有一面墙的自制架子上摆着他自费淘来的客车转向架、车轮等配件。

"黄望明不算特别聪明，却一直很刻苦努力，静得下心干一件事，特别执着。"这是武昌客车车辆段质检科副科长彭汉洪眼中的黄望明。凭着对业务技术的痴迷，黄望明不仅掌握了客车检修的"十八般武艺"，还练就了"听音辨症"的独门技能：通过倾听检车锤敲击列车配件的声音辨别列车"病患"，响声发脆，就是正常；响声沉闷，表明部件有松动；若是沙哑，那就可能构件有裂纹。

凭着这门绝技，黄望明连续多年在全路组织的行业比武中摘得桂冠，并在2005年首届全国铁路职业技能竞赛上一举包揽了个人全能第二名、理论第一名和单车检查第三名，获得了全国技术能手称号。

破解难题是最大的爱好

在黄望明的工具包里有一个巴掌大的镜子，常常引起别人的好奇：一个沉默寡言的男同志怎么这么爱打扮？

"这个镜子是他妻子送的'钩腔检查镜'，专门用于发现隐蔽位置的隐患。"同事王瑞抢先一步道出了镜子的秘密。原来，黄望明在负责整修清洗车钩时，发现钩腔内部因为视线阻挡存在检查死角，留有安全隐患。于是，他一直冥思苦想解决办法。一天早上，他看到妻子在镜子前梳妆，灵机一动把妻子包里携带的小镜子借来，赶到单位将小镜子伸入车钩，利用手电筒照射镜面的反射，不断位移扫视钩腔内侧进行检查，将所有部位检查得清清楚楚。他给小镜子起了一个专业的名字——"钩腔检查镜"。一经推广，全段列车钩腔故障率直线下降。

除了"钩腔检查镜"，黄望明的工具包内还有一个防漏"创可贴"，同样也大有来头。武昌客车车辆段开行的客车中有不少是北上客车，从武昌到西宁运行1000多公里，冬季两地温差近30摄氏度。在这种环境下运行，车底部类似汽车制动装置的管系会发生热胀冷缩，容易导致风压漏泄，如果风压值低于600千帕，列车就无法开行。

闲暇时，黄望明就琢磨，能不能为管系漏泄的部位贴上"创可贴"？有想法就立即行动。他按列车管系的尺寸找来两片能合扣起来的活动管卡，内里衬着一截胶皮，把管卡扣装在管系破损漏泄部位，里面的胶皮就能包裹住漏泄点，并随着温度降低包裹越来越严实。这个法子很快奏效，以前处理风压漏泄故障往往要来回忙活半个多小时，现在只需1分多钟就解决了，大伙都对黄望明的防漏"创可贴"赞不绝口。

"每一个宝贝的产生都需要不断探索，看到一个个难题被破解，自己很有成就感，那种喜悦比获得任何奖励都高兴。"黄望明对工具包里的"土宝贝"爱不释手。多年来，他怀着对工作的满腔热情，善于发现、乐于解决安全生产的问题，总结推广先进作业法117项200余条，小改小革生产工具26个，为单位节约生产成本500余万元。

安全无事是最高的荣耀

"安全需要用心去捍卫，它就像一面镜子，用尽全力了，你会发现回望你的也是成功。"在黄望明的工作手册第一页，认认真真地写着这样一段话，这就是他的"镜子哲学"。

黄望明给自己定下"三个不少"的标准，那就是质量检查不少走一步、不少看一眼、不少敲一锤，用心检查，不放过一丝一毫的隐患。对检查发现的每一个问题，他总是跟踪到底，直到"过关"才放手。

每天，黄望明都要在整备场徒步近10公里，为数万个车辆零部件进行"体检"，一套检车法重复几千遍。他摸索出了一套"四站五蹲二钻"检车工作法，其检车"要诀"编入了段《客车转向架单车技术作业标准》，成为安全"秘籍"。

"质量检查工作是安全的最后一道防线，干的时间越长，感觉肩上的责任越重，胆子越小越怕出事。安全无事是对我的肯定，也是最高的荣耀。"黄望明谈起自己的岗位一脸严肃，对安全工作有很深的感悟。

2010年4月4日，黄望明对2614次列车进行出库前例行检查把关，探身查看209P型转向架时，焊接处一个极其细微的颜色变化引起了他的警觉。他拿起钢丝刷，趴在地上，仰着头小心翼翼地刮掉转向架横梁表面的厚厚铁锈，慢慢地，一条长达150毫米的横向裂纹赫然暴露……当天下午，他举一反三，对库内的同批车型转向架进行检查，又发现防止了1件裂纹隐患。他立即将这一发现上报，得到各级领导重视。

王　强/摄

　　"安全工作来不得半点虚假，你轻视、忽悠它，它就会让你头破血流。"生活中随和的黄望明在安全上十分认真严肃。一次，他在质量检查时发现一个螺帽大小的车辆配件安装间隙比标准值大了一毫米，立即找到相关人员要求返工。那名工作人员说："我水平有限，只能达到这个标准，而且一毫米的误差并不会影响配件功能，没必要返工。"黄望明二话没说，当着他的面自己修正了那一毫米。后来，那名工作人员回忆道："这件事让我反思了很久，自己差的就是那'一毫米的细心'。"

　　29年间，凭着严谨和认真，黄望明检修客车70余万辆，先后发现防止车辆安全隐患3000多起，经他检查把关后的列车累计安全运行900余万公里，等于绕地球200多圈，他先后获得"全国铁路劳动模范""湖北省技能大师"称号以及火车头奖章等30余项荣誉，成为全局车辆部门享受国务院政府特殊津贴的第一人。

技术创新是最好的回馈

一间荣誉展示室、一间创新成果展示厅、一间技术攻关室……2013年7月，以黄望明的名字命名的"黄望明客车检车员铁路技能大师工作室"正式成立，发挥他的业务专长开展技术创新、技术攻关、培训交流等活动。

丹心化春雨，桃李满园香。"授人以鱼，不如授人以渔。把经验和技能传授给年轻人，培养出更多优秀的高技能人才。"黄望明说出自己的想法。成为大师工作室"掌门人"后，黄望明把精力放在传技能、带队伍上，培养出一大批确保安全生产的尖兵。他手把手带出的47名技术骨干中，有6名获得局级奖励，21名获得段级奖励，1名荣获湖北省技术能手称号。

"大师工作室把各类技术人才聚到一起，发挥自己的特长，为安全生产和创新发展贡献力量，也是对企业多年培养的最好回报。"黄望明说。

科学分组共同攻关、定课题领任务、每周交流研讨……在黄望明的带领下，大师工作室集结优秀人才成立"创新军团"，紧紧围绕客车检修质量和运用安全两大重点开展技术攻关，交流碰撞"火花四溅"、创新成果"精彩纷呈"。经过多次试验，他们集众智、聚合力，先后完成了客车轴温故障调研攻关、集控线故障处理、客车空气制动机故障攻关等24个重点攻关项目，取得了管系故障途中应急处理包、Z字形活节扳手等35项技术革新成果。其中，"宜万线旅客列车闸片偏磨调整器的研制"等5项技术成果分别荣获国家级、省部级表彰。

2018年，作为铁路一线技术职工代表，黄望明参加了第十三届全国人民代表大会相关会议，展现了铁路职工的亮丽风采。

择一事终一生，用匠心谱华章。黄望明用手中的检车锤诠释工匠精神，在平凡的岗位上演奏了一曲"交通强国、铁路先行"的赞歌。

采访手记

铿锵声中见匠心

采访中，眉目温和、内向寡言的黄望明一谈起客车检修工作就滔滔不绝、情绪激昂，像变了个人似的。可以看出，他对工作岗位充满热爱、对技术创新满怀激情。正是这份精神，让他在平凡岗位走出了一条"检车神探"的大师之路。

"砰砰、砰砰……"检车锤敲击配件的声音在黄望明看来是最美妙的声音。在从事客车检修工作的近30个春秋里，他始终怀揣着"靠技术吃饭永远不落伍"的朴素想法，一门心思钻研业务知识，精益求精守护客车安全，心怀大爱热衷技术创新，用行动诠释了铁路工匠精神、树立起了新时代铁路榜样。

专注检车干出彩

黄望明

我从事检车工作30年，共发现并消除上万起大大小小的故障和隐患，经我检修的71万辆客车，没有一辆出现安全问题。2015年我被评为"全国铁路劳动模范"，2018年光荣当选第十三届全国人大代表。一直以来，我专注于检车这一件事，干得起劲，干得有趣，还干出了彩！

1989年，我从武汉铁路司机学校毕业，来到武昌客车车辆段当上了检车员。检车工作看似平凡简单，但要干好了还真是不容易。我走上检车岗位这些年，经济社会快速发展，铁路技术装备不断进步，特别是经过多次大面积提速，客车车型更新很快，做好检车工作要不断面对知识更新和技能提升的挑战。我一有时间就啃书本、查资料、练技能，学业务特别投入。记得有一次参加技术比武集训，白天，我在练功车下一次次钻进钻出，把各种车辆配件一遍遍拆装分解；晚上，我抱着厚厚的《车辆构造与检修》《客车检车员》两本

王　强/摄

书，一条条地背，一项项地记，最后将书中的内容背得滚瓜烂熟。这次集训是封闭式训练，我三个月没有回过一次家。有一天，我练完功刚从车下钻出来，一抬头就看见妻子和儿子站在面前，我一愣，担心家里可能有事，正要开口，儿子抢着说："妈妈不相信你有这么忙，叫我跟着来查岗！"妻子一边劝我注意身体，一边掏出手绢帮我擦去脸上的油污。后来，她特别支持我学技练功，在家里给我腾出一间"练功房"，墙上挂满了各种车辆挂图，书柜里满是专业书籍，架子上摆着车辆配件，我回家一有空就钻进这间"练功房"忙活起来。

在学习中我渐渐体会到越来越多的快乐。我检过18种车型的客车车辆，一个个就像老伙计，我清楚它们的习惯、摸透了它们的脾气，检车锤叮叮当当的声音，如同朋友之间的交流与对话。在朝夕相处中，我总结出"二探三站四蹲"检车作业法，熟练掌握了检车岗位的十八般武艺，被授予"全国技术能手"称号。

作为一名检车员，最要紧的是能够发现和消除隐患。为了把好客车出库的最后一道防线，我给自己立下了"三个不少"的规矩：不少走一步、不少看一眼、不少敲一锤。这些年，我发现过车下悬挂件裂纹、轮对剥离、制动管系漏泄等多起重点故障，这些故障往往是在多走一步、多看一眼、多敲一锤中发现的。印象最深的是发现客车转向架横梁裂纹的那次经历。2010年4月的一天，我对汉口至连云港的2614次旅客列车进行质量把关，检查到第4辆客车转向架，感觉检车锤敲击的声音不对劲。我钻到车底探进身子，边敲边看，顺着手电筒的光线查看内侧横梁，发现一道极其细微的颜色变化痕迹，我慢慢地刮掉表面那层厚厚的铁锈，一条长约150毫米的横向裂纹渐渐显露出来，心里暗暗一惊，如果没有及时发现，很有可能造成可怕的后果。从这个位置和焊接质量判断，我敏感意识到，这类隐患可能在其他同型客车上也会存在。随后，我带着同事们对同型客车进行全面排查，一周内又发现了20多起同类隐患。我们立即将这一情况向上级报告，全路迅速开展了大普查，此类隐患得到了彻底消除，我也被授予了安全标兵称号。

平凡岗位因专注而出彩。在常人看来，检车员就是拎着小锤敲几下，围着车辆遛两圈，其实里面有很多学问。工作中经常会遇到各种各样的难题，不把它们解决了，我心里老是不舒服。比如客车15号车钩，钩腔内有一个死角部位，检查时看不到，大家也没什么好办法。我琢磨了好几天，不知道从哪里下手。一天下班回家，看见妻子正在照镜子，我突然来了灵感，从抽屉里翻出一面小镜子，立即跑回单位，将镜子伸入车钩，用手电筒一照，原来的死角就看得清清楚楚，我特别兴奋，心中的困扰也一扫而光。后来，我设计出的"钩腔检查镜"简单又实用，凭着它发现了30多件车钩内部细小裂纹，大伙高兴地说："这个小小的'照妖镜'真好用！"

检车员就是一名"车辆医生"，不仅要能"望闻问切"，更要会"开方治病"。我们负责很多北上列车的检修，由于冬季南北温差近30摄氏度，车辆底部制动管系常常因热胀冷缩而导致风压漏泄，随车的车辆乘务员途中应急处置费时费力，每到冬天，大家都很头疼，我一直想着怎么解决这个问题。有一天，我偶然在电视上看到创可贴广告，灵机一动，如果给漏泄的部位也贴上"创可贴"，问题不就解决了吗？我画出草图，按尺寸找来活动管卡，里面衬上一截胶皮，把管卡扣装在漏泄部位，1分多钟就解决了问题。这个土发明运用后，同事们给它起了个"堵漏神器"的雅号。

平凡的工作岗位，可能干不出惊天动地的大事，但像"照妖镜"和"堵漏神器"这样的小成果在现场很管用，在我的带动下，主动发现问题、解决问题的工友越来越多了。2013年，以我的名字命名的全路唯一一家客车检车员技能大师工作室成立了，我们紧紧围绕客车检修质量和运用安全两大重点，开展了技术攻关、技能革新、人才的培养、技术交流以及攻关成果的推广运用等活动。6年来，我们培养省部级技术能手15人、高级技师57人，攻克客车疑难问题400多个，提炼岗位先进作业法200余条，获得了国家、省部级创新成果奖8项。

今年春节前，一场突如其来的新冠肺炎疫情在武汉爆发并迅速蔓延。危难时刻，身处疫区中心的武汉铁路人都义不容辞地加入到这场疫情阻击战，技能大师工作室的每位同志都身体力行贡献着自己的力量。我主动加入了党员突击队，到武昌车站参加全国各地支援武汉疫情防控物资的搬卸任务；社区招募志愿者，我与居民业主一道对楼栋进行消毒，宣传疫情防控知识；客车暂时停运，但市郊车、专特运等日常技检工作任务还不少，我就给自己多排值班计划，让距离单位较远的同事在家封闭隔离。那些日子，以往忙碌的客车整备场显得有些宁静，检车锤检车时清脆的声音显得更加悦耳。疫情面前，全国人民都在帮助武汉、帮助湖北，我切身感受到社会主义大家庭的温暖，身为一名武汉人，能够手握检车锤，以实际行动为武汉加油、为湖北加油、为中国加油，我感到了一种特别的幸福。

30年寒来暑往，一把检车锤给了我人生出彩的机会。小小检车锤，一头平，一头尖。平的这头，提醒我脚踏实地、干好工作；尖的那头，告诉我刻苦钻研、攻坚克难。每当看着我们检修好的客车一列列出库，奔驰在祖国万里铁道线上，我的心里感到特别踏实、特别满足。我想说，检车岗位虽然很普通，但始终专心专注坚守下去，一样可以干出精彩！

挺立潮头写人生

朱　挺　1999年入路，2007年获铁路青年科技拔尖人才称号，2010年获全国铁路学习型职工标兵、第四届上海市青少年科技创新市长奖等荣誉，2011年获上海市十大职工科技创新英才称号，2012年获上海市五一劳动奖章，2013年获全国职工职业道德建设先进个人称号，2014年获茅以升铁道工程师奖，2015年获全国铁路劳动模范称号，2016年获全国五一劳动奖章、詹天佑铁道科学技术奖——青年奖等。

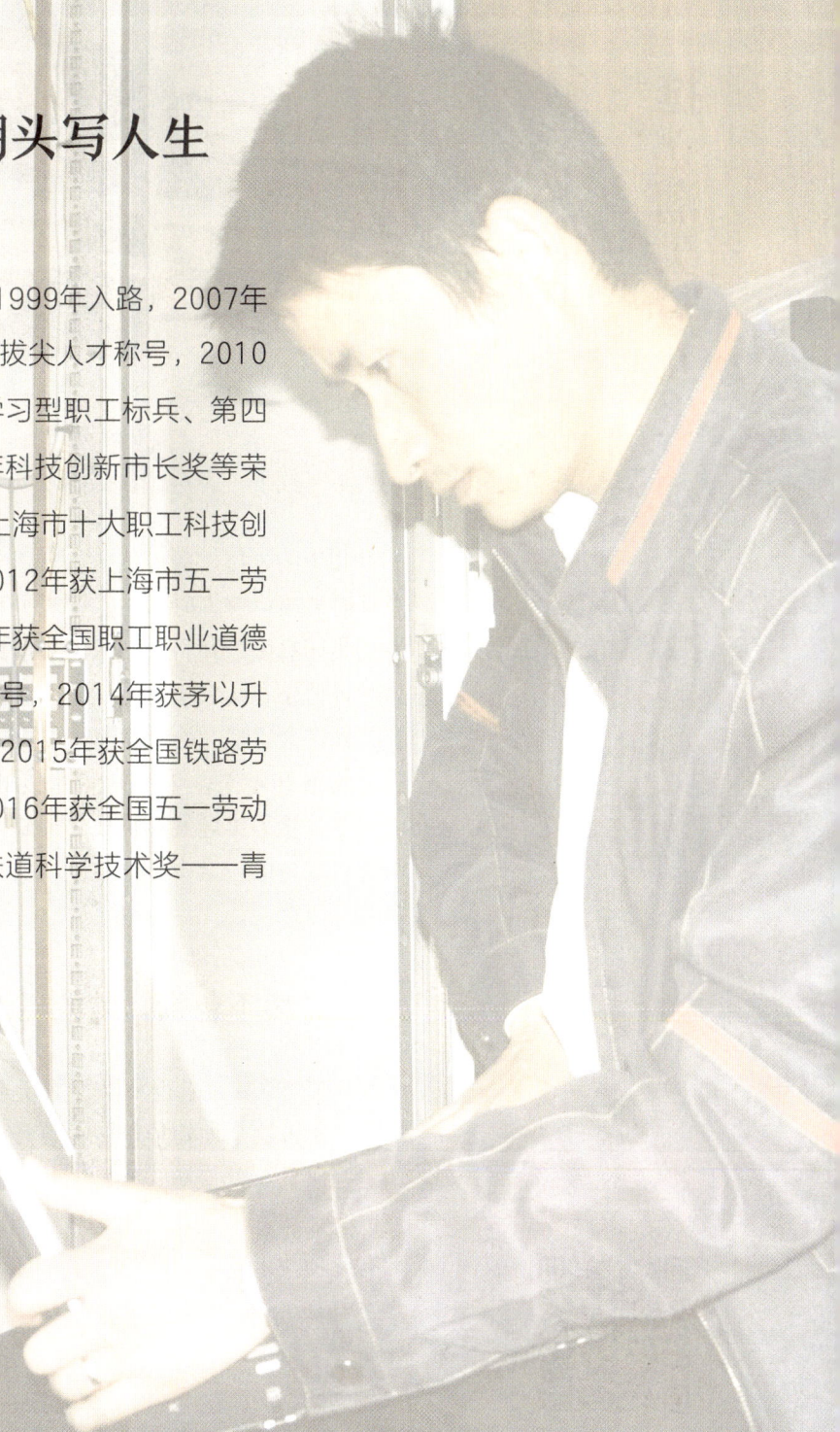

挺立潮头写人生

——记中国铁路上海局集团有限公司科学技术研究所机辆技术研究室主任朱挺

孙业国　李上涛

赵小辉/摄

42岁的朱挺，面庞清瘦，言语干脆，说话间脸上总挂着微笑。暮春时节，当记者见到这位中国铁路上海局集团有限公司科学技术研究所机辆技术研究室主任时，他正在给家里打电话："我要去现场调试新设备，回家会很晚，给我留饭……"

入路20年来，朱挺向"非接触式接触网检测技术"这一世界难题发起挑战。他研发的设备在质量上与进口设备的较量中全面胜出，成本不到国外同类设备的三分之一。

"丢下包袱，就能甩开膀子"

1999年8月，朱挺从南京大学电子科学与工程系毕业，加入这个地处华东地区的科研所团队。

当时，"非接触式接触网检测技术"在国内尚属空白，在国际上也是难题。只有德国、意大利、日本拥有此项技术。

"技术创新慢一步，远离市场千里路。怎么

办？"从那时起，朱挺决心挑战这个世界性难题，当时他才25岁。研究铁路接触网技术，对刚出校门的朱挺来说是陌生的领域。他试图查找资料，可国外对这项技术严格保密。他只能从零起步，向高校老师和科研所老前辈求教。

6万元，是朱挺得到的第一笔科研经费。他买来2台高速CCD线阵相机，在实验室内架设接触网模拟试验平台，通过三角立体测量法对拍摄的图像数据进行实时模拟处理。

在寂寞的实验室里，朱挺制订方案、推翻，再制订、再推翻，无数次思考，无数次演绎、论证。一次又一次的失败曾一度让他感到失望，甚至绝望。

"'初生牛犊'有一大好处，就是虽然攻关世界技术难题有风险、有困难，但是就算摔一百次都承受得起。"令朱挺感动的是，所领导承受着确保科研进度的巨大压力，在他面前却故作轻松："不要有压力，非接触式是世界难题，攻不下来也很正常。"

"丢下包袱，就能甩开膀子。"朱挺调整心态，慢慢琢磨——接触线使用越久，铜条底部磨耗面就越宽，磨耗异常可以从反光面宽窄效果中判断。

朱挺迅速调整心态，从磨耗检测入手，采用机器视觉技术独辟蹊径，大胆采用了与国外完全逆向的设计思路——国外采用的是"线打光、面采集"的办法，而他采用了"面打光、线采集"，就是通过向接触线打面阵光，再用高速CCD线阵相机采集接触线底面的反光成像，然后进行图像数据实时分析处理。

方案进入试验阶段后，为了取得现场数据，盛夏高温，他深入鹰厦铁路做试验。这条线山高路险，草丛茂密，时常还有毒蛇出没。朱挺手持GPS定位器，顶着烈日翻山越岭。有一次遇到山洪暴发，一段路基在他眼皮底下"轰"的一声塌下，瞬间就被冲得无影无踪……

经历无数次痛苦煎熬之后，朱挺终于迎来了快乐的日子——非接触式接触网检测系统研制成功。

"朱挺设备"的问世，打破了国外对这一技术的垄断，彻底改变了我国接触网检测采用人工断电抽样测量或升弓接触式检测的传统方式，标志着我国铁路接触网检测有了更为先进的无损检测技术。

那一年，他才31岁。

"好时代给了我难得的机遇，我不想错过，更不容错过"。面对纷至沓来的荣誉，三十而立的朱挺决心向更高目标进发。

　　他和团队成员马不停蹄，一起研制"升级版"检测系统，不久新一代产品问世，解决了接触网坡度问题和最容易出故障的锚段关节处双线检测问题。随后，他又相继研发出了适应时速80公里轨道车、时速120公里专用检测车、时速160公里客车车体"非接触式接触网检测"设备，填补了国内空白，被科学技术部等列为国家重点新产品。

　　2010年，国家863计划重点科研项目"最高试验时速400公里高速检测车列车关键技术研究与装备研制"进入最后攻坚阶段。朱挺负责其中接触网几何参数及磨耗检测模块的设备研发。

　　搞科研就像登山，越往上走路越陡。高速铁路的非接触式接触网检测系统，与之前产品有着脱胎换骨的变化——在高速情况下开展检测，设备安装必须绝对可靠，检测对象是没有磨耗的新线。一连数十个不眠之夜，新接触网反光面极小、列车过道岔时目标物难以辨认等等，这些在别人眼里束手无策的技术难题被朱挺——破解。

唐继烈／摄

2011年阳春三月，京沪高铁联调联试现场。

在中国当时最高水平的检测车CRH380A－001上，4号车厢顶上是拥有完全自主知识产权的国产非接触式接触网检测装置，紧挨它的5号车顶上，则是从国外引进的同类技术装置。

启动、加速……平稳的列车上，参与试验的专家们围在显示屏前瞪大眼睛，观看着测试结果。

升弓：显示器上，国外设备出现了锯齿状的波纹，中国设备则几乎纹丝不动。

采样：国外设备每25厘米检测一个点，中国设备不到3厘米就检测一个点，频率更高。

结果：中国的检测设备稳定性更好，功能更为齐全，各项检测精度更高，甚至连安装也更稳固、牢靠。

现场顿时沸腾起来，试验的专家们一致认定，"中国的检测装置一点也不比进口的差"。在场的外国专家十分吃惊，因为非接触式接触网检测技术，德国、意大利等国是世界上最强的，中国人居然悄无声息地走到了世界前列。

"朱挺设备"研制成功，就连高铁技术走在世界前列的法国都派出专家组来上海洽商引进。

接着，朱挺带领团队主持完成了国家"十二五"科技支撑计划项目子课题"接触网安全状态检测监测系统"等课题，针对城市轨道交通安装在既有运营车辆上的特殊要求，研究设计新的技术方案，首次实现城市轨道交通基础设施设备运营状态下的在线检测，2014年6月顺利通过科技部的成果验收。

站在中国高铁发展的潮头，朱挺感慨地说："好时代给了我难得的机遇，我不想错过，更不容错过！"

"我是铁路职工，我热爱铁路事业"

"触类"可以"旁通"。铁路各专业相互关联，朱挺带领团队把掌握的智能机器视觉理论和取得的专用技术拓展到工务轨道、电务轨旁、驼峰溜放检测等其他领域。

驼峰，编组站解体货物列车的工作平台，上海局集团公司管内共有12座，为了防止车辆掉道和钢轨擦伤，超过一定换长的车辆必须禁止溜放作业，由调车机车挂运通过专用线路送至编组的股道。

近年来，长三角地区随着高铁的快速发展，普速铁路的货运能力逐步释放，商品汽车年运量已突破100万辆，其装运工具——JSQ特种车辆正在禁溜车种之列。

经测算，一辆JSQ特种车辆每过一次编组站，需停留约72小时，这种车辆越多，对整体运输效率影响越大。

货运增量行动等不得、慢不得，如果能在确保安全的前提下，突破现有规章限制，让特种车辆也能通过驼峰溜放，运输效率必将大幅提升，其产生的蝴蝶效应不可小视。

攻关的重任再次落到朱挺的肩上。经过现场调查，他把重点放在了改变驼峰溜放轨道的几何形态上。

去年春运前夕，华东地区天寒地冻，大雪纷飞。朱挺来到长三角地区规模最大的编组站——徐州北编组站，试验时间选在每天车流相对较少的清晨。为了准确观测及记录每次试验的数据，他在寒风中蹲在峰顶用双手托着笔记本观察着实时检测数据，一会儿趴在没过小腿的雪地里，一会儿又跪在道砟上，冻得实在吃不消了，就站起身来跺跺脚，拍拍身子，搓搓耳朵，接着干。

不到半年，朱挺跑遍了管内所有驼峰，工务部门在他采集的数据支撑下，对符合改造条件的11座驼峰实施了精准改造，JSQ特种车辆在管内终于摘下了禁溜车的"帽子"，站内停留时间一下由72小时缩短到36小时，成果得到中国铁路总公司专业部门的认可，目前已有6个兄弟局集团公司前来学习取经或有要求协助的意愿。

在中国高铁网络最密集的长三角地区，系统提升铁路固定设备智能化监测能力势在必行。由朱挺带领团队研发的工务、电务基础设施智能巡检系统相继问世，目前作为周期性的生产任务已在管内工务、电务领域推广应用，成功取代人工上道巡视作业，工作效率提高了近20倍，产生了数千万元的直接经济效益。

2018年，国内第一辆时速160公里多专业综合巡检车问世，车上集高铁工、电、供基础设施检测监测装置于一体，18项功能中有14项由朱挺和他的团队研发而成。

从事铁路科研工作20年来，朱挺发表科研论文20多篇，取得各类发明、实用新型专利20多项。许多企业看中他的科研攻关能力，想高薪挖走他，一位私企负责人曾亲自登门造访，承诺只要肯跳槽，愿意提供3000万元科研启动资金和20人科研团队，均被婉言拒绝。

"我是铁路职工，我热爱铁路事业。"朱挺自豪地说。

采访手记

坚守为创新赋能

创新之路荆棘丛生。朱挺披荆斩棘20年，不仅收获了鲜花，而且收获了成功的人生。朱挺不竭的创新动力源自对创新精神矢志不渝的坚守。正是在创新精神的感召下，他倾情于科技创新，投身于科技创新，成功于科技创新。

中国铁路前进的轨迹，是创新者奋斗的足迹。奋力担当交通强国、铁路先行使命职责，离不开每一位铁路人的奋斗。这要求我们每一位从事铁路工作的同仁真心热爱铁路事业，充分发扬爱岗敬业的精神，面对困难百折不挠、坚韧不拔，以永不停步的创新精神，解难事、攻难关、破难题，踏尽坎坷，走出一条康庄大道。

挺立铁路科研第一线

朱 挺

科技创新是企业的命根子。铁路科技发展日新月异，为中国铁路领跑世界，提供了强大支撑和重要保障。身处这一新时代，作为铁路科研人员，我感到十分幸运。工作20年来，我带领团队参与了国家"863"计划、"十二五"科技支撑计划等20多项重点课题，先后获得詹天佑青年奖、茅以升铁道工程师奖、全国五一劳动奖章等荣誉。这些年，我始终瞄准铁路科技前沿，立足解决现场难题，在自主创新之路上不断探索，时刻想着多出科研成果，为铁路科技进步多作贡献。

1999年，我毕业来到铁路，单位领导得知我是南京大学的毕业生，专门安排所里最牛的汤师傅带我。汤师傅清华毕业，还曾留校任教8年，通过他的言传身教，让我真切感受到老一辈铁路科技工作者的进取、奉献和坚守。我暗暗告诉自己，要像师傅那样，沉下心、俯下身，干出一番成绩来。

当时，我国铁路正在实施大面积提速调图，铁路电气化改造密集展开，对接触线磨损状态进行有效监测的需求越来越迫切、工作量越来越大。原有的人工登顶检测方式已不适应铁路发展形势，而科学高效的非接触式检测技术在国内还是空白，在国际上也是个难题，个别掌握这项技术的国家对资料严密封锁、产品禁止出口。我憋着一口气，决心向这个世界性难题发起挑战！

没想到过程是如此的艰辛！从哪儿入手？走什么技术路线？一时头绪特别多。我们从零开始，多方请教，希望的火花时而闪亮、时而破灭。经过反复论证，利用影像处理技术，对接触线局部磨损进行重点观测，被确定为我们的主攻方向。而这，也正是我的理论专长！我们在实验室里搭建仿真平台，模拟各种工况条件，试验成像效果，一次次失败，一次次从头再来。两年里，实验室的灯光亮得最早，灭得最晚，光试验数据就记录了8万多条，试验日志就写了厚厚的10大本，室内研究工作终于取得了圆满成功！我马上奔赴鹰厦铁路，投入到更为紧张的现场试验。为了验证设备性能，我经常在线路上一走就是一天，一年时间，400多公里的试验区间来回走了好几趟。有一次，数据显示一处接触线磨耗异常，我赶紧和工长一起上线确认，就在一座立交桥下光线微弱的地方，找到了那处隐患。工长惊讶地说："没想到你们这东西还真能行！"

从研究到应用，第一代车载非接触式接触网检测系统成功问世，填补了国内技术空白，被科技部、商务部等4部门列为国家重点新产品，与国外设备相比，稳定性更好、精度更高、成本更低。从改进到成熟，第三代产品技术更趋完善。这一过程，整整耗时10年！想到多年来的心血没白付出，我心潮澎湃，随着国家科技事业的腾飞，我们在很多领域再也不用受制于人，只要坚定信念，善于攻关，我们铁路科研人员完全有信心、有能力端自己的碗，吃自己的饭！

火热的生产一线始终是铁路科研人员的广阔舞台，我们的价值就在于运用科技力量持续释放生产力。近年来，随着国家"公转铁"政策的推行，铁路实施货运增量行动，大量原来由公路运输的商品汽车转向铁路，运输商品汽车的JSQ特种车辆大幅增加，这种车辆不能通过原有驼峰进行溜放作业，经常因无法及时编组而在站内积压，提高特种车辆编组效率成为亟待解决的难题。我们主动担起这个攻关项目，承诺在3个月内一定拿下。随后，立即研发在线检测装备、过峰仿真软件，跑遍了管内13个驼峰，布测点、采数据，那段时间我白天晚上连轴转，连家里身怀二胎的妻子也照顾不上。一次，正准备在上海西郊的南翔编组站做溜放试验时，手机响了，一向要强的妻子哽咽着说："上午去医院做大畸形筛查，几项指标都不太好，我想再复查，你快回来吧！"我脑子嗡的一声，瞬间浮现出妻子无助的身影，非常焦急，但这里的试验马上开始，我是项目带头人，根本走不开。试验刚一结束，我就匆匆赶回家。没想到妻子笑着说："我连着去了4家医院，宝宝没事儿，你放心吧，我怕给你试验添乱就没再打电话。"我一把搂住妻子，啥也说不出来，内心充满了愧疚。现在，我只要有空，哪怕时间再短，也想着多陪陪妻子和孩子。

付出换来了回报。经过连续作战，我们形成了《驼峰技术改造方案》和《特种车辆安全溜放作业办法》。通过对驼峰的技术改造，这类车辆驻站时间平均缩短了50%，编组效率提高了67.7%，仅上海局集团公司每年就可节支创效上亿元，为全路编组站特种车辆驼峰溜放作业提供了有效解决方案。

心中有梦想，脚下有力量。我们科研人员要实现梦想，抢占世界铁路科技前沿阵地始终是我们的不懈追求。我的专长是检测技术，研制高铁"万能"巡检车成了我最想实现的梦。当时，国内既有的高速动检车仅能对高铁线路进行数据量的检测，而对于沿线基础设施设备状态的图像量巡检，最高检测速度仅能达到80公里/时，且都是工务、电务、供电等各系统分别进行。如果研制出"万能"巡检车，走一趟可以实现对沿线设备状态全方位的"体检"，那该有多好呀！说干就干，我们开始了样车制造、检测设备集成、现场动态调试的攻坚之路，所有团队成员忘我工作，简直是干红了眼。有一阵子，大家每天工作14个小时以上，6个人中有5个先后累病。我们白天一起干活，晚上一块儿打点滴，看着依次躺在病床上互相调侃的小伙伴，我心里特别感动，特意用手机拍下了这"别样的风景"。

2018年12月，国内第一辆时速160公里电传动多专业综合巡检车终于上线了，这一凝聚着团队4年智慧和汗水的科研成果，实现了沿线工电供设备结构状态的可视化巡检，甚至连接触网零部件上直径10毫米螺栓的螺纹都能拍清楚。综合巡检车投入使用一年多来，发挥了巨大作用。即使在疫情防控期间，我们的巡检车仍然没有闲着。我带领团队深入京沪、沪昆、徐连、商合杭等高铁线路开展设备巡检，每天分析处理大量图片信息，为线路病害诊治、维养检修提供了科学依据。每当我随车奔驰在高铁线上，就觉得自己像一个"流动医院"的大夫，能为高铁巡诊把脉，感到特别神圣！

成功路上，荣誉多了，诱惑也随之而来，不断有人向我抛来橄榄枝。曾有一家企业老总找到我说："朱主任，咱们一起干吧！我先给你3000万的启动资金，20人的项目团队，股份也可以谈！"面对优厚的条件，我还是婉言谢绝了他。我是铁路人，是铁路给了我施展抱负的广阔天地，我珍惜这个科技创新的舞台。今后，我还将带领团队继续努力、不断探索，用更多的科技成果为中国铁路高质量发展增光添彩！

一切为了旅客平安

宋鹏飞　41岁，中共党员，现任长沙铁路公安处刑警支队刑警五大队大队长。在反扒一线奋战的16年间，他和同事们共破获盗窃旅客财物案件320余起，打掉犯罪团伙18个，抓获犯罪嫌疑人近500名，为旅客群众挽回经济损失50余万元。近年来，他先后获得全国人民优秀警察、湖南省第四届我最喜欢的十佳人民警察称号和火车头奖章等荣誉，荣立个人一等功1次、三等功2次，获嘉奖6次。

一切为了旅客平安

——记长沙铁路公安处民警宋鹏飞

朱进军　蔡艺芹　刘喆

谭 亮/摄

在飞驰的列车上、在人潮涌动的火车站，他突然现身，抓获偷盗旅客财物的嫌疑人。当你在进站上车时感到疲惫，或休憩、或观光时，他可能就在你身边，一双专注的眼睛默默地注视着你，保护着你的财产安全不受侵犯。

他就是长沙铁路公安处刑警支队刑警五大队大队长宋鹏飞。15年来，他一直战斗在铁路反扒第一线，用忠诚、热血和睿智，时刻保护着旅客。

站车之中的"伪装者"，护卫旅客建奇功

"唉，又被宋警官抓了，以后再也不能干了。"2018年春运期间，在长沙站，惯偷胡某在偷窃旅客财物时被宋鹏飞当场抓获。2017年，胡某也曾因偷盗被宋鹏飞抓过，当时被判处有期徒刑6个月。连续被抓让胡某哀叹，再也不敢重操"旧业"了。

没有惊天动地的大案，只有日夜奔波护卫旅客财物安全的忙碌。从事铁路反扒工作15年来，宋鹏飞和

同事抓获过270多名犯罪嫌疑人。

2004年，长沙铁路公安处组建反扒大队，参加铁路公安工作才一年的宋鹏飞因表现优异而被调入。自此，他的命运与"反扒"二字紧紧相连。

"那时，我跟着公安处的反扒明星黄文广警官学习。他干了一辈子反扒，经验丰富。"宋鹏飞说，"他教我的第一课就是如何识别扒手。"

按照师傅的指导，宋鹏飞在没有任务时就走进车站，整天蹲在候车室，用心仔细观察每一个进站候车人员，仔细体会他们的形态、肢体语言等。经过一段时间的训练，他练就了迅速识别扒手的眼力，甚至一个眼神、一个动作，就能看出一个人是不是扒手。

长年累月的工作特性，让宋鹏飞养成了眼观四方的习惯。无论是工作中还是日常生活，他都不由自主地分析身边走过的每一个人的特点以及存在的失窃隐患。"有时陪老婆上街，看到有人的提包拉链没拉，我就会条件反射一般过去帮人拉好，还曾被人怀疑是小偷。"谈起自己的糗事，宋鹏飞哈哈大笑。

宋鹏飞是黑龙江人，身材高大，英俊潇洒。很多人以为，这样的外貌特点识别度很高，不适合从事反扒工作，但宋鹏飞却立下了赫赫战功。"其实，外貌不是关键，关键是要用脑、用心工作，要善于观察，善于把自己伪装成旅客，隐藏在旅客之中，善于发现和隐蔽跟踪扒手。"宋鹏飞表示。

狭路相逢智者胜。根据不同季节、不同时期，宋鹏飞伪装成不同旅客。暑期，他扮成学生旅客；春运，他扮成务工人员；国庆黄金周，他扮成游客……无论伪装成什么角色，他都能与周边旅客谈笑风生，打成一片。

一旦发现扒手作案，他就从旅客中突然出击，一击即中。抓捕瞬间充满成就感，而为了这个瞬间，有时要长久等待。"最佩服宋队长的一点，就是他吃苦耐劳。"宋鹏飞的同事谭宇凡感慨道。

2018年下半年，广州开往长沙的一趟旅客列车上发生多起卧铺车厢旅客手机失窃案件。宋鹏飞带领反扒队员们伪装成旅客潜伏在卧铺车厢里。然而，犯罪嫌疑人并不是每天每趟车都作案。反扒队员们蹲守时，看到犯罪嫌疑人从身边擦肩而过，但由于没有抓到盗窃现行，无法实施抓捕，内心无比煎熬。宋鹏飞鼓励大家一定要沉住气。经过几个星期的等待，队员们最终齐心协力把扒手抓住。

2019年上半年，宋鹏飞和谭宇凡等人经过多次侦察，锁定了一名犯罪嫌疑人，并隐蔽跟踪，准备抓捕。然而，狡猾的犯罪嫌疑人一天连续买票从长沙坐火车至娄底、常德、衡阳，辗转500多公里。宋鹏飞带领队员扮成旅客，紧跟不舍，连续追击。最后，他们在衡阳站将正在行窃的扒手抓获。

谭 亮/摄

坚守正义的执法者，铁血丹心铸忠诚

哪有什么岁月静好，不过是有人替你负重前行。在旅客们享受平安旅途的背后，宋鹏飞一次次直面犯罪分子，在搏斗中游走于生死边缘。

"我有艾滋病，你敢过来，我就和你同归于尽。"一次，宋鹏飞在株洲站追捕扒窃嫌疑人徐某时，徐某拿出用过的注射器冲宋鹏飞挥舞叫嚣。

该出手时就出手。宋鹏飞毫不畏惧，与战友合围后，一个假动作引开徐某的注意，趁势一个抱膝顶摔将其制伏。

扒窃、抢劫嫌疑人中，有艾滋病、开放性肺结核等传染病患者，这些人有恃无恐，但宋鹏飞照抓不误。

生与死的考验，无处不在。2008年夏天，宋鹏飞在长沙站站台上抓捕一名正在行窃的小偷时，遭到了强烈反抗。小偷在被宋鹏飞抓住的瞬间，反过来抱住宋鹏飞，并趁势倒地，两人一起滚下站台，滚进列车车轮下。

列车很快就要开车了，小偷大声威胁："放手，让我走。不然，就一起死！"两人突然进行搏斗，时间很短，站台上的旅客和工作人员都没有注意到有人在列车底下。旅客上下车完毕后，列车准备启动了。

宋鹏飞快速将小偷制服后，两人一起滚出车底。很快，列车就开动了。再晚一会儿，两人都可能葬身车轮下。

2011年5月，宋鹏飞和同事盯控的3名扒窃嫌疑人在列车上偷盗旅客财物后，准备翻过株洲站的围墙逃跑。

株洲站的围墙高约2米，且安装了钉子尖和铁刺网，想来嫌疑人应该无法逃走，然而当宋鹏飞跟踪至围墙边时发现，嫌疑人提前做了准备，翻墙处的尖刺已经被破坏了。

怎么办，隐蔽跟踪关键在于隐蔽。如果等扒窃嫌疑人全部翻墙逃走后再从他们破坏的围墙处翻墙继续追捕，很可能跟丢，功亏一篑。

宋鹏飞没有丝毫犹豫，紧跟嫌疑人，手抓着铁刺钉尖，从围墙另一处翻了过去。他的手被钉子扎出了血洞，衣服也被划破多处，但他始终没有让扒窃嫌疑人脱离自己的视线，最终发现了嫌疑人的落脚点，并组织警力将其同伙全部抓获。

2012年的一天，宋鹏飞在娄底站附近抓获一名抢夺旅客金项链的犯罪嫌疑人。该嫌疑人苦苦哀求宋鹏飞放过他，交还了金项链并拿出5000元钱作为报酬。宋鹏飞不为所动，依法将其抓获。

15年的反扒工作，让一些老扒手认识了宋鹏飞。有几次，这些老扒手被宋鹏飞抓获时，都气急败坏地威胁他："我认识你，知道你家在哪儿，认识你的老婆孩子，小心我报复他们。"

"说实话，刚开始，我也担心扒手对家人打击报复。"宋鹏飞说道，"但是，我是警察，又是一名党员，抓捕罪犯是我的职责所在，绝不能退缩。我坚持公正执法，坚守正义，从不侮辱任何嫌疑人，让他们心服口服。我相信，公平正义，是对自己和家人最好的保护。"

顺应时代的创新者，科技侦查创佳绩

"老王，准备去哪里呀，最近生活怎么样……"7月22日，在长沙站，两名看似是朋友的旅客正在聊天。其实两人中神情略显严肃的人是宋鹏飞，另一个有点紧张的人是他曾经抓捕过的扒手。

当天，这个曾经受到法律惩处的扒手买票到长沙站坐车，他刚一进站，预警系统就发出警报，正在候车室里巡查的宋鹏飞收到消息后，主动找到他，像老朋友一样和他聊天，提醒他遵纪守法，防范犯罪行为发生。

宋鹏飞还将该"有前科"的旅客已上车的预警信息传送给列车上的乘警和到站警察，全程重点关注，重点防范，从源头上杜绝了犯罪的可能。

"我认为，防范应该大于打击。我们必须借助最新的信息技术手段，关口前移，从源头杜绝犯罪。"宋鹏飞表示。

近年来，中国铁路广州局集团有限公司以长沙站为试点，启动智慧车站建设。宋鹏飞积极建言献策，充分发挥车站视频监控的智能分析作用，配合车站实名制验证信息，准确掌握扒窃嫌疑人的体貌特征和犯罪活动规律，从源头防范犯罪，精准打击犯罪。

2019年，长沙的一个行窃惯犯为躲避监控，23时出门，行走近3个小时到长沙站实施偷窃，次日7时再走回去。

宋鹏飞利用新的信息技术手段，通过视频监控系统分析，掌握了这名惯犯的行动规律和作案规律，最后将其绳之以法。

近年来，宋鹏飞运用新技术、新的情报系统连续破获了多起盗窃案件，筑起了一道防范和打击犯罪的隐性钢铁长城，使长沙铁路公安处管内的偷盗案件数量大大减少。

2016年，长沙铁路公安处反扒大队撤销，改为刑警支队刑警五大队，宋鹏飞出任刑警五大队队长。刑警五大队全面接手了原反扒大队的工作，还要负责长沙地区的铁路治安刑事案件。担任刑警五大队队长后的宋鹏飞更忙了，他每天80%的工作是反扒，20%的工作是处理治安刑事案件。

通过运用最新的高科技手段进行深入细致的排查，近年来，刑警五大队连续破获了割盗铁路器材、在铁路线上摆放障碍物等多起刑事案件，确保了铁路运输安全。

反扒工作是件苦差事，没有固定的作息时间和工作地点，长年奋战在车站和列车上，吃不好，睡不好，没有节假日，更没有时间照顾家人。从小伙子步入中年，当年和宋鹏飞一起参加反扒工作的同事们纷纷退休、转行，只有他始终从事反扒工作。如今，他依然带领着精锐的年轻力量，奋斗在反扒战线上。

"我这辈子就喜欢干这个，一直干到天下无贼。"宋鹏飞说。

采访手记

默默奉献显忠诚

"明天要到株洲站区出任务，周末陪你们出去玩的计划只能推到下一次了。"记者采访宋鹏飞时，他又接到了行动任务，只好带着歉意给妻子打了个电话。这样的电话，宋鹏飞的妻子不知道接过多少次，提前说好的家庭出游计划一次次都成了泡影。

越是节假日或夜晚，越是扒手作案的高峰期。反扒案件的特殊之处在于需要"抓现行"。作为铁路反扒民警，昼伏夜出、节假日工作、长时间蹲守、经常出差、三餐不固定等情况出现的频率很高，常常无法照顾家庭。有一年春节期间，宋鹏飞的母亲一人从黑龙江老家到长沙看儿子，可她在长沙等了一个月，在外奔波的儿子还是因为工作忙没能回家。

在宋鹏飞看来，反扒警察必须耐得住寂寞、经得住煎熬，才能在与扒手斗智斗勇中屡战屡胜。为什么15年一直在又苦又累的岗位上恪尽职守、坚持不懈？宋鹏飞回答："我在学生时代就入了党，作为党员、作为警察，捍卫法律、保卫人民、打击犯罪是我的使命！"

忠诚守护旅客平安

宋鹏飞

在万里铁道线上，有7万铁警为铁路和旅客安全保驾护航，我就是其中的一员。从事反扒16年，我抓获犯罪嫌疑人近500名，打掉犯罪团伙18个，为旅客挽回损失近百万元，先后荣获"全国优秀人民警察""火车头奖章"等称号，荣立个人一等功1次、三等功2次，受到嘉奖6次。这些年，我始终坚守在站车一线，用铁道卫士的热血忠诚护佑旅客平安出行。

一直以来，铁路点多线长，站车人员密集，常有小偷混在客流中，盗取旅客财物。2009年3月，K9004次列车在衡阳至株洲区间，卧铺车厢发生多起盗窃案，乘警、车站派出所前期查控，锁定了一个重点对象，但盘查时搜不到赃物，没有证据只能放人。我们接手后，连续几天埋伏在卧铺车厢。一天凌晨3点，列车从衡阳站开出后，发现监控对象出现了，他在车厢来回走动，频频换装。车到株洲站，又有旅客发现手机不见了，该男子正要下车，我们果断将其控制，但反复盘查仍然没有发现赃物。他得意地叫嚣，警察就可以随便抓人哪！我判断赃物一定还在车上！果然在离他铺位不远的地方，搜出一个同款背包，里面装着钱物和3部手机。原来这个狡猾的窃贼，玩的是"双包魔术"，上车后，先将一个包藏到别处，用来放赃物，得手后却背着另一个空包"潇洒"下车，同伙负责在下一站上车取包。这时，看到我手里的包，他还是不承认。我将包放回原处，几个人在旁边等着。列车到了下一站，上车取包的同伙被当场抓获。我们顺藤摸瓜，一举破获24起旅客财物被盗案。

贼抓多了，我也成了小偷的"熟人"，他们一发现我就互相通风报信："小东北"来了！为了不让他们认出来，我伪装过大学生、工人、小商贩、摩的司机。有一次在长沙站，我跟踪一个小偷，他窜了几个站台没得手，为了防止小偷起疑，我走进跟前的工具房，迅速换了一身清洁工的衣服，拎着长火钳、压低帽檐，边捡烟头边靠近他。旅客下车买东西时，小偷一看机会来了，刚偷到一个钱包想溜，我扔掉火钳，亮出了手铐。小偷直愣愣盯着我："怎么连搞卫生的都是警察？"

反扒工作不仅需要斗智，更要有不惧危险、狭路相逢勇者胜的亮剑精神。2012年深秋的一个凌晨，我在株洲站追踪3名小偷，越过扎满玻璃和刺笼的围墙，穿过几条黑巷，一直追到一个小招待所。摸清房间，听到里面正在分赃，我破门而入，大喝一声：别动，警察！一个小偷抢起凳子砸过来，我一闪身，跨上一步，一个别摔，把这个小偷制服在地。另外两个小偷吓得赶紧往外跑，被随后跟来的队友逮个正着。到了派出所，才发现自己手上、胳膊、小腿被划了好几个口子，还在滴血。其实，在反扒过程中，还会遇到一些潜在的危险，有的扒手号称自己有艾滋病、肺结核、乙肝等传染疾病，挥舞针头、手抓嘴咬，我都没有退缩过。曾有人劝我，就抓个小偷，至于这么拼命么？我理解别人的好意，但内心深知，我不止是在抓小偷，更是在守护着旅客的安全和老百姓对中国铁路的信任。

在反扒过程中受伤挂彩是家常便饭，有时还要直面生死考验。2005年6月一天中午，在娄底火车站站台，一位旅客在小推车旁刚买完盒饭，一个镊子就伸进他的口袋，把钱包夹了出来。我一把抓住小偷，贴身上铐的时候，低着头的小偷狠狠咬住了我的大腿！我强忍疼痛，紧紧扣住他手腕。小偷眼见无法逃脱，顺势滚下站台，连带我一起摔下站台。小偷又想钻车底逃走，被我死死拉住。这时，开车铃响了。小偷摆出一副亡命徒的架势，抓住车底发狠地说："放开我，要不就一起死！"车轮开始缓缓转动，千钧一发之际，我一脚踹开他的手，一脚用力蹬钢轨，双手抱住他的腰，用尽全身力气从车底滚了出来。听着车轮轰轰隆隆的滚动声，压在我身下的小偷彻底吓傻了，我也大口喘着气，第一次感受到死亡离自己这么近。

身为一名铁路警察，自己的生死可以置之度外，但最怕家人受连累。有一次，一名惯犯被我抓获，他知道将受到严惩，气急败坏地冲我叫嚷："我认得你，就找得到你家，找得到你老婆孩子，你等我出来！"类似这样的威胁，还有很多匿名电话和短信，我虽然不怕，但从不敢放松警惕。为了不让家人受到伤害，我很少和她们一起出现在公共场合。女儿已经上四年级了，我一直都很少接送，妻子上班的办公室就在我楼下，我们却很少一起上下班，我很愧疚，每次回家都抢着干家务，全身心地陪伴她们。

　　我知道，顾大家常常要舍小家，自古忠孝难两全。我参加工作后，好几年没顾上休长假，没有回东北看父母。2006年冬天，母亲一个人悄悄坐火车赶到长沙来看我。到派出所才知道我出差了，近几天回不来。母亲就在长沙站边的小旅馆住下，连着几天到派出所打听我回来没有。后来所领导得知是我母亲，赶紧安排到我的单身宿舍住下，并联系我，我才知道母亲已经等了一个多礼拜，我告诉母亲过几天就回来。没想到，专案组的工作不断出现新情况，实在离不开，让母亲一等就是一个月。因为放心不下身体不好的父亲，母亲又悄悄地回去了。后来我回到宿舍，只看见母亲给我亲手缝制的棉袄，整整齐齐叠在床上，眼泪夺眶而出。案子一结束，我休假匆匆赶回东北，父母特别高兴，我真想经常陪伴在他们身边，可我深深知道，我是一名身着警服、头顶国徽的铁路警察，旅客安全需要我，打击犯罪更需要我。

　　我的职业是抓小偷，但我最大的心愿是让更多的失足者迷途知返。有一个60多岁的惯偷，绰号"光头"，前前后后不知被抓了多少回，周边派出所都很头疼。一次我逮到他，审讯时，他对我说，我也想找点正经活，但没人要。后来我跑了好多地方，用自己的身份担保，在一个工地帮他找到一份工作。去年清明，他坐火车回老家祭祖，在站台上碰见我，动情地说："宋队，谢谢你！让我老了老了有个正经事干，今年我也能体面地回老家了。"这些年，在我的帮助下，10多名小偷痛改前非。

　　从警以来，我主要干了反扒这件事，付出多、收获更多。2015年11月，在K158次硬座车厢，我抓住一个小偷，将财物还给失主时，一位旅客站起来大声喊，抓得好！好多旅客跟着站了起来，为我叫好，掌声经久不息，那一刻，我感到所有付出都是值得的。

　　2017年5月19日，我作为铁警代表，光荣出席全国公安系统英雄模范立功集体表彰大会，受到习近平总书记亲切接见，倍感自豪、备受鼓舞。今年初，当习近平总书记发出坚决打赢疫情防控阻击战号令之时，我带领全队同志第一时间请战，几个月连续坚守站车一线，履险蹈难，严密防控，实现了辖区旅财案件零发案。今后，我会始终坚守人民铁路为人民的初心，用热血和忠诚践行使命，将反扒进行到底，一直干到天下无贼！

"神奇工长"敢担当

汪伯华 重庆市铜梁区人，1972年11月出生，中共党员，1993年10月参加工作，现任中国铁路南宁局集团有限公司百色工务段百色线路车间百色线路维修一工区工长。2009年获广西壮族自治区优秀共产党员称号，2011年获火车头奖章，2012年获全国五一劳动奖章，2015年获全国劳动模范称号。

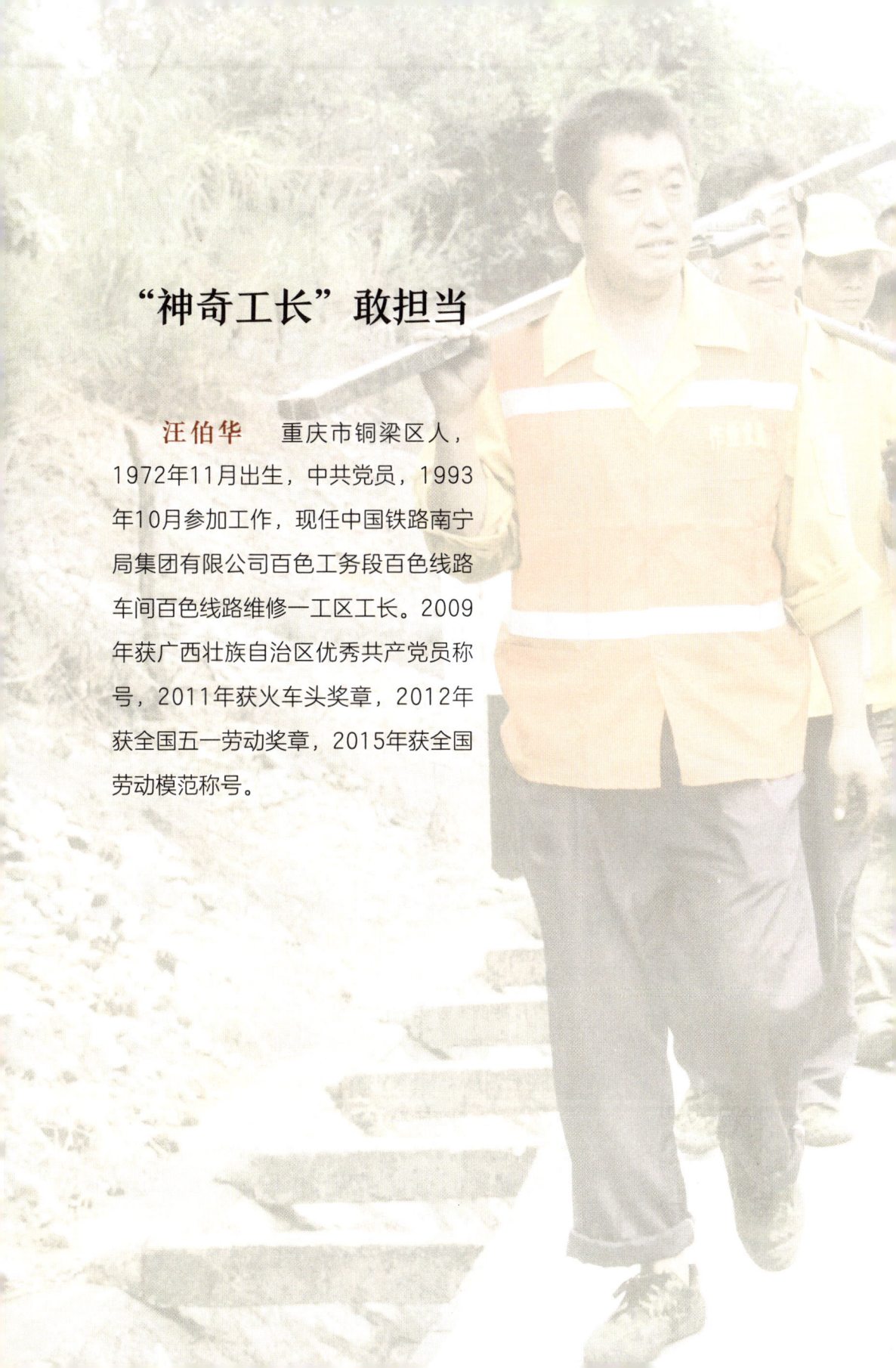

蒋俊杰/摄

『神奇工长』敢担当

——记中国铁路南宁局集团有限公司百色工务段线路工汪伯华

莫育杰

天公不作美，"天窗"命令刚下达，大雨就噼里啪啦地下了起来。

7月4日早晨，百色工务段百色线路车间新成立的百色线路维修一工区第一次开展上道作业。首任工长汪伯华手提起拨道器一马当先，起道、扒石砟、换垫板、测量线路水平高低……哪一项作业进度落后，他就上去搭一把手，保证各项作业衔接有序。

"我们工长从来不挑活儿，什么都干，风雨无阻。特别是脏活累活，更是抢着干。"工区唯一的女职工、防护员刘思婷说。她2016年8月入路工作后就被分到当时汪伯华所在的永乐线路工区，如今两人又一并被调入新组建的班组。

大雨中，豆大的水珠密密地打在汪伯华身上，他不避不让，弯腰、下蹲、起立，每一个作业环节都一丝不苟、精益求精。投身工务工作21年，他始终像呵护自己的孩子一样呵护线路，先后将6个落后工区变成先进班组，赢得了"神奇工长"的美称，为确保西南出海大通道的安全畅通贡献了力量。

担使命，迎难而上显初心

"这是一个更重的担子。"说起新组建的百色线路维修一工区，百色工务段党委书记刘武语重心长地说。与以往汪伯华所在的工区不同，这次新组建的班组主要负责整治病害最严重、质量最差的线路区段。而且由于班组管辖里程长达112.7公里，他们就像流浪的吉卜赛人一样，哪里需要整治就暂住哪里，施工作业结束后再迁徙去别处。

"最难干的活儿，组织上第一个想到的人就是汪伯华。"刘武说。其实这种临危受命的工作已经是第七次落在汪伯华身上了。2006年7月以来，他先后担任岩龙、田丁、沙厂坪、兴义、冗百、永乐线路工区工长。这些工区在汪伯华到来之前都有一个共同特点：线路质量排名全段倒数、职工工作积极性不高。

啃最硬的骨头、管后进的班组，汪伯华就像一个救火队长。然而让人意想不到的是，每次在他的带领下，不出3个月，这些大家眼中的后进班组都能变成先进工区。"我是一名共产党员，就要服从组织的安排，尽心尽责做好工作。"这是汪伯华常说的话，也是他的行动指南。

1993年10月，21岁的汪伯华来到铁道部第二工程局二处，成为一名铁路建设者，曾参与修建南昆铁路。那时的大西南还是重重大山阻隔的闭塞之地。"沿线老百姓住的都是破破烂烂的土房，真是穷啊。"回想起修建南昆铁路、建设大西南的日子，汪伯华感慨万千。从那时起，他心里就牵挂着这一片土地。

南昆铁路建成通车后，沿线需要大量线路养护工。"招贤令"一出，便触动了汪伯华内心深处的那份牵挂。他毫不犹豫地报了名，并于1998年7月顺利成为一名线路工。

南昆铁路号称中华第一扶贫线，是西南地区的出海大通道。1998年底，南昆铁路开通运营的第二年，能力利用率就超过90%，成为当时全国铁路临管运营期能力利用率最高的新线，也成为西南地区社会经济的发展线、企业运输的生命线和老百姓脱贫增收的致富线。

从建设南昆到扎根南昆，汪伯华始终牢记这条扶贫线的历史使命。2003年11月，汪伯华正式加入中国共产党。为维护铁路大动脉的安全畅通，他熟记线路各种繁杂的数据、标准、尺寸，碰到问题就打电话向技术人员请教，想方设法控制线路平稳。

韦　森/摄

日子久了，汪伯华练就了一套线路整治的绝活。2006年，他担任岩龙线路工区工长期间，一天，段技术科干部卢成忠对原来问题多的线路进行抽查检测，按照常规先问："查哪段？"汪伯华回了句："随便查。"接下来，卢成忠用了整整一天查验岩龙线路工区养护的10公里线路，结果真是"零扣分"。

南昆线小半径曲线多，加上运输繁忙，线路容易产生病害。岩龙线路工区养护的线路"零扣分"是一个史无前例的成绩。带好岩龙线路工区后，汪伯华先后被调到线路和设备质量多年提不上来的田丁、沙厂坪、兴义等5个线路工区工作。

"每当我把一个全段最差的班组带成全段、全局集团公司乃至全路的先进班组时，成就感就油然而生。但往往这个时候，就是我离开的时候，说不委屈那是大话。"汪伯华动情地说，"可一想到自己是一名党员，我就觉得那都不是事儿。"

不忘初心、牢记使命。作为一名线路工、一名党员，汪伯华细心呵护线路，以实际行动做交通强国、铁路先行的践行者。

严要求，精益求精成工匠

"现场是4的就放6，是0的就放2。"7月4日，在滂沱大雨中拆换钢轨垫板的工区职工冯金成，听到工长汪伯华的提醒，不觉用手擦了擦垫板上的水，再三确认厚度无误后，才将垫板塞到槽里。

在南昆线，汪伯华对工作高标准、严要求是出了名的。安全防护员刘思婷告诉记者，其他工区一般要求3分钟到5分钟通报一次线路安全情况，而汪工长却要求她两三分钟通报一次。有时候通报不及时，汪伯华还会提醒她，两人相互卡控，保证现场作业安全。

在当天的线路几何尺寸综合维修中，记者发现，职工们换好垫板后，汪伯华都会拿着道尺沿着轨枕逐根测量。随行的百色线路车间党总支书记姚再全说，两根轨枕间的距离大概是0.5米，也就是"半米一量"，这比单位要求验收时"3米一量"的标准要高得多。

自我加码，精益求精，一直是汪伯华对线路养护工作的不懈追求。按照工务段要求，线路轨距容许偏差管理值是正6毫米、负2毫米，轨距变化度率是2‰，汪伯华把这个标准分别提高到正1毫米、负1毫米、1‰，并按这"三个一"的标准对线路进行全面整治。更高的标准意味着更大的工作量，每整治1公里线路，至少要弯腰1000多次。长年累月弯腰跪地测量，让汪伯华患上了腰椎间盘突出，膝盖上也尽是老茧，但线路质量得到了有效提升。

刚开始，很多人认为汪伯华是多此一举。久而久之，职工们看到高标准带来的安全与效益后都认可了汪伯华的做法。"2012年10月，汪工长来到我们工区后，作业要求很严，工作时间也比以前长，不过线路质量明显改善，每月拿到的绩效也比原来多三四百块钱，我们都乐意跟着他干！"2008年就到永乐线路工区工作的老职工黄永干说。

"对工务人来说，线路病害就像眼睛里进了沙子，不除掉就不舒服。"汪伯华坦言，他对线路病害向来都是零容忍，特别是想到南昆线承担的扶贫使命，干劲就更足了。

2009年1月的一个晚上，贵州兴义气温骤降到0摄氏度，时任兴义线路工区工长的汪伯华忙碌到将近凌晨，躺下来被子还没有捂热，就听到列车通过接头时发出异常声响。他感觉有点不对劲，立即拿起照明灯跑到现场，经过仔细排查后发现，调车线的钢轨有一个接头夹板已经断裂，情况十分危急。他立即采取防护措施，换上新配件，消除了安全隐患。

"只要严格执行作业标准，坚持苦干实干，就没有养不好的线路。"这是汪伯华2016年底与南宁电务段党员职工交流时说的一段话。由汪伯华带领的工区，轨检车平均每公里扣分能很快从几十分降到几分，线路质量稳居百色工务段各工区前列，他也因此被职工们称为"南昆工匠"。

带头干，温暖人心聚合力

今年5月的一天夜晚，永乐线路工区管内突降大雨。接近凌晨，工区一楼的值班电话响了。住在旁边的汪伯华接听电话后得知，降雨量已达出巡警戒，需要安排职工出巡，进行驻站防护。挂断电话后，汪伯华立刻通知相关工作人员展开巡查和防护工作，一直坚守到次日凌晨3时巡线结束。6时30分开始的"天窗"作业，汪伯华一分钟也没耽误。

身先士卒，冲锋在前，汪伯华用实际行动诠释了一名党员的责任与担当。2012年4月，在上级部门的安排下，汪伯华暂时离开待了14年的南昆线，到湘桂线支援桂林工务段亲睦村线路工区线路病害整治。虽是初来乍到，人生地不熟，但这并没有影响汪伯华工作，他找准扣分最严重的小半径曲线狠抓整治，严格执行"三个一"作业标准。生活上，他每天凌晨4时起来挑水为工区职工做早餐，带头清理工区卫生环境。

真抓实干胜过千言万语。看着汪伯华这个"临时工长"埋头苦干，士气低落的班组重新振作起来。他们跟着汪伯华，按照他的工作方法严格整治线路病害。3个月后，奇迹发生了，这个工区管内线路轨检车平均每公里扣分降到5分，达到优良等级。工区曾因线路质量不好而抬不起头的职工，终于可以扬眉吐气了。汪伯华走时，亲睦村线路工区全体职工热情欢送、依依惜别。

曾有人问汪伯华，付出这么多值得吗？汪伯华说："吃亏是福。"而汪伯华的妻子王静则打趣道："那两根钢轨就是他的'情人'，他爱它们，每天跟它们在一起的时间比跟我还多！"

百色工务段劳动人事科职员刘楠是汪伯华一手带出来的徒弟，说起他的师傅，他概括为"三多"：干的活比别人多，懂的业务知识比别人多，留守工区的时间比别人多。

每逢节假日以及进入雨季防洪时期，汪伯华都会主动留守工区，既给现场安全加了一把锁，又为想跟家人团聚的职工提供了方便。其实汪伯华的家就在离工区约半小时车程的百色市区，但他一个多月才回一次家。他说，只有留在工区，他心里才踏实。

"'神奇工长'的名号早就听说过了，今天看到汪工长干活那股劲儿，终于知道他的神奇在哪里了，就是拼尽全力干。跟着他，肯定有奔头！"从其他工区调入百色线路维修一工区的年轻职工郝楠信心满满地说。

巍巍南昆，青山依旧；初心不改，活力常在。在新的工区，汪伯华的神奇还在继续书写。

采访手记

不忘初心才能永葆活力

皮肤有些黑、手掌宽厚有力、爱笑——这是汪伯华给人的第一印象。他很健谈，采访他是一件很愉快的事。听说班组职工跟他聊天也是有说有笑，气氛很融洽。可以看得出，汪伯华是一个很好相处的人。

采访时，从站段领导到班组职工，大家都说汪伯华像老黄牛，身上似乎有使不完的劲儿，什么活儿都干。但当我问他每天这么辛苦，会不会觉得累时，他脱口而出："怎么会不累？"

汪伯华也是个平凡的人，他之所以能二十多年如一日地坚持努力工作，是因为心中始终装着铁路运输安全那份责任，不忘人民铁路为人民的那份初心。正是这份责任和初心，在汪伯华身上激发出源源不断的动力，支撑着他一路走来，创造一个又一个骄人的成绩。

当一名南昆线上的"铁"工长

汪伯华

南昆线是我国西南地区的重要铁路干线，我在这里工作20多年，干过筑路工、养路工，后来走上工长岗位，先后将6个工作较弱的重点工区打造成先进工区，其中，冗百工区还荣获了"全国工人先锋号"。现在，我可以拍着胸脯说，南昆线上，不管哪一段线路、哪一个工区，只要组织上交给我，我都有信心整好带好！

工区是铁路安全生产的最小单元和前沿阵地，对于工务工长来说，第一要务就是把线路质量搞上去，让每一趟列车都能安安全全地通过。我每到一个工区，都把整好线路当成头等大事。2004年，我当上了工长，来到岩龙工区。这个工区所管辖的线路设备质量较差，钢轨磨耗严重，曲线、接头病害多。为了尽快改变现状，我整天"泡"在线路上，每天跪趴钢轨上百次，弯腰起身千余次，摸索出一米一量、十米一测、捣垫结合、细整接头、勤补道砟等工作方法。按照这样方法干下来，我们的付出要比别的工区多三倍。虽然干得很辛苦，但设备病害整一处、保一处，线路质量很快就提了上来。三个月之后，轨检车检查，工区线路质量一下子跃升到全段前列，这对岩龙工区来说，是一件破天荒的事情，工友们都说做梦也没想到，我在这么短的时间内就改变了工区面貌，从此大家喊我"神奇工长"。

后来，我又先后调到田丁、沙厂坪、兴义等工区当工长，不管到了哪里，我都带着大家把线路整治好。2009年，段领导又让我去冗百工区"救火"。这个工区的设备曲线多、养护难，管内8.5公里线路没有一处超过200米的直线，轨检车跑一次平均要扣70多分，是当时全段最差的线路。我刚到没几天，上级领导来工区调研，看到工区的现状，就鼓励我："你如果带着大家把线路质量搞上去，我就请大家休假的时候到北京、坐高铁！"我憋着一股劲，带着工友

们苦干了几个月，轨检车平均扣分就降到10分以内，达到了优良水平。以后也没有松劲，就这样连续保持了3年，工区因此获得了"全国工人先锋号"的殊荣，我写信向当年来调研的上级领导报告了这个喜讯。之后，我和几个同志留守工区，把休假的工友送上去北京的列车。当时大伙特别高兴，一位工友从没有出过远门，专门到附近小镇上买了一身新衣服。大伙回来后给我讲了很多坐高铁的故事，看着他们兴奋的样子，我由衷地感到，这几年的付出特别值得，提高线路质量，不仅确保了运输安全，也给大伙带来了快乐，以后还要继续加油干！

南昆线穿山越河、高堤深堑，地质条件复杂，自然灾害多发，养护难度特别大。天气炎热的时候，尽管钢轨温度高达60摄氏度，也要跪在钢轨面上，埋下头看线路平顺，膝盖上烫起了泡，磨出了老茧；每次下雨，我们都要上线巡查，越是山洪易发、危石易落的地段，越不放过，排除了许多险情。我在田丁工区担任工长时，有一天晚上雨下得特别大，我和工友冒雨巡检，走到田丁至汪甸间254公里处，发现4棵大树从悬崖滚落在钢轨上。当时，K984次旅客列车马上就要开过来了。我立即通知车站扣停列车，迅速组织人员争分夺秒进行抢险。列车安全通过时，我带着大伙整齐地站在雨中，像接受检阅的战士。我想，只要我们在，线路安全这个阵地就永远不会丢。

我当工长这些年，坚信一个道理，那就是打铁必须自身硬，任何时候都要冲锋在前，越是脏活、苦活、累活，越要站在最前面。有一次，南宁局开展排水沟专项整治，我当时正在板桃工区当工长，管内的米花岭隧道是重点整治项目。这条隧道海拔2000多米，全长9.4公里，当时里面煤灰大、空气很不好，干得时间长了容易缺氧。我把14名工友分成两组，安排大家轮换进洞，自己全程带班作业，面对恶臭淤泥就第一个跳下去，碰到难以清理的乱石就抢先用手抱出来，连续干了15天。最后一车淤泥运出来的时候，我走出隧道，感觉天旋地转。工友们扶我坐在隧道口的石头上，看我缓了过来，纷纷围过来说："老汪，我们服你了！"

当一名好工长，严管和厚爱哪一个也离不开。记得我刚到沙厂坪工区当工长时，上一任工长提醒我多注意刺头职工"牛骨头"。他技术不错，但是习惯唱反调、经常干活偷个懒。我上任第一个月，他的绩效考核分就垫了底。他气冲冲来理论，我对着制度一条条讲给他听。他虽然知道理亏，但就是不服气。有一天，他托工友请假，说家里有事。我不放心，就赶了过去，看到他爱人肚子疼得直冒冷汗，他正着急找不到车，我赶紧找朋友借来一辆车，送他们到医院。幸好就医及时，再晚点就会有生命危险。从那以后，"牛骨头"像变了一个人，经常抢在前面干活，在一次全段技能比武中还获得了名次，从此"牛骨头"变成了"牛骨干"。

我能当好这个工长，离不开家人的全力支持。记得在永乐工区当工长时，由于地处偏僻、交通不便，找了好几个厨工都不愿意来。爱人听到我为这件事犯愁，主动辞了原来的工作，来到永乐帮厨。后来，爱人和工友还在工区种了瓜果、养了鸡鸭，丰富了大家的饮食口味。慢慢地，越来越多的人喜欢待在工区了。看着她和工友们相处非常融洽，像一家人一样，我既高兴又感激，一有时间就去厨房里给她打下手，我们两口子也更加默契了。

这些年，我先后获得全国劳动模范、火车头奖章等荣誉。在我的影响下，几位徒弟也走上了工长岗位，把越来越多的工区整得有声有色，冗百工区现任工长廖清荣经常给我说：师傅，有空多回来看看，咱们工区又得先进了！

2018年，我来到新成立的百色线路维修一工区当工长。新的岗位给我带来了新的挑战，特别是新冠肺炎疫情发生后，对上道干活、节后返工造成极大影响。我提前取消回老家的行程，住进工区，为的是碰到紧急情况能第一时间赶到现场。4名外地工友返回工作岗位后要隔离14天，我就一日三餐给他们送饭，还给他们讲工区最近发生的事。我始终相信，只要我们坚定信心、团结一致、互相关爱，就一定可以渡过难关。

现在，这个工区的工作已经步入了正轨。我想，再过一段时间，可能又有一个重点工区在等着我，到那时，我还会一如既往地把它整治好，直到成为先进。

格桑花开新天路

　　崔　欣　女，中国铁建十一局集团桥梁有限公司拉林铁路曲水分公司质检女工班班长、外观质检员。2019年获"新时代·铁路榜样"称号；她所在质检班集体曾获全国五一巾帼奖状、鹰潭市"三八红旗集体"等奖项。在2019年的全国先进女职工集体和个人表彰大会上，崔欣登上台领奖并作事迹报告。

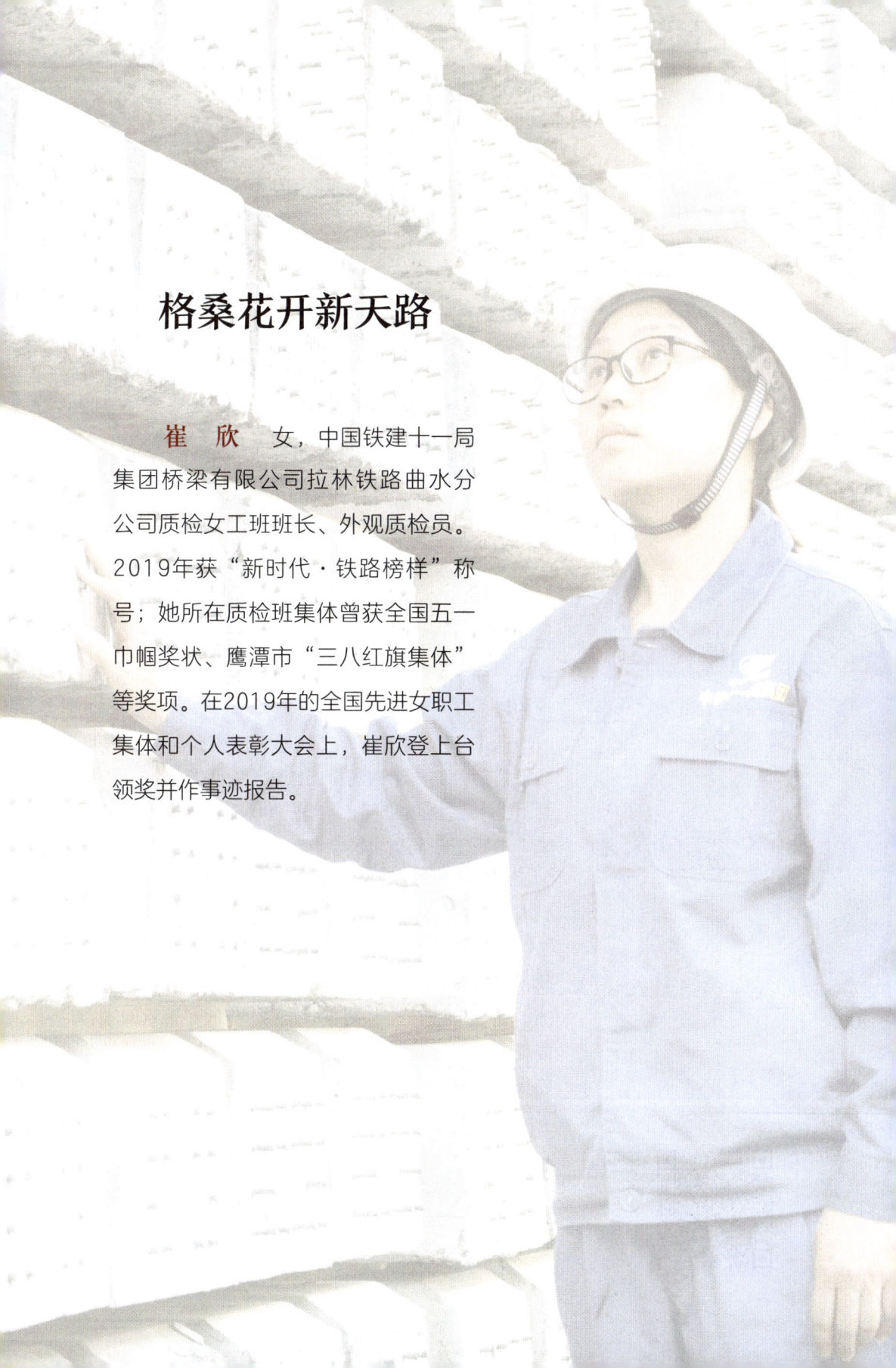

格桑花开新天路

——记中铁十一局集团桥梁有限公司拉林铁路曲水分公司质检女工班班长崔欣

杨建光 刘清裕

杨建光/摄

2019年10月14日清晨，天刚蒙蒙亮，崔欣已经收拾妥当。她紧紧地抱了抱3岁的儿子，亲了亲孩子的额头，强忍住眼中的泪水，依依不舍地踏上了返回工地的路。

从渭南坐汽车到西安，转乘飞机到西藏贡嘎机场，然后再倒汽车回到中国铁建十一局集团拉（萨）林（芝）铁路项目部，行程3000多公里。2019年以来，中铁十一局集团桥梁有限公司拉林铁路曲水分公司质检女工班班长崔欣只休过一次假，时间加起来也只有半个月。

崔欣所在的班组总共4人，是一支由女工组成的轨枕质量检验班组。在被称为"生命禁区"的青藏高原，崔欣带领着这支女子小分队，克服了重重困难、经受了种种考验，为铁路建设付出辛劳汗水，被誉为新天路上盛开的格桑花。

主动请缨，挑战自我

拉林铁路全线2015年正式开工建设。2018年，随

着建设顺利推进，承担全线轨枕生产任务的中铁十一局集团桥梁公司拉林铁路曲水分公司步入生产"快车道"，急需组建一个质检班组，专门负责轨枕生产的日常质量检验工作。

2018年春节刚过，刚来公司不到一年的崔欣听说拉林铁路组建轨枕质检班，就和其他几个姐妹一起去找公司领导，报名要求上高原。领导关切地问："那可是青藏高原，你们女同志能行吗？"她们异口同声地回答："我们女同志一定行！"

"其实，对于上高原将要面临什么，我们心里是明白的。"回忆当初主动请缨时的情形，崔欣语气中带着几分自豪，"我们那时是这样想的：第一，质检工作是我们的业务专长；第二，女同志心细，适合做质检工作；第三，也是最重要的，当年修建青藏铁路时，中铁十一局集团的轨排女工班获得过全国五一巾帼奖，她们奋战雪域高原的事迹始终激励着我们，所以我们毅然选择了面对挑战，力争再续辉煌。"带着这股子不服输的劲头，崔欣和另外3个姐妹义无反顾地踏上高原。

没想到，刚到施工现场，高原就给她们来了一连串"下马威"：呼吸不畅、胸闷气喘、头晕腿软……崔欣第一次来到海拔3000多米的高原，先后经受住了高寒缺氧、风沙肆虐等恶劣自然条件的考验。每天鼻孔里带着血丝，用鼻子吸下气都觉得痛，要用温水反复清洗鼻腔，呼吸才会顺畅，口干、起皮、烂嘴唇更是家常便饭。在这样的工作条件下，她没有退却，始终坚守在岗位，尽职尽责。

人在高原上，平时走路都要放慢，否则就会气喘吁吁。在平原上完成那些反复弯腰观察的检测工作看似轻松，但是在高原上就要消耗更多体力和精力。平原上10分钟的路，在高原要走半小时，而崔欣每天的工作一站就是12小时。由于工期紧、任务重，她和工友常常加班到深夜。受高原恶劣环境的影响，她们的抵抗力渐渐变差。为了预防感冒，她们只能忍着尽量少洗澡，可时间一长，浑身上下就像爬满了小虫似的瘙痒难耐。

"我们时刻都在同高原上恶劣的环境进行艰苦的较量。进藏以来，我们每人都瘦了七八斤。"崔欣调侃道，"这倒成了我们意外的'惊喜'了，青藏高原可真是减肥的好地方啊。"不过，这到底是玩笑话。很多工友看到崔欣她们这样辛苦，常常好心地劝说："高原作业不适合女性，还是回去吧。"崔欣和3个姐妹每每听到这些话，总是笑而不语。她们在心里暗暗给自己打气："路是自己选的，我们女工班绝不后退。"

责任在心，重任在肩

拉林铁路新建正线全长403公里，共需近45万根轨枕，全部由中铁十一局集团桥梁公司拉林铁路曲水分公司承担生产。崔欣的日常工作就是检测当天生产的1000余根脱模轨枕的外观是否存在缺棱断角、蜂窝麻面等，检测过程中对每一根轨枕都不能马虎。

"我们质检班主要负责轨枕的质量检验。轨枕的质量关系着百里长轨的顺利铺设，关系着客货列车的安全行驶。一根2.5米长的轨枕，需要检测的点有70多个。每一个检测点都要眼看、手摸、卡尺量，任何一个瑕疵都不能放过。也就是说，全部轨枕总计3150万个检测点，需要我们一一去检测，最精细的点误差要求控制在1.5毫米以内。"对此，崔欣深感责任重大，"压在我们肩上的，是丝毫不敢松懈的责任！"

2012年7月毕业于太原工业学院的崔欣，学的专业是"无机非金属材料工程"，毕业后曾先后在青海盐湖集团下属公司和青海大通水泥有限责任公司从事水泥材料行业工作。2017年她通过招聘进入中铁十一局集团汉十高铁项目部，开始在制梁场从事相关质检工作。可以说，崔欣既有理论基础，又有实践经验。然而，面对眼前这条高原新天路，她仍然不敢掉以轻心。在进入班组工作之前，她参考查阅了大量高原水泥建筑结构物的相关基础知识，做了详细的学习笔记。同时，她坚持提前把质量检验标准、质量检验方法学深吃透，并在具体实践中做好日常检验记录，不断总结经验，提高检测质量和效率。

初上拉林铁路项目时，崔欣为了把质检工作做到尽善尽美，经常忙到深夜十一二点才下班。同在项目部当试验室主任的丈夫吴俊龙将崔欣的努力看在眼里，他还清晰地记得，夫妻俩在汉十高铁项目部工作的时候，每天晚上都是崔欣等他回去休息；来到拉林铁路项目部之后，基本都是他等崔欣。他劝崔欣早点休息，崔欣却不答应，她说："趁现在还没有进入生产高峰期，我得赶紧做好周全的准备，后面任务重了才能跟上节奏。"有时候遇到了难题，崔欣回家躺在床上还要揪着吴俊龙讨论半天，直到找出最佳解决办法。崔欣潜心钻研业务知识的劲头，深深感染了质检女工班的每个人，大家跟着她勤学苦练，为做好轨枕质量检测工作打下了坚实基础。

2018年6月9日，拉林铁路首根轨枕生产下线，拉林铁路曲水分公司轨枕生产也正式步入正轨。看到一根根外美内实的轨枕整齐划一地组成一节节长达25

米的轨排，崔欣和3个姐妹激动万分，大家就像历经了"十月怀胎，一朝分娩"
的甘苦，兴奋得整晚都难以入眠。

每天，车间要生产1000余根轨枕。检查每一根轨枕时，崔欣都要深深地弯
下腰，睁大眼睛仔细观察。有一次做外观检测时，一起工作的同事见崔欣脸色
不太好，时不时用拳头捶腰，就劝她回去歇会儿，崔欣却摆摆手："我没事，
今天的量不少，咱们得加把劲做完。"等到检测完最后一根轨枕准备下班时，
已经21时多了，崔欣刚要直起身子，就猛地一颤，险些撞到机器上。后来同事
才得知，崔欣以前腰就不好，加上白天已经作业了七八个小时，腰痛得更加直
不起来。为了不影响质检进度，她只能强忍着腰痛，实在受不了了就用拳头自
己捶捶。同事劝她别逞强，先休息两天，她却笑着说："我这都是老毛病，过
两天就好了。"

经过长时间的磨炼，崔欣晒出了"高原红"，磨成了"铁砂掌"，练就了
"火眼金睛"。目前，拉林铁路项目已生产出40.2万根轨枕，出库合格率达到
100%。每一根轨枕，都浸润着崔欣和姐妹们的艰辛和汗水，同事们亲切地称赞
她们是轨枕质量的"守护女神"。

奉献青春，芳华无悔

作为一位母亲，崔欣除了忍受自然环境的考验，还要承担着家庭和情感上的压力。2017年2月，孩子刚刚7个月大时，因为汉十高铁建设的需要，崔欣提前给孩子断了奶，毅然奔赴项目部。2018年3月，崔欣又主动请战参加拉林铁路建设，放弃了回家与孩子团聚。对此，她从未后悔。她坚信，错过了拉林铁路建设自己会后悔一辈子。

2019年国庆黄金周期间，崔欣、吴俊龙夫妇休假返乡，这也是他们春节后第一次回家。半年多没见，3岁的儿子又长高了一大截，看到他们竟有些害羞，熟悉之后才和他们慢慢亲近起来。望着儿子懂事地给他们搬凳子坐、帮着打扫卫生，崔欣心中五味杂陈，又深感欣慰。

当儿子突然搂着自己亲吻脸颊、一声不吭窝在自己怀里的时候，崔欣双眼湿透，这是儿子出生至今第一次跟她表达爱意。这一刻，她真想就这样留在儿子身边，一直抱着他不放手。

假期就快结束了。为了防止儿子哭闹，返程前两天，崔欣就小心翼翼地告诉儿子："爸爸妈妈过两天就要去工作了，去很远的地方修铁路。"儿子听完眉头一锁，仰着小脸说自己也要去。出发前一天晚上，小家伙不再黏着他们，跑到了爷爷房间睡下。第二天一早送别时，小家伙依旧不哭不闹，只是站在门口乖乖地望着他们远去的背影。

看着儿子的小小身影越来越远，崔欣眼里泛起了泪花。回想起与儿子分别的那一刻，崔欣清晰记得每一个细节，尤其是儿子充满期盼与眷恋的眼神，总是让她心里温暖而又难过。"预计12月份我们的工作任务就能全部完成了。到时候完工放假，我一定好好陪陪他。"崔欣已经在心里盘算着给孩子买什么玩具、带孩子去哪里玩耍了。

质检女工班的4个来自天南地北的女人，因为孩子有了更多共同话题，也因为孩子多了一份坚强和动力，更因此多了一份互助和理解。她们两两搭伙工作，总是相互帮衬，4个人经常同进同出，有同事甚至开玩笑说她们像"整套的俄罗斯套娃"。因为表现突出，崔欣曾获中铁十一局集团桥梁公司"巾帼标兵"、2019年度"新时代·铁路榜样"等荣誉，她所在的质检女工班曾获全国五一巾帼奖状。在2019年的全国先进女职工集体和个人表彰大会上，崔欣代表班组上台领奖并作事迹报告。新华社、经济日报、中国青年报、中国妇女报、中新社、中工网等众多媒体报道了她们的事迹，在全社会引起广泛关注和强烈反响。

在那个雪山连绵、峰高谷深的高原腹地，质检女工班拼搏奉献的故事还在继续，她们用勤劳朴实之手弹奏着"新天路"的华美乐章，书写着新时代女性的别样芳华。

采访手记

平凡岗位成就不凡业绩

质朴无华、率性爽朗，这是记者对质检女工崔欣的第一印象。崔欣选择了远离亲人故土，主动请缨上高原，加入西藏铁路建设大军，融入奋进新时代的大潮中。

在青藏高原，崔欣征战高寒缺氧，用实际行动传承青藏铁路精神，甘当拉林铁路45万根轨枕质量的"守护女神"，在3150万个轨枕检测点中奉献巾帼力量，只为了保证出场轨枕合格率达到100%。她犹如这新天路上的格桑花，一路绽放，尽显芳华。

作为一名新时代青年女性，崔欣和她的同事最难能可贵的，就在于她们的事迹虽不惊心动魄，但却都以一颗赤子之心面对工作，作出了突出贡献。崔欣的故事告诉我们，只要心怀赤诚，埋头苦干，平凡岗位上的普通人也可以做出不平凡的业绩，也可以成为引领时代的一分子。

企业的榜样人物能够带动广大干部职工敬典型、学先进。用榜样的事迹凝聚前行力量，弘扬行业风尚，助推铁路事业繁荣发展，我们始终在路上。

让青春在雪域高原绽放

崔　欣

站在这里，我不禁想起两年前第一次上高原的情景：车窗外，连绵的雪山、成群结队的牛羊映入眼帘，伴着车厢里那首熟悉的《天路》，雪域高原慢慢揭开了神秘面纱……一种圣洁的崇高感油然而生。

习近平总书记对川藏铁路非常关心，强调规划建设川藏铁路，对国家长治久安和西藏经济社会发展具有重大而深远的意义，一定把这件大事办成办好。我们参建的拉林铁路作为川藏铁路藏区起始段，是藏东南第一条铁路。在433公里的拉林铁路上，有一支3万人的建设大军，其中女职工不足300人，我有幸成为其中的一员。

2017年底，拉林铁路项目轨枕生产开工，我和丈夫所在的汉十铁路项目也接近尾声，在商量下一步去哪儿的时候，从几个新上项目中，我们首先想到了上拉林：川藏铁路是一条神奇的新"天路"，能够参与建设这样伟大的工程是每一名铁路建设者的骄傲，既然让我们赶上了，就不能错过！

于是决定，丈夫先去，我趁轨枕生产还没开始，抓紧时间回老家看看一岁多的儿子。回去没几天，丈夫就发来视频说："这里条件太艰苦，我担心你受不了，要不你就别来了。"看着因高原反应嘴唇发黑的丈夫，我说："你把自己照顾好，吃苦不怕，我有这个准备。"一旁的公婆看着我这么坚定，也说："你们就安心上班，我们会带好孩子。"有了公婆的支持，我更加坚定了上高原的决心。

青藏高原平均海拔4400米以上，每年的冰冻期达280天，年平均气温只有零下5摄氏度，五月六月飘雪花，一年四季穿棉袄。高原上狂风肆虐、紫外线强烈，含氧量只有平原地区的一半左右，很多人到了这里，会胸闷气短、头昏脑胀，行走都要费很大的劲，更别说高强度的工作了。尽管已经做好了心理准备，但真正身临其境时，青藏高原还是给我来了个下马威！

在高原上最怕感冒，感冒可能诱发肺水肿和脑水肿，严重的甚至会危及生命，而洗澡最容易引起感冒。我们搞轨枕质检的，天天和钢筋混凝土打交道，经常一身泥一身灰，刚去那几天，皮肤干得起皮屑，奇痒难耐，我实在受不了就试着洗了个澡，结果真的就感冒了。那几天，我白天做质检，晚上打点滴到两三点，丈夫心疼地说："实在撑不住，你还是下山吧。"我拉着他的手说："别担心，我能挺得住，现在工期这么紧，任务这么重，咱们不能退缩。"

我们质检女工班4个姐妹，承担了拉林铁路全线近45万根轨枕的质量检测任务。每根轨枕就有70多个检测点，最精细的检测点误差要求控制在1.5毫米以内，不能有任何的瑕疵。2年内，我们为其他生产工序提供了数千页有效检测数据。

2018年7月26日，李克强总理视察拉林铁路施工现场，仔细检查施工质量，嘱咐全线参建者：建设这项工程，责任重大，使命光荣，要保质保量把这条铁路建成精品工程，经得起历史检验。

建设精品工程，质量是关键。为了不让一根不合格的轨枕上"天路"，我们勤学苦练、潜心钻研，每一个检测点都要眼看、手摸、卡尺量。长久的磨砺，给我们的脸印上了"高原红"，把我们的手磨成了"铁砂掌"，更让我们的双眼练成了"火眼金睛"，大家称赞我们是轨枕质量的"守护女神"。

在一次装车过程中，有一根轨枕被撞掉了一角，我发现后，立即叫停。司机忙解释说："这批轨枕已经质检合格，掉一点水泥块不显眼，也不影响质量，再说一卸一装一折腾，会耽搁很长时间……"我斩钉截铁地对他说："轨枕底部掉块会导致受力不均匀，有问题的轨枕绝对不能上线！"不少工人师傅说："质检女工班的这几双'火眼金睛'既让人头疼，又让人佩服。"在这里，我自豪地告诉大家，从第一根轨枕生产下线至今，经我们检验出场的45万根轨枕百分之百合格！

拉林铁路是国家重点工程，既要保证质量，工期也不能耽误。轨枕生产是环环相扣的流水线作业，任何一环出了问题，都会影响整个生产线的进度。有一天下午，翻模机突然出现故障，眼看着当天1300多根轨枕的质检任务不能完成，我赶紧跟姐妹们商量："今天不管多晚，都要检测完这批轨枕，把明天脱模的辊道腾出来。"我和姐妹们一直忙到后半夜，终于完成了任务。当我们疲惫不堪地回到宿舍，顾不得洗脸脱衣，挨着枕头就睡着了。这样的临时加班不是一次两次，但姐妹们总能咬牙坚持下来，大家都明白，工期这么紧，绝不能在质检环节上掉链子。

奋战在高原铁路，我最牵挂的还是心爱的儿子。2019年春节休假回家，孩子已经满2岁了，爷爷奶奶让他喊妈妈，他却推开我，跑进屋拿出我的照片，操着一口陕西土话说："她才是漂亮的妈妈，你不是……"当我连猜带蒙理解了孩子的意思时，苦辣酸甜一起涌上心头，我搂紧儿子泪如雨下。那个假期，我整天围着儿子转，努力弥补一年来缺失的陪伴。铁路人聚少离多，相聚的时间总是特别短暂，看到我们拿着行李要回工地时，儿子一声不吭，站在门口痴痴地望着我们远去，小脸蛋上挂满了泪珠。我泪流满面，却强忍着不敢回头，只能心里默默地告诉他："宝贝，等拉林铁路通车了，我一定带你去看看，那条'天路'就是爸爸妈妈修的，到那个时候，我相信，你会为妈妈自豪的。"

作为一名铁路建设者，能够有机会走上高原，参与国家重点工程建设，我很幸运。2019年三八妇女节前夕，我有幸代表质检女工班，光荣出席全国女职工先进集体和个人表彰大会，站在庄严神圣的人民大会堂，接过了"全国五一巾帼奖状"，我知道，这份荣光属于我们质检女工班，更属于奋战在高原铁路的所有姐妹们。

现在，拉林铁路正在紧锣密鼓地建设中，即使在新冠肺炎疫情的肆虐下，建设者们仍然在不断创造新奇迹。4月7日拉林铁路全线隧道全部贯通，预计年底就可以完成全线铺轨，不久的将来，一条美丽的新"天路"即将展现在世人面前。到那时，路基旁一朵朵格桑花鲜艳绽放，一根根我们亲手检验的轨枕像出征的战士一样，扛着闪光的钢轨，排列在伸向天际的铁路线上，在这高原铁路的壮美画卷中，处处闪耀着我们的青春风采。我和姐妹们相约：下一项重点铁路工程，我们还要申请参战！

做中国智造的"智慧原子"

　　郭　锐　中共党员，1977年出生，1997年参加工作。现任中车青岛四方机车车辆股份有限公司钳工首席技师。曾获全国五一劳动奖章、全国技术能手等50多项国家级、省市级荣誉。2009年获得国务院政府特殊津贴，2018年当选全国人大代表。

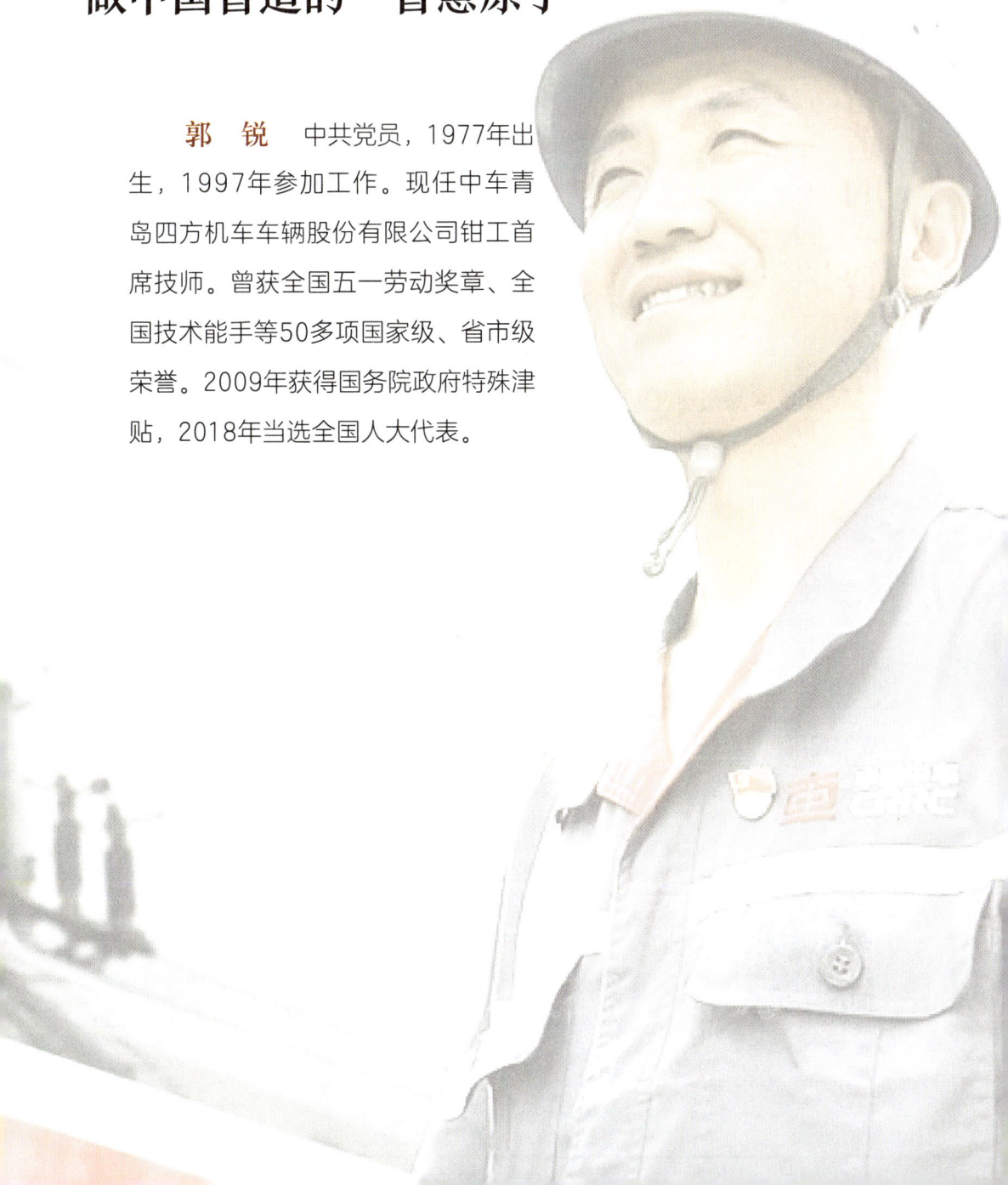

做中国智造的『智慧原子』

——记中车青岛四方机车车辆股份有限公司钳工首席技师郭锐

赵妮娜　邓旺强

李　鹏/摄

与郭锐微信联系，手机界面总会长时间显示"对方正在输入"。这个微信输入不熟练的人，却是中国高速动车组转向架装配领域的大师。

42岁的郭锐，是中车青岛四方机车车辆股份有限公司钳工首席技师。与中国高铁一路同行，郭锐和团队装配出的高速动车组超过1400列，已安全运行超过30亿公里。

从中国制造到中国智造，在高铁核心部件转向架的生产中，郭锐是一枚"智慧原子"。他独创了10项绝招绝技、先进操作法，30多项攻关课题及改善提案在公司级评审中获奖，获授权、受理的国家专利有18项，在国家级、省部级、公司级刊物发表技术论文20多篇。郭锐带领的工作室自成立以来，完成了192项攻关课题，研究出了140项应用在生产线上的绝招绝技，创造经济效益4000余万元……

生而普通，拼搏不止，22年努力，技术工人郭锐获得全国五一劳动奖章、全国技术能手、国务院政府特殊津贴、中央企业技术能手、山东省首席技师等50

多项国家级、省市级荣誉，2018年当选全国人大代表，并作为产业工人代表亮相全国两会代表通道。

严卡每一个细节，实现技术从追赶到领先

工作日的早晨，6时不到，郭锐已经起床了，6时20分坐上班车，8时准时和转向架"面对面"，开始一天的工作。

复兴号动车组上有50多万个零部件，转向架之于高铁列车就像双腿之于人体，是核心部件。

一列高速动车组转向架，装配的直接相关部件上千个，装配尺寸数据记录上万个。

高速动车组的所有齿轮几乎都集中在这里，还有制动装置、电机、驱动装置。转向架既是走行部分，也是驱动部分。

复兴号转向架轮对轴箱组装所用的轴箱体是分体式轴箱，组装过程中要求装配后的装配精度必须小于0.04毫米，因此，组装过程中的每一个细节都十分重要。

这就是郭锐每天的工作内容和工作标准。这份精细复杂的工作从一个细节可以看出：轴箱组装中的每一个螺栓，调整和预紧的先后顺序和紧固扭力等方面都有严格要求。

郭锐是第一代高铁工人，技术引进之初，涉及装配关键技术和原理，外方企业守口如瓶。

为了攻克转向架装配的关键技术，郭锐和同事像着了魔似的，整天泡在工厂不着家、通宵达旦试验总结。为了摸清所有的数据，他们做了1000多次装配论证试验，工作笔记写了约10万字，查阅的资料堆起来有2米多高。仅仅54天，他们就破解了这项难题。

高速动车组转向架大批量制造后，原来的装配效率跟不上进度需求。为破解这一难题，郭锐和技术团队结合不同车型转向架的装配工艺，编制了《高速动车组转向架装配作业要领书》，这本书后来成为实用的现场作业标准。

体系、标准、数据，对于现代制造业的重要性不言而喻。2006年至今，从和谐号到复兴号，从运营时速200公里到350公里，各个速度等级的高速动车组转向架装配的生产体系、技术标准在郭锐他们手中一点一点地建立，技术持续提升直到世界领先。

李　鹏/摄

打造"大国重器"，为中国高铁代言

　　生长在齐鲁大地，受地域文化的熏陶，郭锐有着浓厚的家国情怀。过去40多年人生里，他一直努力拼搏，用成长担当责任。

　　"钳工是利用专用工具手工装配或手工打造精密零件、部件，精通多种量具、量仪的使用方法，同时具备独立设计制造工装夹具能力来保证产品量的一个工种。"这是成为钳工首席技师后，郭锐对钳工的定义。

　　郭锐的父亲是一名钳工，童年时期，父亲经常像变戏法一样制作出各种物品。这门技术让郭锐非常着迷。9岁那年，他用几件简单的工具和铁皮边角料制作了一只铁桶。铁皮弯曲度、窝边和咬合堪称完美，9岁"铁匠"制作的铁桶不输市场上出售的铁桶。

1994年初中毕业后，郭锐决定上技校，毕业后当钳工。少年郭锐的人生理想是成为一名比父亲更优秀的钳工。1997年从技校毕业后，郭锐被分配到四方机车厂（中车青岛四方机车车辆股份有限公司的前身）液力传动分厂，从事机车车辆核心部件液力变扭箱的组装、试验工作。郭锐的祖母、父亲都是四方机车厂的工人，郭锐是第三代铁路工人。刚开始工作，他就养成了专注钻研的职业习惯，踏实做好每一个零件，产品精度达到99%还不够，要想办法提升到99.9%。

稍稍和郭锐接触，就能感觉到他的认真严谨。他很少说大约的数字，不能确定的数据一定会核查准确。在生活中，郭锐有着极强时间观念，即便是在家里，做事也有明确的计划。在工作中，他同样有明确的计划：成为一名技术最好的高级技术工人。

郭锐20岁进厂工作，27岁就获得了青岛市钳工状元称号，从中级工到高级技师仅用了7年。他4次获得青岛市职业技能大赛钳工第一名，2012年在山东省第四届职工职业技能大赛中夺得山东省钳工状元，2012年代表山东省参加第四届全国职工职业技能大赛获得钳工第七名……

2007年4月11日，孩子出生第八天，郭锐作为优秀技术工人前往北京为动车组运营提供技术保障。4月18日，中国铁路第六次大提速，夜晚看着和谐号动车组奔驰一天后平稳入库，郭锐的泪水夺眶而出。

在"大国重器"主题演讲比赛中获得金奖的郭锐自豪地说："我为中国高铁代言！"无论是在公共场合还是在个人微信朋友圈中，郭锐多次表达对中国高铁的热爱之情："中国人有能力制造优质的高铁列车，我愿意为中国高铁代言！"

从少年到中年，从9岁"铁匠"到"大国工匠"，工作22年，郭锐的履历上写满了"担当"二字，对家如此，对铁路如此，对国家亦是如此。

创建大师工作室，让"智慧原子"能量扩散

在中国第一代高铁人的大团队中，郭锐是一枚"智慧原子"。他独创的"动车组齿轮箱G侧游隙检测先进操作法"使转向架齿轮箱检修效率提高了30%，获中国中车集团有限公司先进操作法一等奖。他独创的"动车组转向架四点等高支撑调整作业先进操作法"使转向架的装配效率提高了3倍，装配精度

李 鹏/摄

和装配质量大幅提升，仅此一项，累计为公司创造经济效益1200万元。

10多年里，郭锐先后在转向架分厂的许多班组中轮岗。这让郭锐的专业知识和专业技能不断丰富。他不断开展各类技术革新、质量攻关，解决技术难题，优化工艺，转向架组装工艺的整个流程图逐渐印刻在他的大脑中。郭锐不再只是一个操作工人，而是解决现场疑难杂症的专家和工业工程方面的专家，能够站在转向架整个生产流程系统的高度去分析和解决问题。

2016年下半年，公司动车组检修工作量增加，郭锐改变现有工艺布局，优化作业流程，增加工艺装备及作业台位，将每个工序的生产节拍做到以分钟计算，最终实现在原生产线上将日产量从3辆车提高到10辆车。

与中国高铁一路同行，郭锐从普通工人成长为高技能人才，又从高技能人才成长为复合型高技能人才。为了让这枚"智慧原子"发挥出更多能量，以郭锐名字命名的"郭锐劳模创新工作室"和"郭锐技能大师工作室"成立了。郭锐带领的工作室自成立以来，完成了192项攻关课题，解决了350多项现场技术难题，研究出了140项应用在生产线上的绝招绝技，创造经济效益4000余万元。

　　实现中国智造是系统化工程，需要硬件的升级、软件的更新，但人才是第一要素。郭锐在工作室的另一项重要工作是带徒弟。近年来，在高速动车组生产一线，大专院校毕业生成为主力，郭锐以师带徒的方式，帮助本科生、研究生理解"智能制造"的生产操作内涵，培养既有理论又懂操作的高技能人才队伍。目前，郭锐的徒弟中有11人成长为公司高级技师、12人成长为公司技师、13人成长为中国中车核心技能人才。

　　2018年3月5日，全国两会首次开启的"代表通道"迎来了两位"工匠"，郭锐是其中之一。无论走得多远，郭锐都始终不忘自己的初心。他的人生信条是：你想到一个好办法，不如将创新形成体系推广；你"一人行"，不如"多人行"有力量！

采访手记

奋斗即精彩

技能大赛得奖，获得全国五一劳动奖章，当选全国人大代表……技能大师郭锐是铁路人中的佼佼者。

采访中，郭锐一直强调知识和技能的重要性：知道了为什么，就会知道怎么做，更知道怎么做好。这普通的道理却能产生强大的效益，相同的生产现场，郭锐改变现有工艺布局、优化作业流程、增加工艺装备及作业台位，将每个工序的生产节拍做到以分钟计算，实现在原生产线上将日产量从3辆车提高到10辆车。

中国高铁的成功，是在郭锐这样一个个"智慧原子"的带动下实现的。从一名普通工人到技能大师，郭锐身上体现出来的刻苦钻研、勇于创新的精神，正是中国高铁人精神的现实表达，也正因为有许许多多像郭锐一样拥有技术实力的现代产业工人，才让中国高铁这张名片有了坚实的底色，让中国制造走向中国智造有了实力。

郭锐的成功，是依靠个人技术实力的成功。这样的奋斗经历对于在普通岗位上的我们来说，值得学习。

匠心助力中国速度

郭 锐

2018年3月5日，作为第十三届全国人大代表，我站在人民大会堂代表通道上，自豪地向中外媒体讲述复兴号动车组列车从追赶到领跑的故事。那一刻，我心潮澎湃，为中国创造取得的非凡成就，为中国高铁的领跑世界，感到无比骄傲。

习近平总书记在2018年新年贺词中说道："复兴号奔驰在祖国广袤的大地上……我为中国人民迸发出来的创造伟力喝彩！" 具有完全自主知识产权的复兴号，是中国百年铁路史上最亮丽的一笔，揭开了中国高铁发展的崭新一页。复兴号的每一步创新实践，都蕴含着中国铁路人迎难而上、孜孜以求的探索和钻研。就拿我所从事的列车转向架装配来说，由于复兴号转向架采用了全新的分体式轴箱设计，对装配精度提出了前所未有的挑战，特别是轴箱内孔公差，必须控制在0.04毫米以内。试制初期，设计人员打电话说："郭师傅，分体式轴箱装配弄了好几天，想了很多办法，就是不达标，你快过来看看吧！"我赶紧来到作业现场，凭借18年的工作经验，经过分析，决定从影响装配精度的螺栓紧固方法入手研究解决办法。6个螺栓的紧固次序组合有720种，而预紧力度组合更是不计其数，要找到最科学、最准确的装配方法，简直就像破译密码。随后两天里，我带领团队通过分析论证，制订了90种装配方案，然后一组一组地试、一点一点地调，经过上千次的反复验证，终于找出了其中的最佳装配方案。当大家看到我们装配的转向架轴箱完全符合精度要求时，都热烈地鼓起了掌，我的手套还没来得及摘，设计人员就紧紧地握住我的手说："咱们自己研制的轴箱终于干成了！郭大师，你又立功了！"

接下来，我们将这一装配工艺固化为作业规范。在复兴号动车组转向架试制过程中，我们就这样一个一个地攻克难关，共编制了220份作业要领书，被同事们誉为复兴号转向架组装的必备"宝典"。复兴号上有50多万个零部件，类似于"0.04毫米"这样的难题数不胜数，在大家的不懈努力下，一个个得到了破解，形成了我们自己的工艺标准体系。

近几年，我国高铁事业蓬勃发展，纵横交错的高铁网在祖国大地上越织越密，对高速列车的需求越来越大。为了让更多的动车组上线运行，转向架产能亟需由日产3辆提升至日产8辆。在现有作业面积不变、设备不变的条件下，要提高近三倍的产能，只能在工艺和装备上求突破。作为技术攻关带头人，我一天24小时盯在现场，从工艺布局、流程优化、装备改进、工序分割等方面找空间、想办法。经过连续一周的设计论证，我们形成了一套完整的提效方案，成功实现了日产8辆的产能要求。在这次实战中，我申报的《一种车轴加工装置和齿轮箱加工输送线》，获国家实用新型专利授权。去年底，一位外国专家时隔多年，再次来到公司，当看到我们新设计的工艺装备和装配方法后非常惊讶，忍不住掏出手机，并询问我是否可以拍照。这不禁让我想起，我们在"跟跑"阶段向他求教的情景。如今，前后角色的互换让我深刻体会到，关键核心技术要不来、买不来、讨不来，只有牢牢掌握在自己手中，腰杆才会挺得更直！

高铁是我们的国家名片，打造国之重器、助力中国速度的过程，为我们这一代铁路技师的成长和历练提供了广阔平台。十几年来，从和谐号到复兴号，13种型号25种转向架装配的每道工序，都已深深印刻在我的脑海里。同事们常说："有难题，找郭锐。"一天凌晨4点半，一阵急促的电话铃将我惊醒，"快到动车所，车上有一根速度传感器报故障，要立即更换，这列车6点出库。"当我赶到时，发现现场准备的工具中没有专用测量尺，安装传感器要求顶端与齿轮保持（1±0.2）毫米的间隙，这个间隙在一个密闭的空间里，没有测量尺，很难保证安装精度。正当大家束手无策时，我发现刚拆下的传感器上有一块防水用的腻子，顿时眼前一亮，可以把腻子放在传感器顶端，通过测量腻子受压变形的情况就可以测出间隙。用这种方法，我连测两次，核准1.1毫米后，很快就搞定了。当对讲机传来数据传输信号正常的声音，离列车出库时间只差10分钟，在场的所有人都向我竖起了大拇指。

这件事后，我特意在汽车后备箱里准备了一套工具。一次，洗车师傅看到这个工具箱，问我是不是修汽车的，我笑着对他说："我是修复兴号的。"他瞪大眼睛说："复兴号我坐过，真带劲，连复兴号你都能修，真是太牛啦！"

其实牛的不是我，是我们所处的高铁时代。我们一家三代都是铁路人，祖辈造蒸汽机车，父辈造绿皮车，到我这一辈造高速动车组。为祖国造最好的车，是我从小就看在眼里、刻在心里的，这份使命也在我们一家三代不断传承。家人的默默支持，更让我可以心无旁骛地坚守高铁一线。

记得在研制我国首批高速动车组时，为了摸清转向架装配的关键技术原理，我和同事以厂为家、通宵达旦搞试验。那段时间，光工作笔记就做了十多万字，查阅的资料堆起来有两米多高。车辆上线，我作为应急专家组成员也来到了现场，当车辆出库，汽笛响起，我们在场的所有人一片欢呼。晚上列车入库前，我早早来到动车所，当看到安全平稳运行一天的列车从我身边驶过时思绪万千，这上面有我亲手组装的转向架啊！脑海中浮现出一幕幕我们日夜坚守、攻坚克难的画面，泪水不知不觉从脸庞滑落。就在这时，父亲打来电话说："爷爷在三天前去世了，怕影响你工作，没敢跟你说，爷爷知道你在北京忙大事，他走的很安详。"挂了电话，我久久地站在刚入库的动车前，泪水再也止不住了……

家是最小国，国是千万家。这个春节，突如其来的疫情改变了我们的生活，本该阖家团聚的日子，却有无数逆行者奔赴没有硝烟的战场，其中就有我的妻子。作为一名护士，疫情就是命令，她一直奋战在抗疫第一线。为了保障铁路运输安全畅通，我也冲在了复工复产第一线，除了紧张的生产、难题攻坚，我还开启了"云课堂"，为同事制作疫情防护短视频，为新员工开展线上培训。3月11日，一列崭新的复兴号动车组正式下线，这是疫情发生以来中车四方完成制造的首批复兴号动车组，主流媒体"刷屏"报道，我们铁路人也在用实际行动向世人传递中国铁路和中国制造的信心与力量。

随着中国铁路的蓬勃发展，我国已经成为世界高速铁路运营里程最长的国家，我无疑是幸运的，当上了中国第一代高铁工人，成为这壮阔征程中的经历者、见证者、参与者。从事高速动车组研制的15年里，我先后独创10项先进操作法，获得18项国家专利，37项技术创新成果获奖。现在，以我名字命名的国家级技能大师工作室汇集了347名高技能人才，我们将用匠心不断刷新中国速度，为交通强国、铁路先行贡献全部的智慧和力量。

新时代·铁路榜样提名奖

新　时　代　·　铁　路　榜　样　提　名　奖　〉　〉　〉

高寒高铁追梦人

邢云堂　中国铁路哈尔滨局集团有限公司三棵树机务段动车运用车间动车组司机，1973年出生。2011年，获黑龙江省青工比赛第二名；同年，被授予全路技术能手称号；2012年，获火车头奖章；2013年，获全国五一劳动奖章；2015年，获全国劳动模范称号；2017年，享受国务院政府特殊津贴，获全路首席技师称号；2018年被评为中国铁路总公司优秀共产党员，获得铁路工匠等荣誉。

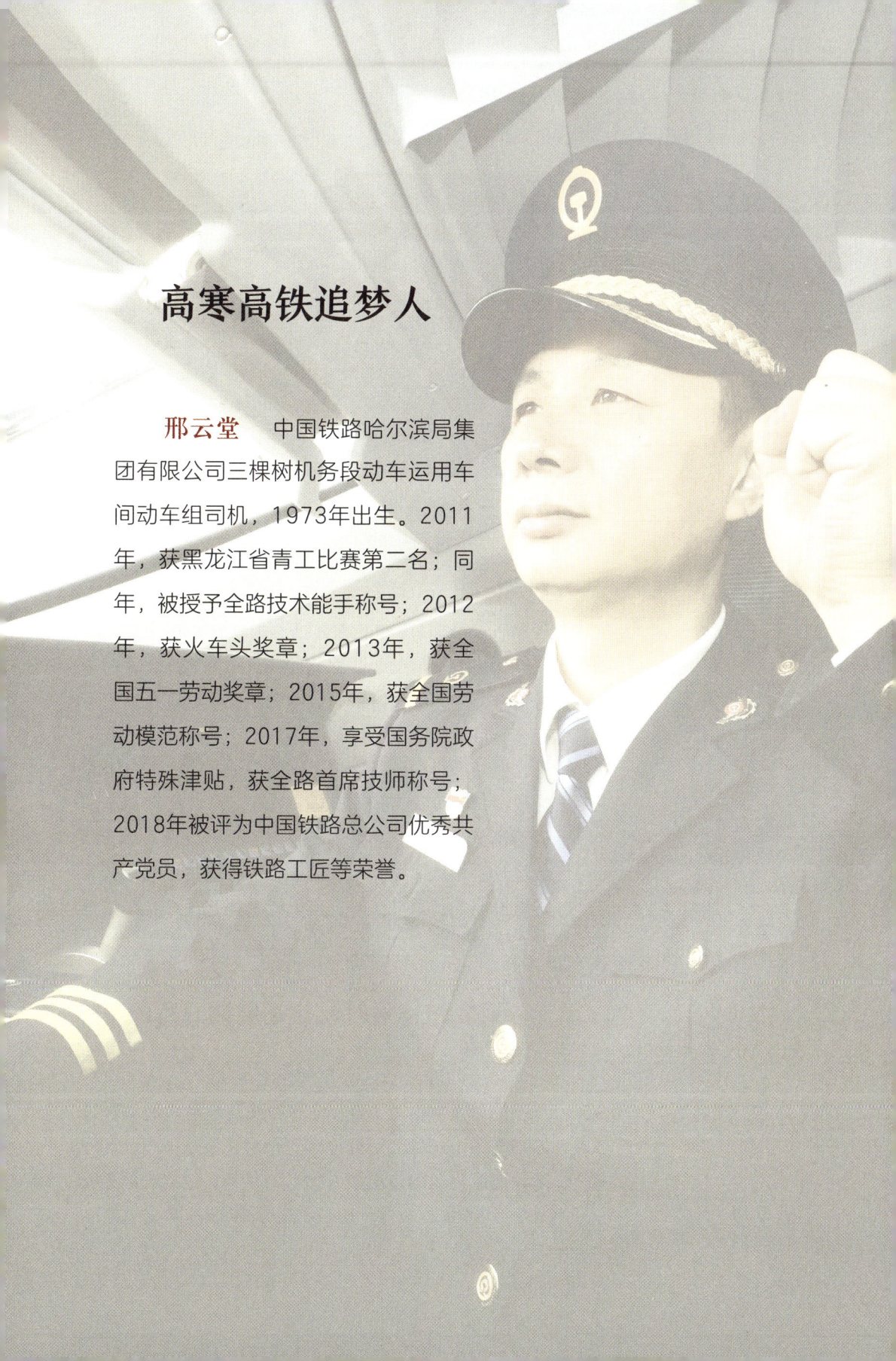

高寒高铁追梦人

——记中国铁路哈尔滨局集团有限公司三棵树机务段动车组司机邢云堂

胡艳波 张学鹏 李敏

原勇,王昱/摄

他,一周4次驾驶高铁动车组往返于哈尔滨和大连之间,退乘后又要驻守高铁信息台,为司机传递运行信息,还要抽出时间赶到哈尔滨职工培训基地给上百名学员讲解动车组驾驶课程。

他叫邢云堂,是中国铁路哈尔滨局集团有限公司三棵树机务段动车运用车间动车组司机,曾获得全国劳动模范、全路首席技师、铁路工匠等荣誉,享受国务院政府特殊津贴。从独当一面的"大将军"成长为传道授业的"总教头",邢云堂在高寒高铁上奋力追梦,成就梦想。

梦起:啥时候车速能翻一番

46岁的邢云堂,火车驾龄足足24年。从时速80公里的货车到时速300公里的高铁动车组,他驾驶过的车型不下10种。对标停车一把闸,误差不超过20厘米,他成为业内传说级人物。24年来,他驾驶列车安全走行400余万公里,相当于绕赤道100多圈。

有人说邢云堂心理素质好，"手指口呼"干脆利落，天生就是开火车的料。其实，他第一次见到火车是在十几岁时。那时，他生了一场急病，在赶赴哈尔滨就医途中，看着一身"铁甲"的蒸汽机车一路轰鸣驶进站台，这个山里娃的眼睛亮了，目光一刻都舍不得离开。

"震撼！"时至今日，邢云堂回忆起与火车的第一次邂逅，依然记忆犹新，"当时我就想，我要是能开火车该多好！"

从那时起，成为一名火车司机就成了邢云堂的梦想。

1991年，18岁的邢云堂怀揣着开火车的梦想，离开炊烟袅袅的村庄，考入沈阳铁路机械学校内燃机车乘务专业。4年后，他被分配到哈尔滨机务段，如愿成为一名火车司机。虽然牵引的是货车，时速最高80公里，但操纵机车拉着煤炭和原木气势磅礴地穿行在黑土地上，邢云堂的内心充满骄傲。

从驾驶东风系列内燃机车到韶山型电力机车，邢云堂一直是业务尖子。2004年，他驾驶韶山型电力机车牵引着长大重载货车奔驰在京哈线上，货物总重5200吨，列车长度近1000米。当列车运行至陶赖昭至姚家间，机车8个电机突然坏了4个，牵引力少了一半。此时，列车运行时速已降至30公里，对标停车只有一次机会，剩余的牵引力根本支撑不起第二次启动。面对困境，邢云堂毅然下闸，一次停车成功。时至今日，当年同车的同事提起这段往事，还对邢云堂的操纵技术由衷地竖起大拇指。

待避、慢行……货车走走停停，有时一等就是七八个小时。邢云堂坐在驾驶室里，满怀憧憬地想："啥时候车速能快点呢？翻一番就行。"

2007年4月18日，中国铁路实施第六次大提速。通过改造既有线、提升技术装备水平，京哈线旅客列车最高运行时速达到200公里。

寻梦：龙江高铁司机"007"

2007年，哈尔滨铁路局从管内电力机车司机中"海选"首批动车组司机，34岁的邢云堂与其他19名电力机车司机一路"闯关夺隘"，被选派到西南交通大学学习高铁理论知识。

由于动车组和模型稀缺，学校教授只能干巴巴地描述动车组的结构、外观。教材的语言专业、晦涩难懂，邢云堂拿出当年背《技规》的犟劲，35天的学习时间，基本掌握了动车组相关理论知识。

一个月后，邢云堂"转学"去了广州东机务段学习实作：那里不仅有CRH1型动车组，还有X-2000型摆式列车。邢云堂白天上车实习，晚上研究动车组机械构造、电气原理，每天只有三四个小时的休息时间，他们称这里为"魔鬼训练营"。上车前，司机给邢云堂倒了满满一杯水，运行途中，杯里的水竟然没有晃出一滴，邢云堂决心探个究竟。他全程站在司机后面，双眼紧紧盯着司机操作，不放过任何一个细节。

2007年初，邢云堂和伙伴们如愿取得了动车组驾照，成为黑龙江省第一代高铁司机。他的驾照上面写着"007号"。

"有本没车，瞪眼着急！"拿到驾照的邢云堂和伙伴们天天盼望着动车组开进黑龙江。他带着伙伴们辗转到沈阳、北京，参与CRH5型动车组的试验项目。其间，他和4名动车组司机负责CRH2型综合检测车的驾驶，每次任务结束，他们都要开个小会，做个总结。

2008年1月20日，哈尔滨铁路局首次开行进京动车组列车，邢云堂坐在驾驶室里，手握操纵手柄，踏上了寻梦之路。

2012年1月，我国首条高寒高铁哈大高铁开通进入倒计时，迎来了第一台动车组试验车上线参与联调联试。新线路、新接触网、新信号、新车体，首趟试验挑战和困难不言而喻。在党支部大会上，平时沉默寡言的邢云堂掷地有声："我是党员，我来跑第一趟！"首趟试验圆满完成，邢云堂给高铁司机打了样。

联调联试时，邢云堂上紧了"发条"：白天担当动检车值乘任务；夜间总结试验情况，制订第二天运行方案。次日5时，再次踏上值乘动检车的征程。在2月份低温试验中，每天从20时到次日凌晨的"鬼呲牙"时段，他驾驶着动车组在哈尔滨西至德惠间无数次地"转圈"跑，收集极寒天气下动车组运行的各种珍贵数据。几个月下来，他的体重下降了10多斤，一直用外用药"顶"着的痔疮也发展成了肛漏。

三棵树机务段动车运用车间主任关志军心疼地说："直到一次退乘后，同事发现了他外裤上的一片污迹，一问他才说是肛漏。又是脓又是血的，隔着棉裤都渗出来了，同事们这才知道，为啥他总是坐个游泳圈式的小垫子。"被同事架到医院的邢云堂让医生大吃一惊，"病灶部位深，已经重度感染了。再不治，就要得败血症了"。做完手术没几天，邢云堂又偷偷跑回了动车组。

筑梦：高寒高铁闯"禁区"

2012年12月1日，世界首条高寒高铁哈大高铁开通运营。"哈大高铁要克服的最大困难，就是严寒和风雪。"邢云堂说。

黑龙江省冬季最低气温达零下35摄氏度，夏季最高气温达38摄氏度，动车组能否在冬夏温差70摄氏度下安全运行，这是世界级的课题。动车组运行时，车头卷起的积雪如同一条雪龙涌来，附着在钢轨上，极易造成车轮空转、牵引力丢失等问题。在没有成形经验借鉴的情况下，邢云堂探索创新，采取"回手柄"减少50%牵引力和"比例制动"方式控车，破解了这一驾驶难题。

在世界首条高寒高铁上，邢云堂从零起步，主持编写了《CRH380B型动车组司机作业指导书》《哈大高铁应急处置指导书》《CRH380型动车组故障处理指导书》等教材，填补了高寒地区高铁司机作业标准空白，如今成为高寒地区高铁司机的必修书目。

随着哈大高铁的成功运营，黑龙江省昂首跨入高铁时代，高铁里程逐步增加至1022公里：2015年、2018年，我国"八纵八横"高速铁路主通道的最北"一横"——哈齐、哈牡高铁相继开通。2018年9月30日，时速200公里的哈佳铁路也投入运营。

邢云堂一次次地主动参与到联调联试工作中。他拿着线路、站场平面图，逐一核对图上数据与地面建筑。哈牡高铁全线隧道多，他因地制宜制定隧道行车办法，建议增加隧道行车、接触网结冰等应急演练项目。

哈牡高铁开通后，39处隧道镶嵌在林海雪原上，积雪反射的强光异常刺眼，容易造成动车组司机进入隧道后瞬间"失明"。邢云堂科学制作风险提示，消除了雪天隧道内行车安全隐患。

除了日常走班，邢云堂每月还要在高铁信息台坐班7次，接听动车组司机的求援电话、记录运行信息。他日接打电话近百个，被伙计们称为"决胜千里"的邢将军。

追梦：龙江早日迎来复兴号

打开邢云堂的同学录，当年一起在高铁课堂学习的"大车们"，有的改行经商，有的走上了领导岗位，但他始终手握闸柄。他说自己喜欢火车，就爱研

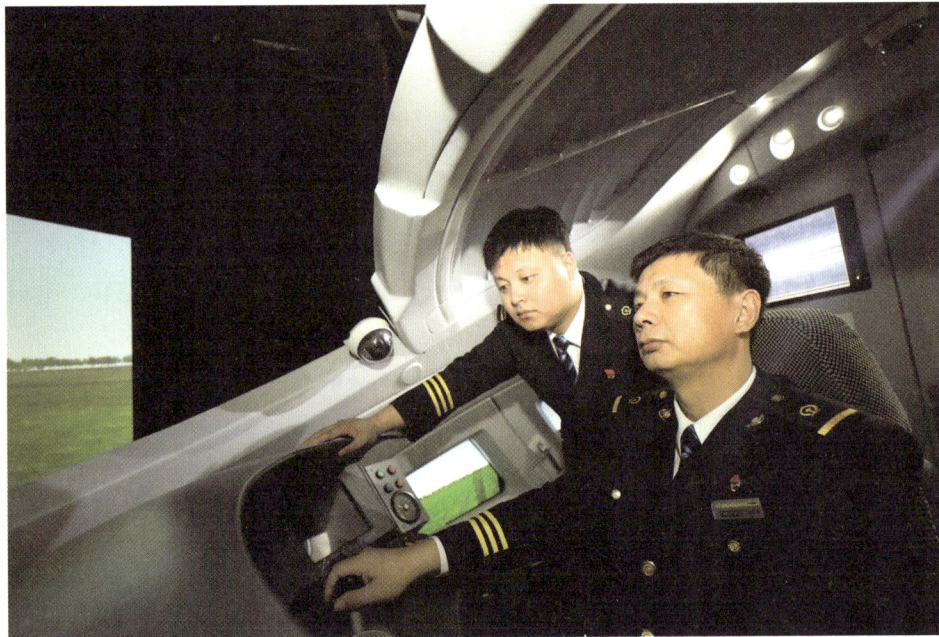

原勇，王昱/摄

究琢磨点技术。

在外人眼里，邢云堂是个闷葫芦。可是，一聊到动车组，他就打开了话匣子。各种高铁的车型、原产公司、性能特点他都如数家珍。2018年，复兴号中国标准动车组在哈尔滨进行ATP兼容性测试，邢云堂特意赶过去全程参与试验操纵。

2016年2月，以邢云堂名字命名的"技能大师工作室"在三棵树机务段挂牌成立。邢云堂带着9名技术骨干攻关高铁行车安全课题，优化动车组故障处理措施。他们针对动车组列控车载设备出现故障后无法准确定位动车组问题，以哈尔滨距大连间的供电支柱为参照物，制作了18421根柱子与对应的公里数列表，可以让信息台工作人员快速判断故障所在位置，误差不超过50米。他们完善了"冰雪天气动车组操纵注意事项及行车办法"等资料，开发安全风险提示App手机软件，制订了哈佳铁路站台停车对标方案，让站台过长、停车难对标的问题迎刃而解。

他创新教学方式，把机车操作违章作业项点以动画方式呈现出来，通过微信平台推广，让枯燥的教学更易于被大家接受，得到学员的好评。

　　"能给邢师傅当徒弟，光荣又有面子，好多人为此还走后门呢！"邢云堂的徒弟、动车运用车间副主任王继伟说。邢云堂担任哈尔滨局集团公司的兼职教师，仅2018年，就为动车组司机转型培训上了300课时的课。集团公司80%的高铁司机都出自他的麾下，人称"总教头"。"师傅极为严格，有了问题，他不会直接告诉我们答案，而是让我们自己查资料找解决问题的方法。"老邢的徒弟、指导司机马宏伟说。

　　"闸把重于泰山是我师傅常挂在嘴边的话。"如今，邢云堂又总结出"最美的操纵，就是贴线运行，让旅客坐得舒服"。

　　强将手下无弱兵，邢云堂的徒弟中有7人获得全路技术能手称号。2018年，邢云堂的徒弟牟洪亮在全国铁道行业职业技能大赛上获得了动车组司机第一名的好成绩。邢云堂所在的动车运用车间拥有动车组技师23人、高级技师20人。

　　邢云堂太忙了，女儿的家长会他只参加过两次，结婚纪念日也屡屡爽约，年近七旬的岳母一直为他照看孩子，一看就是11年。2011年，岳母肾癌晚期，邢云堂赶去医院看望时，却被老人"撵"走："云堂，你忙工作，我没事，等高铁开了，妈去坐你开的车……"岳母一辈子没坐过动车，自己也未能在床前尽孝，这成了邢云堂心中永远的痛。

　　如今，邢云堂的女儿已经上了高中，她有个梦想，就是坐着父亲驾驶的高铁列车去大连看海，可是每天驾驶着高铁列车去往滨海之城的邢云堂却一直没能圆女儿一个看海的梦。

　　邢云堂也有一个梦想，就是龙江大地上能够早日迎来复兴号，他一定和伙伴们携手并肩，手指口呼，让"金凤凰"和"蓝海豚"在祖国北陲的风雪中起舞翱翔。

采访手记

风雪兼程 筑就梦想

风雪兼程，从零起步，邢云堂驾驶动车在哈大高铁奔驰7年，不懈探索，锐意创新。他主持编写的高寒高铁作业指导书里，装着他的初心、誓言和梦想。

"志不立，天下无可成之事。"邢云堂历经艰辛，始终坚守，埋头苦干，填补了高寒高铁的运营实践空白。事实证明，任何伟大的事业都始于梦想，成于实干。

在探寻高寒高铁安全操纵奥秘的道路上，邢云堂慢慢地意识到：白山黑水间需要的不仅是一个好司机，而且需要一名传播者。将梦想的种子播撒在每一名动车组司机心中，终有一天，梦想之花会在他们的脚下开放。

邢云堂带领哈大高铁司机团队奋斗不息，把人生出彩的梦想熔铸到高寒高铁中；如今，他培养的学生一个个成长起来，不知会播撒多少希望……他成长的故事，是逐梦、圆梦的历程，是一棒接着一棒跑的接力赛。

奔跑2019，让我们继续在奔跑中拥抱梦想、成就梦想！

小闸把上的大境界

王 裔 男，汉族，中共党员，1988年出生，2004年入伍，2008年入路，现任中国铁路沈阳局集团有限公司苏家屯机务段长春北运用车间指导司机、高级技师。他手握机车闸把8年，趟趟安全、列列平稳，总结出"三段控速操纵法""防错漏输操作法"，练就了"一把闸"零误差对标停车的绝活，曾获全国五一劳动奖章、火车头奖章以及中国国家铁路集团有限公司"铁路工匠"、技术状元、青年岗位能手等荣誉称号。

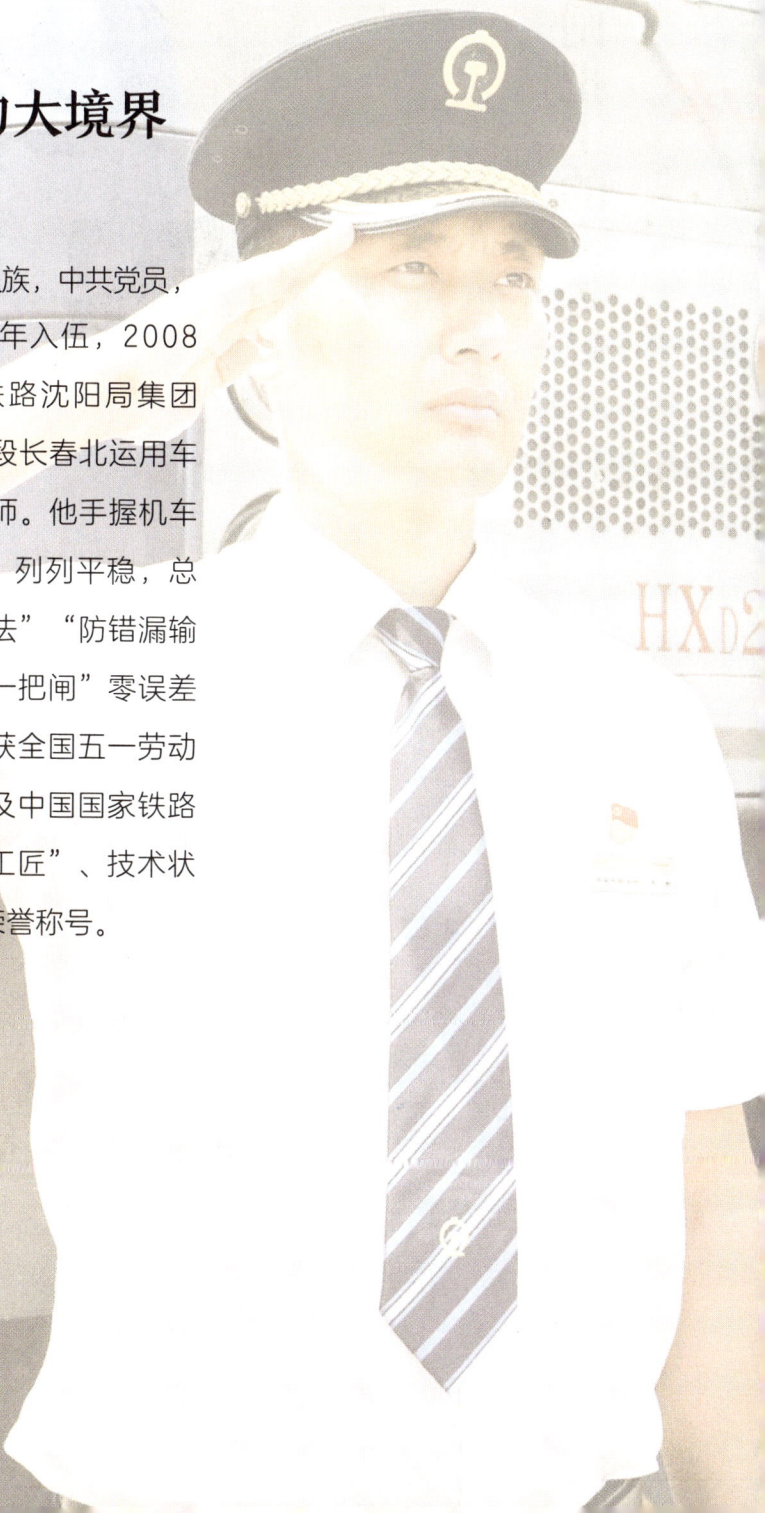

小闸把上的大境界

——记中国铁路沈阳局集团有限公司苏家屯机务段长春北运用车间指导司机王裔

赵金花　昝品　耿春胜

刘博，李鹏/摄

世界上最快乐的事，莫过于为理想而奋斗。

他，熟练掌握5种型号机车的操纵技术，安全驾驶8年，摸索出"三段控速操纵法""防错漏输操作法"，练就了货运机车一把闸"零误差"对标停车的绝活；在苏家屯机务段、中国铁路沈阳局集团有限公司、全路技术大赛上包揽3个第一，被破格免试聘任工人技师，1年后又获得高级技师资格；入路8年，从退役军人成长为指导司机，多次担任技术大赛教练……他就是沈阳局集团公司苏家屯机务段长春北运用车间指导司机王裔，一个心有梦想、努力奔跑，在小闸把上演绎大境界的铁路榜样。

学艺：干铁路是我儿时的梦想，说啥也要学好技术成就一番事业

"得知自己被分到了机务段，将来能当火车司机，我高兴得一宿都没睡着觉。"回想起2008年的那一天，王裔的脸上写满了幸福。

"我姥爷和母亲都是铁路职工，我是在铁道边玩大的，打小就迷上了火车。"

理想不是说说就能实现的。王裔深知，干铁路过不了技术这一关必然是寸步难行，发誓要把自己的铁路梦付诸学技练功的实践中去。然而，当一本本密密麻麻、厚厚沉沉的铁路规章摆在王裔面前时，他还是仿佛挨了一记闷棍——铁路规章内容多不说，对记忆的准确性要求还特别高。即便是一字之差，所表达的意思也可能谬以千里。

"愁也没用，还是先背下来再说！"恢复平静后，王裔拿出了在部队学习时的劲头。他的床头上、更衣箱里堆满了《行规》《技规》和机车乘务员应知应会等专业书籍，他每天反复背、反复练。

师傅张东辉说："在我带过的徒弟里，像王裔这么好学上进的不多。每次见面，他都有问不完的问题，看啥都想刨根问底。我对他格外严格，标准也更高些。"

跟车学习时，张东辉让王裔对照监控器画站线图，把每个区段的信号机怎么显示、怎么控速、侧线进几道等信息都标清楚、背熟练。站线短的画一页纸、长的画两三页纸，张东辉随时提问。"师傅对我就像父亲一样，面上严、心里疼。"王裔笑着说。

有志者事竟成。上班一年后，王裔就记了10万多字的学习笔记，绘制了近百份电路图，《技规》《行规》等都记得一字不差，沿线300多架通过信号机、近万个坡道和曲线特点烂熟于心，被誉为"活规章""活地图"。

2012年，王裔顺利成为同期入路退役军人中的第一批副司机，第二年又如愿以偿地考上了司机，成为大家眼中名副其实的"大工匠"。段上安排专人对他的学习方法进行总结，归纳为"四个一"学习法，即每次乘务都用心把师傅讲解的业务知识写一遍、把常见的故障处理方法记一遍、把行车规章与实际应用对一遍、在睡前用脑把线路纵断面信息过一遍。如今，"四个一"学习法已在全段乘务员中推广，赢得广泛好评。

攻坚：机车操纵技术无止境，我要竭尽全力做到最好

"要说操纵技术，我就佩服张东辉，人家驾驶货运机车也能'一把闸'对标停车！"老师傅们闲谈时的一句话，让王裔的心中掀起了波澜。他暗下决

心，说啥也要练成师傅这样的真本事，用一流的机车操纵技术缩短停车时间、提高运输效率。

"第一次试验'一把闸'停车完全靠猜，特别紧张，记停车点的时候手和腿都在不停地抖。"王裔对当时的情景记忆犹新。

自从刘师傅不当司机以后，段上就没人会"一把闸"对标停车的技术了，加之货运机车每次牵引的总重、辆数、车型等都不相同，王裔一下子陷入了没有师傅可以请教、没有规律可以遵循的两难境地，一切全凭他自己摸索。

为了避免自己像没头苍蝇那样乱撞，每次出乘他都随身带上一个小本子，把牵引总重、机车型号、牵引辆数、线路坡度、下闸地点等数据一个不落地记下来，退乘后主动到车间查看监控文件和录像资料，回到家一头扎进书房分析比对每一个参数值、变化量对下闸的实际影响。参加技术大赛集训时，他请教练帮忙把每次操作的机车监控屏幕全程录下来，看完录像再琢磨、再试、再看，反反复复无数遍。

2015年在全路机务系统职业技能竞赛上，他操纵六千吨货物列车全程运行无冲动，实现了两次对标停车、四次中途测速"零误差"，一举获得全路技术状元称号。大赛评委评价他对标停车的操纵技术是"为全路机车乘务员立了一把全新的标尺"。

心有多大，舞台就有多宽。为解决列车冒进、超速、运缓、区停等问题，他总结了机车操纵规律，摸索提炼出"三段控速操纵法""防错漏输操作法"和"一彻底、七提示工作法"，在全段得到推广运用，提升了标准化作业水平。

2017年，他全程参与京哈线重载货物列车提速90公里/时牵引试验，独立编写了货物列车牵引操纵办法和运行标尺，为提速提供了可靠的技术安全保障。

2019年，他又参与集团公司机车乘务员作业指导书修订工作。为确保标准更精准更实用，他每天往返跟车添乘，经常几天几夜都吃住在车上。

传道：是组织培养了我，
我要把自己的技术传授给每一个需要的人

2015年，王裔在全路机务系统职业技能竞赛夺冠的消息一传十、十传百，

不少人打电话向他请教技术问题。每次他都毫无保留地讲、耐心细致地教。

有人说他傻，可他却微微一笑，坚定而有力地说："我从一名普通士兵退役后来到铁路，能取得今天的成绩，都是组织的培养，我有责任把所学教给需要的人。"

当上指导司机以后，王乔深感自己传道授业的责任更大了。接手不到一个月，他就把指导队的25个机班全部添乘了一遍，把一个月内的监控文件和录音录像资料全部分析了一遍，并为每个人建立了技术档案，制定了补强培训措施。

刘博，李鹏／摄

跟班添乘、分析监控文件、看录音录像资料，王乔容不得半点违章，不管是谁，一丁点儿毛病也不放过，说了又说、讲了又讲，以至于大伙儿都说他有安全"强迫症"。

一开始，有些人对王乔的严格很不理解，觉得他有些小题大做。可时间长

刘博，李鹏/摄

了大伙儿发现，王裔负责的机班被考核的人越来越少了，不仅消灭了行车事故和责任机车故障，还防止各类事故53起。渐渐地，大家心服口服，纷纷对他竖起了大拇指。

对于所辖指导队以外的机车乘务员，王裔也是有求必应、耐心传授，近年来还多次在集团公司、全路技术大赛中当教练，现已带出全路技术状元1名、标兵3名，集团公司技术状元4名、标兵10名。

无悔：我是全家人的骄傲和希望，
我要养好身体、干好工作，让家人放心

"我们家中有不少人在铁路工作，我是长春客运段的一名列车员，从长春到长沙，每次出乘最少也得42个小时，更能体会铁路职工的不容易，也更懂王裔的心。"妻子凤月充满温情地说。

在很多人看来，王裔是个"工作狂"，可在妻子眼里，他是体贴上进的丈夫；在老人眼里，他是孝顺能干的儿子。只要休班在家，王裔不是看书学习，

就是陪女儿、接妻子、干家务……虽陪伴不多，却用心呵护。

王裔的岳母对记者说："夫妻俩工作忙，成天在线上跑，有时三五天也难得见他们一面，我们过来帮着带带孩子、照顾照顾家。只要他们安心把工作做好，就是对我们尽孝了。"

采访期间，王裔的手机不时地响起，5岁的女儿用稚嫩的声音说："爸爸的手机是'热线电话'，总有好多好多叔叔找他。"

望着活泼可爱的女儿，王裔的眼圈红了。"孩子出生时我正在外面参加集训，没能赶回来。如今孩子上幼儿园两年多了，我只接过一次，老师见我时连问孩子三遍'这是不是你爸爸'。"说到这里，这个硬汉哽咽了。

"我们最担心的就是王裔的身体。"王裔年纪轻轻就患上了神经衰弱和颈椎病。"那次可把全家人给吓坏了！"回忆起2015年的一次重病，妻子仍然心有余悸。

当时是寒冬腊月，王裔咳嗽十多天也不见好，可他硬挺着不肯吃药，因为担心吃了药犯困影响工作。没想到他的病情突然加重，头晕脑胀、视物旋转、一动就吐。他说当时的状态就像是醉酒了。后来，急救车把他送到了医院，诊断结果是由于劳累过度，身体免疫力下降，上呼吸道感染导致前庭神经受损，治疗了一个多月才出院。

"我知道我是全家人的骄傲和希望，我一定会好好的，把身体养好、把工作干好，你们放心吧。"王裔吃完母亲做的饭菜，起身拎起妻子整理好的背包，又准备上线添乘去了。

握稳闸把　为梦想风雨兼程

　　王裔留给我们最初的印象是武艺超群、荣誉满身、光芒四射，然而，当我们循着他成长的足迹走近一个真实的王裔，就会发现他成功筑梦背后的"隐形力量"——梦想＋实干。

　　王裔的心中始终怀揣着成就一番铁路事业的梦想，好似一盏明灯照亮了他前进的方向。正因为心中有梦，面对再大的困难和挑战，他也不服输、不退缩，一直努力奔跑、不知疲倦，用实干敬业精神把平凡的工作做到了极致，一步步把梦想变成了现实。

　　"道虽迩，不行不至；事虽小，不为不成。"多少人把梦想描绘得奇妙瑰丽，又有多少人独对梦想空自嗟叹。在担负交通强国、铁路先行历史使命的新征程上，王裔握稳闸把，为梦想风雨兼程，将演绎更加宽广、绚烂的人生。

把阳光洒进旅客心里

王琳娜　1983年出生，中国铁路北京局集团有限公司北京西站"036"候车室客运值班员，2002年参加工作，先后获得全国五一劳动奖章、北京市三八红旗奖章、首都劳动奖章、身边雷锋·最美北京人标兵等荣誉。在她和同事们的共同努力下，"036"候车室班组先后获得全国青年文明号、首都学雷锋志愿服务示范岗、北京市模范集体等荣誉。

把阳光洒进旅客心里

——记中国铁路北京局集团有限公司北京西站『036』候车室客运值班员王琳娜

高李鹏　袁旭冉　马韵楠

徐　强/摄

17年来，她记不清帮过多少旅客。可得到帮助的旅客都记住了她灿烂的笑容，称她为"候车室里最美的笑容"。

一位旅客在感谢信中这样写道："对于一个身患重病的人来说，你们的热情帮助如同一缕阳光，给予她无限温暖。"

无论是从这里启程，还是到达，多少困境中的旅客在这里感受到温暖，也鼓起走向新生活的勇气。而让他们感到温暖的，就是中国铁路北京局集团有限公司北京西站"036"候车室客运值班员王琳娜和她的同事们。在旅客心中，王琳娜像冬日暖阳，照亮和温暖了他们的心。

职业生涯，从"036"开始

今年36岁的王琳娜，职业生涯是从"036"候车室起步的。

2002年，王琳娜从石家庄铁路运输学校毕业进入北京西站，经过考核，幸运地成为"036"候车室的新成员。"036"原是20世纪70年代北京北站客运服务员李淑珍的胸牌号，她一颗真心、满腔热忱，让所有人称道。1999年，北京西站将服务重点旅客的专用候车室命名为"036"候车室。

全国劳动模范王凤莲是第四代"036"候车室客运员，也是王琳娜的师傅。王琳娜经常利用下夜班后的时间，跟班向师傅学习。师傅有句话，一直记在王琳娜心里："要做好服务工作，就得把旅客放在心上，旅客的事再小也是大事。"

来到"036"候车室的第一个季度，王琳娜就为1330名重点旅客提供了帮助，其中用担架、轮椅接送重点旅客695名，收到旅客表扬信25封、锦旗3面，被车站评选为季度服务明星。

但年轻的王琳娜也遇到了挑战。

那是她来到"036"候车室的第一个春运。一天晚上，连续工作10多个小时的王琳娜已经十分疲惫。她用轮椅推一名重点旅客上车时，因为走得慢，轮椅上的患病旅客一直抱怨。工作的疲惫、旅客的不理解，让回到更衣室的王琳娜感到万分委屈。在师傅的追问下，她流泪讲述了事件过程。

听后，王凤莲便从自己亲身经历的类似情况讲起，帮助王琳娜疏导情绪，给她讲解道理。经过这次事件，王琳娜想明白了。她在日记中写道："我更加认识到'036'服务的意义和光荣，既然来了，就要给'036'增光！"

王琳娜刚工作时，北京西站开行列车只有60多对，现在开行的普速和高铁列车达200多对，客流量不断增加，她和同事们要服务的重点旅客越来越多。

脚步从来急匆匆，冬天满头大汗，夏天湿透衣衫，成了王琳娜和同事们的真实写照。现在，"036"候车室的工作人员每天要接送轮椅200多次、担架六七趟和10名左右的盲人旅客。工作再累，王琳娜也从不抱怨。

春运客流高峰，王琳娜每天要接送20多趟轮椅，一天下来走路都在10公里以上。时间久了，她的脚上磨出了厚厚的茧子。

她的帮助，让很多人的人生逆风飞扬

王琳娜手机里保存着上百个来往北京看病的旅客电话，刘永新就是其中之一。王琳娜没有想到，她看似微不足道的帮助，改变了刘永新的人生。

遇到王琳娜8年过去了，如今已成为一名公务员的刘永新，一直喊王琳娜姐姐，也经常和姐姐聊聊自己的工作生活。

2011年11月的一天，挂着双拐的刘永新由父母陪伴从哈尔滨来到北京西站转车回邯郸。

由于打篮球时不慎受伤，同时担心腿伤会影响报考体育大学，小刘始终沉默地低着头，心情沮丧到极点。

细心的王琳娜注意到了小刘。在帮助小刘上车的过程中，她和小伙子聊了起来，开导困境中的小伙子重新振奋精神。但就要上车时，小刘却因一双获奖球鞋遗落在哈尔滨开往北京的列车上而异常着急起来。王琳娜劝慰小刘不用着急，并承诺一定把球鞋给他寄回去。后来，王琳娜多方联系，顺利找到了球鞋，并通过快递送到了小刘手中。

虽然事情过去了，但王琳娜始终牵挂着小刘。在后来大约3个月的时间里，她一直和小刘保持短信联系，经常开导、鼓励他重拾自信，并约定只要是小刘来京复查，自己都会专门接送。一年后，身体完全康复的刘永新考上了河北体育大学。小刘第一时间将这个喜讯告知了王琳娜，想让关心自己的姐姐一同分享喜悦。

北京西站"微博求助第一人"孙龙感激地对王琳娜说："王姐，谢谢你！你把温暖和爱传递给我，我也会把这份温暖和爱再传递出去！"

2013年1月，北京西站官方微博刚刚开通，就接到了一位网友的求助信息。原来，在兰州读大学、家在沈阳的孙龙放假前右腿不慎骨折，从兰州到沈阳2000多公里的路程令他十分发愁，希望得到帮助。

得知这一情况后，王琳娜立即与孙龙取得联系。等孙龙乘坐火车到站时，王琳娜早已推着轮椅在站台上等候。考虑到孙龙的腿伤，王琳娜一路上尽量迈稳脚步。送他出站后，王琳娜又赶忙联系北京站、沈阳站，协助安排好孙龙一家人的转乘工作。等到孙龙返校时，又是王琳娜帮助他顺利出行。

如今的孙龙，在银川开了一个网店，时常在微信朋友圈里传递满满正能量。

5分钟能干什么？对于一个出生13天、患有先天性心脏病的小婴儿来说，5分钟面临的是生死考验。

2019年春运的一天，王琳娜接到求助称，G666次列车4号车厢有一名患有先天性心脏病的婴儿，必须使用电动制氧机才能维持生命，一旦断氧5分钟以上将会有生命危险。因此，患儿家属请求在5分钟之内帮助他们把孩子从列车护送

徐 强/摄

到停在车站北广场的救护车上。

为了这个幼小的生命，王琳娜带领"036"班组成员提前预想，确认列车到达站台、时间以及车厢位置，安排线路、人员，每一个环节，哪怕是细小的对接，都十分严谨。随后，她安排班组跑得最快的青年骨干苏士强进站等候求助旅客。

G666次列车到达时间是21时48分，救护车尚未到达。王琳娜手拿对讲机，密切关注救护车运行情况，并与苏士强保持联系。

救护车到达后，制氧机迅速断电，苏士强抱着制氧机，其他同事帮助引导疏散旅客，一路为患儿开通绿色通道，不到3分钟就将患儿护送到了救护车上。

患儿插上氧气那一刻，紧张万分的王琳娜和同事们露出了笑容。

工作越久，越懂得用心为旅客服务

候车室看似是一方小天地，却蕴藏着一个大社会。

春去秋来，日复一日，这里发生的故事一样又不一样。一样的是每天都要帮助形形色色的旅客，不一样的是旅客的困难不尽相同、各种各样。

在这个候车室里，王琳娜和同事们抢救过突发心脏病、癫痫病的旅客，为焦急的家长找过走失的小孩，劝解过离家出走的大爷顺利回家，紧急迎接过两个小婴儿的降生，用轮椅推过手术后的病人，用担架抬过身患重病的旅客……

在"036"候车室，有一本重点旅客服务册，上面详细记载着服务过的旅客姓名、车次、病情等。这样可以登记上百名旅客的册子，平均每3个班就会用完

1本，而这还只是部分旅客名单。

每次推轮椅过坎时，王琳娜总会提醒旅客坐好，同时轻轻用力，把前轮抬起；进车厢时，她又会让轮椅后轮先上车……点滴细节中，是为了旅客更安全更舒服，也体现着王琳娜服务的处处用心。

"随着自己年龄的增长，真的是越来越用心服务旅客，感觉他们就像自己的亲人一样。"王琳娜说道。

老人刘国辉从深圳寄来感谢信，信中写道："今年十一期间，儿女带我到北京游览，在北京西站受到王琳娜的细心照顾。作为一个残疾老人，在有生之年能得到如此关怀，我感到非常幸福。我只想说王琳娜的笑容是我见过最美丽的笑容，是首都北京最美丽的风景。我要对她说声谢谢！对首都人民说声谢谢！"

一位邯郸的阿姨，身患尿毒症，每个月到北京来治疗。王琳娜和同事们把联系方式留给她，每次用轮椅推着她上下车，一接就是4年多。阿姨去世后，她的爱人专门写了一封信，信中写道："不论刮风下雨，你们一直守护帮助，感谢你们4年多的守候。"

这样的信和锦旗，数也数不清。但一封封书信、一面面锦旗，讲述着一个又一个王琳娜和旅客间的感人故事。

一代人有一代人的使命，一代人有一代人的担当。作为第五代"036"传人，王琳娜为"036"精神注入自己的智慧和汗水。

如今接送旅客的可操作式双人电动轮椅，就是王琳娜和同事们研发的。

旅客坐在轮椅上、客运人员坐在后侧座位上控制电动轮椅行走，非常方便。电动轮椅投入使用后，每日每台电动轮椅接送重点旅客达40余人次，既减轻了客运员工作强度，又提高了接送重点旅客效率。

王琳娜根据自己的工作经验，编制了"036"新职培训作业指导书，让大家有一个好的服务标准，让新职人员简单易学。

无论岁月如何变迁，"诚心待客、热心服务、真心助人、实心爱岗"的"036"精神在王琳娜和同事们身上始终熠熠生辉。

他们在继承和发扬"036"精神基础上，摸索创造了"一条龙服务法"和"五A工作法"，使"036"精神展现出新的魅力。同时，"036"班组在现场预约、电话预约的基础上，充分利用车站和"036"的官方微博、微信等平台，积极提供网络预约服务，进一步方便了重点旅客出行。

采访手记

奔跑是一种人生状态

从19岁到36岁，青春最美好的17年，王琳娜一直奋战在服务旅客的第一线。这些旅客大都是带着困难、怀着一颗忐忑的心来，在她的帮助下，获得满满正能量，满怀希望踏上旅途。

王琳娜做的都是小事，但她倾注无限的热情，在平凡的岗位上创造非凡的成绩，也让"036"的旗帜始终鲜艳。

跟着她去站台接旅客，王琳娜推着轮椅走得飞快，记者一路小跑才能跟上。"总想着快点，再快点，我们就能多服务一个旅客。"王琳娜说。奔跑，是王琳娜的工作状态，更是她的人生状态。在服务旅客的道路上，王琳娜始终在奔跑，把阳光洒进旅客的心里，照亮他们的旅程。

作为"036"第五代传人，师傅曾经讲给王琳娜的那些话，王琳娜也总是一遍遍叮嘱团队里的年轻人。循着她的足迹，这些像她当年一样年轻的姑娘和小伙们，不断成长成熟，成为旅客困难时的贴心人和旅客心中最美的天使。

至善至孝 大爱无言

许　飞　男，汉族，中共党员，1979年出生，1998年入伍，2003年入路，现为中国铁路北京局集团有限公司石家庄建筑段石家庄建筑一车间管道工。2018年，他获得"最美京铁人"称号。他们一家在2017年中华全国妇女联合会主办的"寻找最美家庭"活动中，被评为"全国最美家庭"。

至善至孝　大爱无言

——记中国铁路北京局集团有限公司石家庄建筑段管道工许飞

李　蓉

翟现亭，潘文举／摄

在河北省石家庄市桥西区双跃胡同，一提起许飞，没有人不竖大拇指。

10月22日，天刚蒙蒙亮，住在双跃胡同的许飞就已忙活开了，帮助常年卧病在床生活不能自理的姥姥、姥爷擦洗身子、喂水喂饭，帮助患有脑梗、心梗的父亲把每天要吃的8种药标记分类，帮助患有直肠癌的母亲更换一次性造口袋。15年间，为照顾家里，他付出了常人难以想象的艰辛；在家和医院之间，他不知跑过多少个来回；在这条小路上，不知留下了多少他的脚印。他总是笑着对人们说："每个人都会老，照顾不好老人，自己一辈子都不会安心。"

许飞，一个来自中国铁路北京局集团有限公司石家庄建筑段石家庄建筑一车间的管道工，乐观而坚强。在他的人生字典里，找不到家庭困难的悲伤和苦难。在强者身上，也许苦难可以成为一把打开幸福之门的钥匙。许飞一次又一次奏响孝亲敬老的感恩旋律，并获得2018年度"最美京铁人"称号。

一诺千金　用爱撑起一个家

　　俗话说，百善孝为先。"孝"源于心，"爱"生于情。家让人每每想起来心里都是温暖的，四世同堂更是让人羡慕。1979年的秋天，许飞出生在一个四口之家，父亲、母亲、姥姥、姥爷对他呵护备至。

　　当许飞渐渐长大，他才知道，姥姥、姥爷原来与自己并没有血缘关系。许飞的父亲7岁丧母，母亲自幼失去双亲，是母亲的养父母将她抚养成人。许飞的父母结婚后，一直与母亲的养父母生活在一起。

　　一家人就这样彼此帮衬、相互扶持。2003年，许飞组建了自己的小家，2年后儿子许家铭降生。四世同堂的一家人一直秉承"和为贵、孝俭勤"的家风家训，过着幸福美满的生活。

　　"记得在我很小的时候，家里院子门角的屋檐下有一个足球大小的马蜂窝，许多马蜂在附近飞来飞去，吓得我连门都不敢进。姥姥见此情景，赶忙把我抱进屋。姥姥披上棉衣、扎起裤腿、裹住脑袋，把马蜂窝处理掉。即便是'全副武装'，她还是被蜇了很多包……"说到这里，许飞满脸心疼。

翟现亭/摄

天有不测风云。2004年起，许飞的姥姥、姥爷、父亲、母亲先后患病，姥姥常年卧病在床生活不能自理，姥爷患有阿尔兹海默症和严重的消化道疾病，母亲直肠癌手术后需要精心护理，父亲脑梗、心梗需要长期服药。他对4位老人说："你们放心，我一直都在，我会伺候你们一辈子！"

作为家中独子，许飞义无反顾地扛起了照顾这个家的责任，这一扛就是15年。

如此重的担子，是什么力量让许飞能够坚持下来？他笑着说："我是家中独子，小时候姥姥、姥爷、爸爸、妈妈都非常疼爱我。如今他们老了，我必须承担起这个责任、撑起这个家。父母是孩子最好的榜样，我必须做好！"

19岁那年，许飞参军入伍，成为一名野战兵。在部队，他光荣地加入了中国共产党。部队的历练告诉他，责任也是一种家国情怀。

2003年退役后，许飞进入铁路系统工作，成为石家庄建筑段的一名管道工。高温酷暑，他钻锅炉、爬地沟，检修管道设备；数九寒天，他以自己最快的速度抢修故障，每天与污水、淤泥打交道，每年经受着"冰火两重天"的考验。工作的经历告诉他，责任就是立足岗位、无私奉献。

孝老爱亲　人间重晚"情"

2004年，一次意外车祸导致姥姥股骨头坏死，姥爷也被诊断出患有严重的消化道疾病，差点就挺不过去了，是许飞的精心照顾为他们点燃了生的希望。如今，许飞的姥爷已经92岁，姥姥更是98岁高龄了。

羔羊跪乳，乌鸦反哺。姥姥常年卧床，生活不能自理，许飞就在床边伺候。担心姥姥生褥疮，许飞就经常给她翻身揉背，按摩手脚。姥爷精神不好，喜欢到处走走，许飞便经常搀扶他到院子外面遛弯、晒太阳。

2012年，许飞的父亲因脑梗、心梗多次入院抢救，现在，每天要吃8种药。许飞每隔几天就会把8种药分类逐一装瓶，标明服用时间和剂量，摆在父亲读书看报的显眼位置，叮嘱父亲按时吃药。最难熬的是2017年，他的母亲患了直肠癌，正当准备手术时，姥姥因忧心过度几近休克，被紧急送往重症监护室抢救。姥爷也开始吃不下饭，出现便血症状。同一时期，3位老人相继住院，许飞感觉命运再次跟他开了一个巨大的玩笑，压得他喘不过气来。

"我是家里的顶梁柱，绝不能倒下！"许飞心中只有一个信念，就算倾其所有也要医治好老人。他白天聘请护工帮忙照看，一下班便赶往医院轮番照料。就这样持续了一个多月，许飞母亲的手术很成功，姥姥和姥爷的病情也都稳定了下来。

许飞母亲的手术是在腹部开永久性造口，需要定期清洗、换药，稍有不慎便可能引发感染。许飞对照护理教程反复练习，每隔三四天，就给母亲更换一次性造口袋，清洗周围的皮肤。

为了照顾好4位老人，许飞向身为医护人员的妻子学习护理知识，还从网上查阅老年人健康饮食资料。2017年，他的家庭被评为"全国最美家庭"。

敬业爱岗　　永远充满正能量

"这小伙儿积极肯干，虚心好学，特别尊重老师傅，品德也特别好。"石家庄建筑段石家庄建筑一车间整修工区职工程海军这样评价许飞。

有一年春节，石家庄南货场锅炉的水冷壁管发生爆裂故障。凌晨1时，正在值班的许飞接到报修电话后迅速判断故障点，立即关闭进出水阀门，控制好炉温，为后续的施工抢修做了充分准备。

"这次故障我们抢修了两天两夜，两个班组轮着换班，只有许飞从头到尾坚持下来，全力配合施工的各个环节，认真盯住施工细节。那时候我就认定许飞是个有始有终、踏实肯干的好孩子。"石家庄建筑段石家庄建筑一车间整修工区工长韩国柱说。

参加工作以来，许飞利用闲暇时间勤学苦练，每年都积极参加段里组织的技术比武大赛。段里承接高铁设备以后，都是新设备新工艺，没有刻苦钻研的劲头，很难啃下这块硬骨头。

"许飞特别敬业，只要单位有事，随叫随到。"石家庄建筑段石家庄建筑一车间主任杨铁峰对记者说。

有一年保定普降暴雨，保定东站地源热泵泵房电缆井管道渗水，积水有1.2米，高铁设备急需抢修。凌晨2时左右，许飞冒着大雨连夜从石家庄赶到保定，清理淤泥，夜间值守，配合厂家以最快的速度让设备恢复正常运行。

谈起许飞，邻居耿建芬阿姨对记者说："我们做了40年邻居，我几乎是看着许飞长大的，他从小就非常懂事，孝敬老人，邻里之间和睦，没闹过别扭，是百里挑一的好孩子。"有一次半夜，姥姥想吃烧饼，他寻遍大街小巷给老人买烧饼。无论老人有什么样的要求，他都竭尽全力去满足。"这样孝顺的孩子现在真不多见啊！"耿阿姨感慨道。

身为党小组长和工会小组长，许飞以真情待人做事，从不计较个人得失。"他时刻以共产党员的标准严格要求自己，谁有困难都会帮一把，同事们对他都非常感激也非常认可。"石家庄建筑段石家庄建筑一车间整修工区职工冯建生说。2019年5月份，工区有位老职工突发胰腺炎住院，由于家庭原因无人照料，许飞主动当起了临时护工，送饭擦身，夜里还陪床照顾，一直坚持了10天直到老职工出院。

有一次，一名职工的父亲突发脑梗，许飞让爱人多方协调，积极联系医院，办理住院手续，帮助同事渡过难关。有职工生病了，许飞便主动帮忙盯岗。工区严重缺员，职工队伍老龄化，他除了负责整修工作以外，还主动承担班组内业和材料管理等事务性工作。

"只要有重点任务，许飞总是冲锋在前，从来不讲任何条件。"韩国柱回忆道，2018年冬天，石家庄站行包房内消防管道冻裂造成跑水，需要尽快抢修，这时许飞正在陪父亲做心脏手术，"本来不想让他知道，可是因为他负责材料管理，现场用料很急，需要尽快调配……"正值供暖期，工区多数职工都奋战在岗位上，其他固定岗位值守也不能离人。想到这里，许飞安顿好父亲后就赶回单位，与大伙儿一同查勘现场、调配材料、修复设备，高质量地完成了抢修任务。

把责任扛在肩上，用孝善书写人生，许飞一家的故事诠释了孝善的真谛。大爱无声，平凡的家庭尽显爱的光芒。

采访手记

传承好家风　孝为仁之本

　　"孝为仁之本""百善孝为先"，敬老孝亲是中华民族的传统美德，也是流淌在华夏儿女血液里的文化基因。那些孝老爱亲的身影、耐心呵护的温情、超越平凡的勇气会穿越时光，代代传承、熠熠生辉。

　　十月的北京，秋高气爽。重阳节过后，我来到石家庄建筑段与许飞近距离接触，感受孝老爱亲的美德力量。他如此乐观，丝毫看不出背后的困苦与艰辛；他的笑容深深印刻在我的脑海中，温暖而有力量；他用孝心爱心续写了"老吾老以及人之老，幼吾幼以及人之幼"的精彩故事；他的故事里没有豪言壮语，也没有惊天动地，但让我感受到了爱的力量。

　　榜样的力量是无穷的。我们就是要用身边的故事引导教育大家做孝老敬老的弘扬者、示范者，做社会主义精神文明建设的推动者、践行者，让孝老爱亲成为一种自觉、一种习惯、一种家风，让孝老爱亲在万里铁道线上蔚然成风。

巍巍大秦绽芳华

谢小伟　女，中共党员，1982年11月出生，2006年参加工作，现任中国铁路太原局集团有限公司秦皇岛西工务段西张庄探伤车间柳村女子探伤工区工长。她先后获得火车头奖章、全国铁路巾帼标兵岗、全国铁路先进女职工等荣誉。

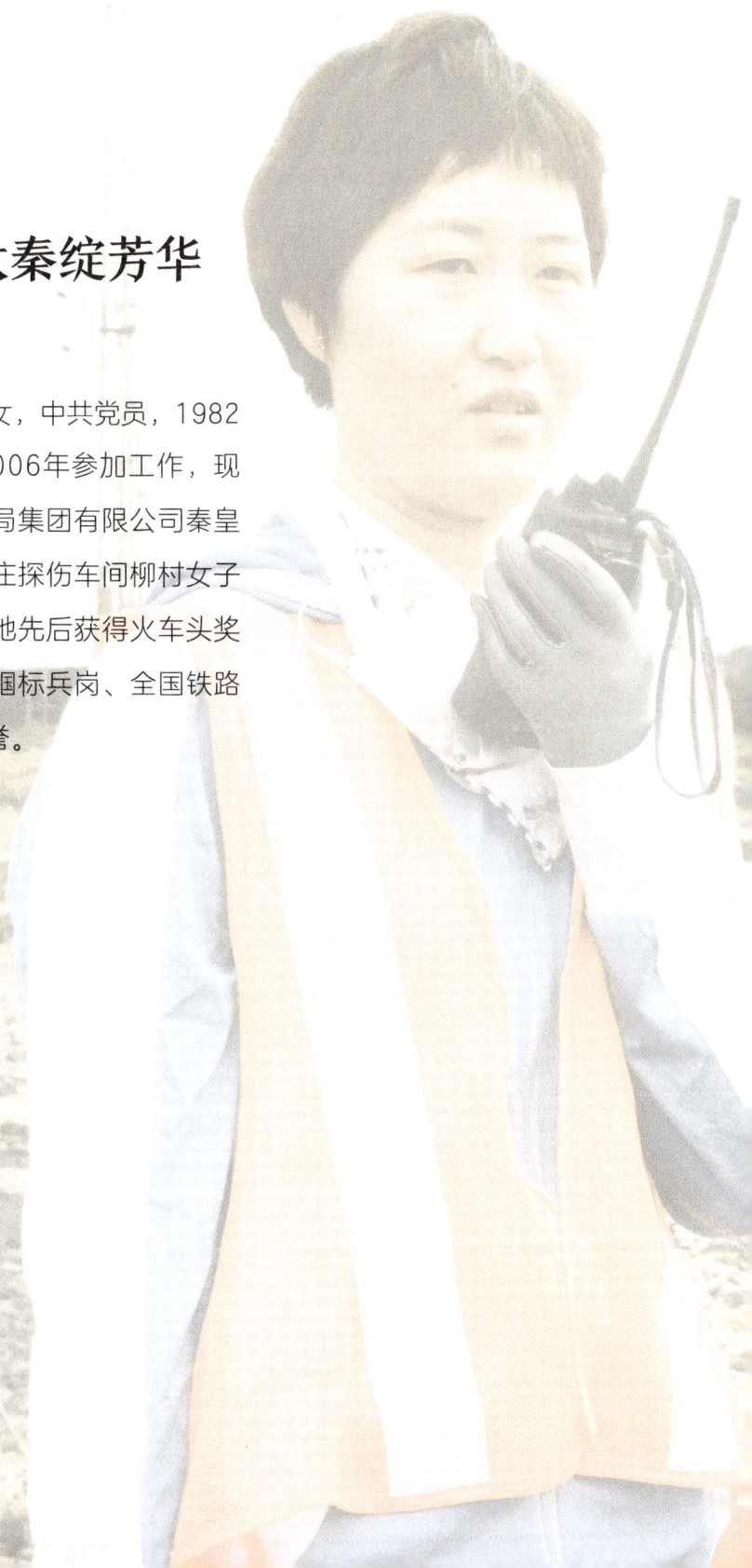

巍巍大秦绽芳华

——记中国铁路太原局集团有限公司秦皇岛西工务段柳村女子探伤工区工长谢小伟

樊康屹　姚文龙

姚文龙／摄

　　军旅生涯会给一个人留下很深的印记。37岁的谢小伟曾是一名话务兵。2006年，脱下军装的她成为中国铁路太原局集团有限公司秦皇岛西工务段的一名探伤工。面对艰苦环境，谢小伟以顽强的意志和坚韧的品格将自己融入火热的铁路事业中，在确保大秦铁路运输安全中写下无悔芳华。

不畏艰苦　磨砺坚毅品质

　　出生于铁路家庭的谢小伟曾期待自己能跟父亲一样，每天都穿着干净整洁的铁路制服，戴着大盖帽，英姿飒爽地出现在人们面前。但现实跟谢小伟的希望大相径庭，陪伴她的是一件随时都不离身的橘色马甲。她的工作岗位也不是曾希望的车站或列车广播员，而是工务线路工，工作地点在离家数百公里之外的秦皇岛。"以为从部队退役后就能回到家人身边了，没想到工作的地方比当兵时离家还远。"谢小伟苦笑道。

刚入路时，谢小伟跟着师傅们巡视线路。她渐渐知道了大秦铁路的重要地位以及确保线路安全的重要性。站在线路旁向一列列隆隆驶过的万吨重载列车行注目礼时，谢小伟想起了在部队接受检阅的场景，自豪感、责任感油然而生。

2007年，大秦铁路开始向着3亿吨的年运量目标迈进。当年初，秦皇岛西工务段柳村女子探伤工区正式成立。经过严格筛选，谢小伟和其他11名女职工脱颖而出。

工务探伤工被称为"钢轨B超师"。他们推着探伤仪行进在钢轨上，通过超声波反馈出来的波形和声音判断分析钢轨内部是否存在裂纹，工作技术含量高、作业标准严。

从线路工到探伤工，变化的不仅仅是岗位，更是考验。柳村女子探伤工区承担着大秦铁路港站、柳村、秦东三大站场118公里线路的钢轨探伤任务。这一区域坡度多、钢轨侧磨严重、探伤难度大。每天，她都与同事两人一组肩扛手抬50多公斤重的探伤仪检测6公里长的钢轨，常常要徒步行走六七个小时、避车上下道20多回、弯腰蹲起100余次、分析波形20多组。"作业结束后，两个胳膊像是绑了两个大秤砣，抬也抬不起来。"谢小伟说。

柳村女子探伤工区工作的区域内，煤尘相对比较多。特别是冬天，呼啸的寒风将煤尘高高扬起，吹打在脸上、身上，职工连话都说不出来。即便是戴着厚口罩、厚围脖，把裤腿紧紧扎牢，煤尘依旧能钻进衣服里。

不论是30多摄氏度的高温天气，还是零下20摄氏度的冰天雪地，谢小伟都经历过。面对艰苦的工作环境，谢小伟展现出越是困难越向前的豪情壮志。

大秦女子多奇志，不爱红妆爱探伤，柔肩挑重担的谢小伟在一次次战胜困难中不断成长。2014年，谢小伟成为柳村女子探伤工区的第五任工长。

克服困难　练就过硬本领

"零漏检、零违章、零事故"，是谢小伟和同事们的庄严承诺。为了做到这九个字，12年来，柳村女子探伤工区的每一个人都对探伤技艺精益求精，倾注了大量心血。

探伤工要想准确判断钢轨内部的裂纹大小和位置，不仅要学会探伤仪的操作方法，而且还得精通判断各种波形需要用到的函数公式。而这，需要扎实的数学基础。

为了熟练掌握探伤本领，谢小伟总是利用业余时间苦练业务技术，向车间的技术骨干学习探伤方法，并在2010年取得了二级探伤证。为了帮助姐妹们提高数据分析水平，她结合重点案例波形进行现场教学，还制作了浅显易懂的课件，总结出"安全七字七句口诀"。经过她的帮助，班组里先后又有4名姐妹取得了二级探伤证书。

"干就要干到最好。"为了练就准确甄别伤损隐患的真功夫，谢小伟每天抽出时间钻研探伤业务，总结隐患伤损规律，自创钢轨探伤"病案化"管理模式，为每一段钢轨、每一组道岔建立"户口本"。她将274组道岔养护数据烂熟于心，练就了"一手精、一口熟、一摸准、一考通"的绝活，成了专治钢轨各种疑难杂症的大拿。在她的带领下，柳村女子探伤工区制定了《一日探伤作业标准程序》和《探伤风险防控流程图》。

"我们现在使用的第三代探伤仪，比第一代要复杂很多。"谢小伟介绍说，这种探伤仪可以同时显示两种不同的波形，更直观地反馈出钢轨内部的状态，它的操作流程更加复杂，功能更加齐全。

探伤设备的更新换代对探伤工操作水平提出了更高的要求。

在线路上每走一段距离，谢小伟就要停下来，打开仪器翻板检查探伤仪上的超声波感应探头，查看附着在上面的保护膜是否存在起泡和破损。"这个保护膜如果出现问题，会影响信号接收，导致漏检或者误判。"在谢小伟的橘色马甲里，随时装着备用保护膜。

12年来，谢小伟带领的女子探伤工区判定伤损571处、减少疑似伤损复核处所128处。在她的带领下，女子探伤工区已安全监测17768公里线路、20565组道岔，相当于跑了421个全程马拉松。

凝聚合力　打造奋进团队

谢小伟所在的女子探伤工区的12名姐妹都有从军经历。作为女职工，她们一方面要担负工作重任，一方面又要兼顾家庭责任。作为这个集体的领头人，帮助姐妹们共同克服困难、做到工作家庭两不误成为她这个工长操心最多的内容，她也把更多的心思放在了团队建设方面。

在一次大秦线集中修的前一天，当天休息的谢小伟来到办公室查阅资料时发现，职工霍智慧的儿子在班组里抱着妈妈的脖子怎么也不撒手。询问后得知，孩子的爷爷奶奶有事回了大同老家，孩子放假无人照顾被带到了单位。

"今天我替你去现场，你留下来照顾孩子，顺便整理一下班组资料。"谢小伟立刻对工作进行了调整，换上工作服走出门外。像这样的事情，谁也不记得发生过多少次。

大秦线紧张的运输秩序导致女子探伤工区的职工常常要在岗位上过年。但是在这个团队里，新年里的团圆饭被增添了别样的注解。

为了缓解姐妹对家人的思念，每年春节，谢小伟都邀请大家到家里一起过年。"参加工作十多年来，有一半的除夕都是在小伟姐家里度过的。"杨敏说，"从除夕一直要到农历正月初三才走，就和在自己家一样。"

一些女职工由于顾不上家萌生了离开探伤工区的念头。为了帮助同伴们克服困难，谢小伟又成为贴心的"当家人"、帮困的"及时雨"。谁的孩子该打预防针了，谁的孩子该上学了，谁的孩子有老人帮着照顾，谁的孩子要家长每天接送……细心的谢小伟都一一记在心里，并据此合理调整班组工作，尽最大

姚文龙/摄

可能照顾到每名职工的家庭生活，让班组成为一个其乐融融的大家庭。家的温暖使她们彼此成了共担风雨的好姐妹。

无悔青春，不负芳华。辛勤的付出赢得丰硕的果实，十余年来，柳村女子探伤工区先后获得了全国五一巾帼奖状、全国工人先锋号、全路党内优质品牌、全路先进基层党组织等上百个荣誉，谢小伟也荣获了火车头奖章，并被评为全国铁路巾帼标兵岗、全国铁路先进女职工。

采访手记

用执着和坚毅续写奋斗故事

再一次见到谢小伟，我们看到的是她依然不变的执着和坚毅。与刚刚担任工长时相比，她更加自信、干练。十几年来，岁月记录了一个奋斗者的不懈追求，也记录了她与大秦铁路共同成长的风雨历程。

回望来路，谢小伟说："大秦铁路创造了多项重载铁路运输世界纪录。作为历史的亲历者、奋斗者，我为自己能成为一名大秦人而深感骄傲！"展望未来，大秦铁路将继续在打赢蓝天保卫战中发挥巨大作用。坚守在大秦铁路上的谢小伟和她的工友们，将续写新的奋斗故事。

巧人巧手成大器

丁巧仁 47岁，中共党员，中国铁路太原局集团有限公司太原通信段湖东移动通信车间通信工、高级技师。2011年获第三届全国铁道行业职业技能竞赛铁路通信工（无线终端维护）第一名，曾参与编写审定《铁路通信维护规则》等5部培训教材。他带领的"丁巧仁技能大师工作室"开展技术攻关，实施了多项技术改造，节约成本2000余万元。他先后获得全国技术能手、火车头奖章、全路首席技师、"铁路工匠"等荣誉。

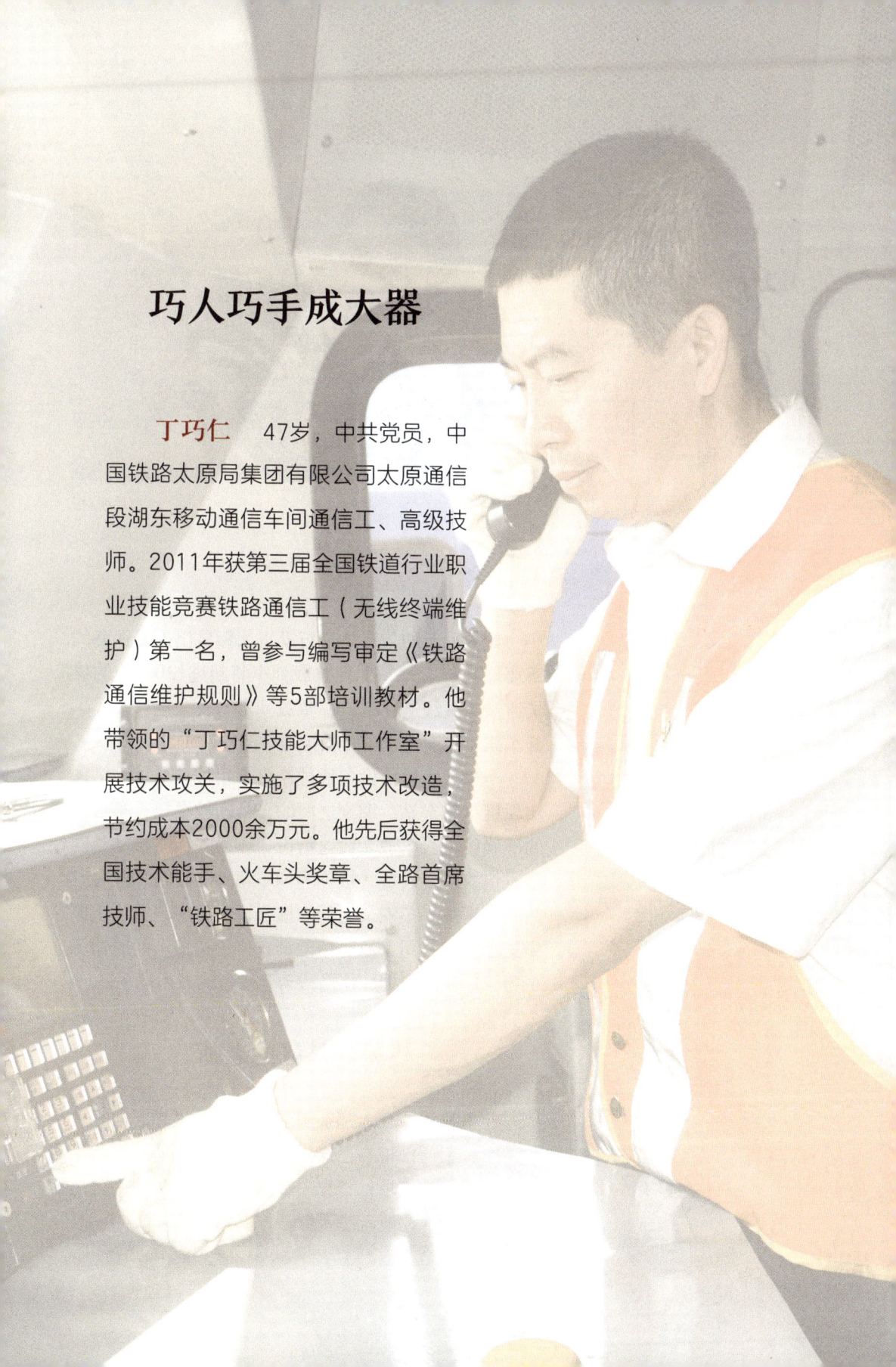

赵小朋/摄

巧人巧手成大器

——记中国铁路太原局集团有限公司太原通信段湖东移动通信车间通信工丁巧仁

樊康屹

如火如荼的货运增量行动再次彰显出大秦铁路的重要性。每天，一列列重载列车将超过130万吨的煤炭通过大秦线运往港口。重载列车的安全运行，离不开车载无线通信设备对操控命令的精准传输。

车载无线通信设备通过铁路专用移动通信网络，实现机车与车站、调度之间的车机联控以及行车信息的准确传输。车载无线通信设备作为"铁路移动"网络通信的终端设备，被称为列车司机的眼睛和耳朵，是确保重载列车安全运行的核心设备。中国铁路太原局集团有限公司太原通信段湖东移动通信车间通信工丁巧仁，就是维护"铁路移动"设备的技术能手。

热爱是最好的老师

并不是每一个人都能够从事与自己兴趣志向相关的工作。丁巧仁把自己能够从事车载无线通信设备维护工作看作是"求仁得仁"，因此，对于工作中付出的辛劳和汗水，他无怨无悔。

1993年，铁路中专毕业后，丁巧仁来到了大秦线，成为一名无线通信检修工。那时的车载通信设备被称为无线列调，只能实现近距离的点对点传输。痴迷于技术的他总是把别人休息的时间都用来钻研技术，研究设备电路与工作原理。别人不愿碰的"疑难杂症"在丁巧仁眼里都是提高业务技能的试验场。他把每一次故障现象详细记录下来，回到工区后再反复研究琢磨，并利用废旧设备进行模拟练习。为了做好一次数据分析或找到一个故障原因，丁巧仁常常在不足4平方米的无线屏蔽室里一待就是一天。

凭着对工作的满腔热情，丁巧仁很快就掌握了各种型号车载通信设备的工作原理、作业流程，成为班组的技术骨干。他说："平时处置的故障类型越多，关键时刻才能手到擒来、操之在我。我们的工作就是千方百计地维护大秦线运输安全。"

大秦铁路的快速发展和在国计民生中的重要作用，让丁巧仁对自己工作的重要性有了更深刻的理解，对技术的痴迷渐渐演化为职业的责任和担当。

通信技术发展迅猛，铁路装备不断迭代升级。2006年，大秦线由模拟无线通信模式步入GSM－R无线数字通信模式，被人们称为"铁路移动"的G网大大提升了信号传输质量和抗干扰能力。铁路数据信息的多样化应用，对通信设备维修质量和维修水平也提出更高要求，需要现场维护人员具备扎实的数据分析应用能力。当年3月，大秦线试验开行2万吨重载列车，首次使用GSM－R铁路综合数字移动通信技术。这次装备升级在全路无任何经验可供借鉴，在由模拟无线通信模式向"铁路移动"转型中，丁巧仁面临新的考验。

压力是进步的阶梯

推广新技术新装备需要快速提高设备维护人员的技术能力。从零起步的丁巧仁珍惜每一次向厂家学习的机会，跟随厂家技术人员从安装、调试设备开始学起，从仪表的每个按键开始熟悉，一次次地进行数据分析，一遍遍地排查设备故障，一趟趟地请教厂家技术人员。

为了尽快熟悉新业务，他先后参加了北京交通大学、深圳相关厂家组织的培训学习，借来专用英文字典，对照查询G网专用术语，徒步巡线熟悉区间设备运用情况。不到半年时间，丁巧仁就初步掌握了G网维修的各项技能，并成为工区里维护车载无线通信设备的小专家，先后解决了机车信号弱、天线驻波比不达标等诸多问题。

工作中，牵引2万吨重载列车的机车无线通信设备总是出现"车次号注册失败"现象，为此，丁巧仁通过梳理海量数据，找出了问题所在；机械式手柄握键极易出现故障，造成司机无法正常进行车机联控，丁巧仁反复探索试验，提出"用霍尔开关电路代替机械式手柄握键"的建议。

几年来，大秦线"铁路移动"实施了数次网络升级，作为技术骨干的丁巧仁都以高超的业务素养和敬业精神为网络升级提供了应有的技术保障。2007年，丁巧仁担任测试工区工长后，协助设备厂家进行了数次软件修改和升级，经他检测的无线通信设备，未发生过一次故障，他也由此成为大秦线上人人皆知的无线通信"排障能手"。

2011年，丁巧仁在第三届全国铁道行业职业技能竞赛中，凭借过硬的技术能力荣获铁路通信工（无线终端维护）第一名。

责任是攻关的动力

抱有一颗匠人之心的丁巧仁更愿意在生产现场发挥自己的一技之长，他毅然放弃了获得干部身份的机会，选择继续奋战在攻坚克难的第一线。

2013年4月，由山西省命名的"丁巧仁技能大师工作室"挂牌成立。2015年12月，由中国铁路总公司命名的"丁巧仁铁路通信工铁路技能大师工作室"挂牌成立。丁巧仁充分发挥大师工作室的带动作用，带领7名技术骨干围绕设备维护难题积极组织技术攻关。

2014年，工作室针对和谐型机车新旧车载无线通信设备不能互联互通的问题，组织对主控单元、操控单元进行技术改造。经过反复试验，他们成功对217台和谐型机车的车载无线通信设备进行升级改造，直接节约维护成本119万元。

2016年，车载无线通信设备一个重要单元故障频发，经过工作室成员反复排查比对，发现是单元性能质量下降。这一发现得到设备厂家的认可，第一时间对不良设备进行了更换，故障率下降了70%，保障了设备的安全运行。

大师工作室成立以来，先后推出创新性技术攻关项目20余项，实施规模化技术改造3次，大大提高了安全保障力，节约了成本支出，产生经济效益2000余万元。

丁巧仁每天与数据为伍，与故障赛跑。他将故障处理经验进行梳理总结，提炼出指示灯观察法、信号流程分析法、替换法、配置数据法、系统最小化法5种故障定位方法，编写了《CIR设备典型故障50例工作手册》，成为现场作业人员的指导书。他还参与编写了《铁路通信工培训规范》《高速铁路动车组车载通信设备维修岗位培训规范》，参与审定了《铁路通信维护规则》《动车组车载通信设备维修岗位教材》《高速铁路通信技术培训教材》。

大师工作室不仅在解决维修难题中发挥着突出作用，而且在培养青年技术骨干中发挥着传帮带作用。他坚持以解决现场问题为导向，主导筹建了太原局集团公司首个铁路无线通信设备维护实训基地，创新推出传帮带"小课堂"，向青工毫无保留地传授经验。在他的传帮带下，"理论专家"张俊卫、"检修达人"姚建光等一批技术能手纷纷涌现。张俊卫掌握新知识速度快，G网更新改造厂家总希望他来"挑毛病"。姚建光经历了模拟和数字两代无线设备，检修过的机车无线设备超过35300台，没有一台带病出库。李焕春对数据分析非常敏感，对G网数据存在的微小变化都能精准感知并"定位"。大师工作室培养的技术骨干先后有5人在太原局集团公司技术比武中获得前三名，4名职工获得全路技术能手、三晋技术能手等称号。

杨丽林/摄

坚守是不变的初心

2018年，货运增量行动的开展使大秦线机车运用量增加，丁巧仁所在的移动通信车间的工作量也相应增加，每日的机车出入库量由90台增加到110台，特别是增加了双模列尾、机车视频的维护工作后，部分职工对检测流程缺少经验，极易造成机车出库不畅，影响大秦线运输。

"我们虽然不直接完成货运任务，但我们的工作关系着机车的安全和大秦线的畅通。如果因为设备维护不到位造成列车途停，就会打乱大秦线的正常运输秩序，影响增量行动。"在车间支委会议上，作为党支部宣传委员的丁巧仁率先表态，要在货运增量行动中积极发挥党员的先锋模范作用。

增量行动中的丁巧仁以忘我的精神状态投入工作。围绕机车出库频次增多和工作量增加，丁巧仁充分发挥技术带头人的作用，优化检测流程，加强模拟培训，带头落实标准化流程，不断提高检测效率。哪里有疑难故障哪里就有他的身影。自己的工作完成了，他就帮助其他同事共同检修。为适应机车出库频次增加的需要，他和他的技术团队变"坐医"为"行医"，对518台车载无线通信设备逐一"会诊"，每天平推检查数百台设备、分析上万组数据，处置重点故障40多件次。

26年来，丁巧仁作为一名扎根铁路一线的技术工作者，立足岗位，不畏艰难，始终坚守着精益求精、锲而不舍的职业精神，哪里有困难，就在哪里攻关；工作中需要什么，他就把自己的聪明才智倾注于此。经他检修的设备超过8300台次，处理故障超2600件次，他所在的工区获得了连续15年无责任故障的优异成绩，确保了万吨牵引机车通信安全，生动地诠释了一名铁路技术工作者敬业奉献的精神品格。

采访手记

钟情事业　勇担使命

　　丁巧仁的工作是诸多铁路工种中的一个。在外人看来，周而复始地分析数据、试验设备是枯燥乏味的，但丁巧仁却凭着自己对铁路通信事业的执着，在这种枯燥乏味中锤炼出一种特有的认真态度，一种对自己专业的强烈认同感。

　　工作中，丁巧仁不允许自己有任何不专业的操作。面对工作，他总是兢兢业业、追求创新。丁巧仁也因此在不断积累的工作经验中充实着自我，收获了一份精益求精态度下锻造出来的专业自信。

　　始终钟情于自己从事的机车车载无线通信设备维护和测试工作的丁巧仁，从个人兴趣发展为对这份职业的热爱，在热爱中肩负起"科技保安全"的使命。在他的身上，我们看到了一线技术工作者对铁路事业的强烈自豪感，看到了铁路人为实现交通强国、铁路先行而忘我工作的新形象。

青春格言这样写成

杜　赫　　1991年出生，中共党员，现任中国铁路呼和浩特局集团有限公司包头供电段响沙湾供电车间副主任。他先后获得全国优秀共青团员、全路优秀共产党员、全路技术能手、全国铁路青年五四奖章等荣誉。在他的带领下，响沙湾接触网工区先后获得全国和全路青年安全生产示范岗等荣誉。

王　巍／摄

青春格言这样写成

——记中国铁路呼和浩特局集团有限公司包头供电段响沙湾供电车间副主任杜赫

傅世忠　王　巍　张玉莹

"当你的秀发拂过我的钢枪，别怪我保持着冷峻的脸庞，其实我有铁骨，也有柔肠……"日前，中国铁路呼和浩特局集团有限公司包头供电段响沙湾供电车间副主任杜赫的手指扫过琴弦，吉他声和着他厚重的嗓音，军旅歌曲《当你的秀发拂过我的钢枪》的旋律飘过库布齐沙漠夏日的夜晚，飘向远方。一想起远在包头家中刚满一岁的女儿，杜赫的脸上就禁不住露出幸福的笑容。

弹吉他的杜赫少了岗位上的冷峻和严厉，多了"90后"大男孩的阳光开朗。听杜赫弹吉他，也成为响沙湾供电车间工友闲暇时的一件乐事。

别看杜赫年龄不大，如今已是响沙湾供电车间134名接触网工的领头人。

28岁的杜赫长相憨厚，如今已是拥有"硬核"实力的技术大拿。全国优秀共青团员、全路优秀共产党员、全路技术能手等多项荣誉，悉数被他揽入囊中。

今年4月底，作为全国铁路青年五四奖章获得者，杜赫更是走进了人民大会堂，近距离聆听习近平总书记在纪念五四运动100周年大会上的讲话。杜赫，用自己的担当，默默书写着一名普通接触网工的青春格言。

特大洪灾危急时刻，青工杜赫勇敢地站了出来："是共产党员的，是部队当过兵的，会游泳的，咱们上！"

杜赫从小就有一个英雄梦，长大后如愿成为一名武警战士。2012年，杜赫脱下绿色军装，穿上铁路工装，成为包头供电段的一名接触网工。"战场"虽然变了，但杜赫心中的英雄梦依然没有变。

入职铁路仅仅一个多月时间，杜赫就碰到了一场硬仗。2012年盛夏，鄂尔多斯地区突降暴雨，包西线罕台川附近的一处供电杆地基被洪水冲塌陷了，供电线路在风中摇曳，随时可能断线。杜赫和工友们乘坐抢修车赶往现场，眼看就要到达受损供电杆所在位置，没想到司机却来了个急刹车。

眼前的一切让人傻了眼。原本干涸的河道变成了湍急的洪流，河水卷着黄沙，裹着树枝、杂草，打着滚，急冲而下。

就在大家急得团团转时，杜赫站出来大喊："是共产党员的，是部队当过兵的，会游泳的，咱们上！"

王 巍／摄

话音刚落，杜赫已在自己身上绑好绳索，抄起钢钎，"扑通"一声跳进不知多深的洪水中。顾不得杂物撞击身体带来的疼痛，借助钢钎的支撑，杜赫在齐腰深的洪流中泅渡近10分钟，终于到达河对岸。他迅速固定好渡河绳索，工友们抓着绳索赶到事故地点……直到供电设备开通，身体早已透支的杜赫才倒在淤泥中，痛快地喘口气。

一战成名的杜赫，因此获得2012年度"感动呼铁"提名奖。然而，杜赫并没有止步。深思熟虑后，他向车间提出了自己的想法：应急抢险，得有一支随时冲得上去的突击队。杜赫的想法与车间领导不谋而合，杜赫被全票推举为车间青年突击队队长。

2013年隆冬，一场寒潮席卷内蒙古自治区中西部地区，新响沙湾隧道内渗水结冰严重。倒挂在隧道拱顶的一条条冰凌仿佛锋利的匕首，威胁着供电电缆的安全。

刺骨寒风中，杜赫带领突击队队员驻扎到隧道旁的简易工棚内。他们每天步行巡视4公里长的隧道十几次，举着十几公斤重的打冰杆不断进行除冰作业。一天工作下来，手脚常常冻得失去知觉。每次回忆起这场战役，杜赫喜欢挥挥拳头："为了列车安全运行，与天斗其乐无穷。"

入路7年来，杜赫已经带领突击队队员累计完成百余次抢险任务。

"百炼才能成钢，就像手上的老茧，不经历几次蜕变，永远是新手，不是能手。"老师傅的话，牢牢印在杜赫的心中

就在杜赫意气风发时，不成想，一次小小的技术比武，让他败下阵来。身旁老师傅的一句话，让好强的杜赫平静下来："铁路接触网作业，可不仅仅是简单地拧拧螺栓，没有扎实的技术，光凭一腔热血不行。百炼才能成钢，就像手上的老茧，不经历几次蜕变，永远是新手，不是能手。"老师傅的话，牢牢印在杜赫的心中。老师傅的话激发杜赫开始了新的思考和蜕变："在铁路岗位，自己是个零基础、零经验、零参考的'新兵蛋'。守护铁路安全，务必有高超技术。"

杜赫像变了个人，别人收工回来休息或娱乐，杜赫却泡在学习室，捧起《安规》《检规》。几个月下来，几本接触网作业技术书，被杜赫翻得起了毛边，学习日记写了满满十几本。

　　没多久，工友又发现杜赫的另一嗜好——爬电杆当"蜘蛛侠"。只要到工余时间，杜赫就在练兵场。数九寒天、烈日当空，爬电杆是风雪无阻。爬上6米高的供电支柱，更换绝缘子、检修吊弦、调整分段……手套磨破了，手上磨起了血泡，皮肤晒得黝黑，他仍是"执迷不悟"。

　　短短时间，杜赫从接触网工中脱颖而出，成了工区技术大拿。文，能写作业工作票；武，敢上高空检修作业。从制订接触网检修计划，到检修细节，他无所不晓。

　　2013年，全段技术比武，杜赫一举夺得网工组第一。2016年，全局技术比武，杜赫凭借徒手制作吊弦，误差不超过1.5毫米的高精准操作，一举斩获全局供电系统接触网工组第一名……杜赫成为呼和浩特局集团公司供电系统至今无人赶超的"尖兵"。

　　杜赫依然没有止步。在与内蒙古和全路"尖兵"过招中，认真总结出接触网故障快速抢修恢复法和定区域、定人员、定流程、定标准、定标记的"接触网五定检修法"，这些方法在全段得到推广。

　　如今，新毕业的大学生青工常请教杜赫当"尖兵"的秘诀。杜赫总笑着伸出两只手："双手的老茧，会告诉你啥时能成'尖兵和能手'。"

现已是车间副主任的杜赫，依然以冲锋在前的斗志，一步一个脚印前行

　　"唯有磨砺，青春才会焕发生机；唯有担当，奋斗才会彰显厚重"，现已是车间副主任的杜赫，依然以冲锋在前的斗志，一步一个脚印前行

　　用"一步一个脚印"，可以准确描述杜赫入路7年来的成长轨迹。

　　2013年8月，年仅22岁的杜赫，通过竞聘，走上鄂尔多斯网工区副工长岗位。聊起那时的副工长杜赫，青工刘飞很动情："在一次零下20摄氏度的检修作业中，由于长时间作业，我的手变得僵硬，杜工长二话不说替下我，一干就是40多分钟。"

　　2014年9月，年仅23岁的杜赫，肩负重任，挑起响沙湾接触网工区工长的重担。初到地处沙漠腹地的响沙湾接触网工区，艰苦的生活着实把杜赫吓了一跳。简易彩钢房，没有电风扇、暖气，生活用水要到两公里外的村庄打。更严峻的考验，是每天凌晨的接触网检修任务。由于是集团公司首个电气化设备运

营自管车间，工区管辖设备数据需要杜赫和工友自己检测，22时开始预想会，而后直奔作业点，几十个6米高的接触网支柱，杜赫带工友一个个爬上去，挨个校对近千个螺栓，常干到次日清晨才结束。

生活条件苦，设备检修难度大，"思走"的消极情绪充斥工区。"军心稳安全才能稳"，作为班组党支部书记的杜赫，决定先从改善工区环境入手。

工区院子中的空地，硕石和杂草丛生。杜赫第一个扛起铁锹，利用工余时间顶着烈日翻地，身上因紫外线过敏，爬满了红疹；为改善贫瘠土壤，他从附近村庄拉来农家肥，晒粪、撒粪……工友被杜赫的劲头感染："事事他都身先士卒，我们愿意听他的。"终于，蔬菜大棚、果园、养殖园，在职工自己手上建了起来。

工区十成青工、九成复转兵，人员新底子薄。杜赫就坚持每日一练、每周一比、每月一考，组织事故模拟演练。他创新实施单元作业法，依据作业项目将技术能手和业务新手混合搭配，实现作业现场传帮带和安全监护。在杜赫带动下，工区先后有9人获得段技术比武前三名，8人在集团公司技术比武中获奖。

2016年3月，包西铁路进行开动车组前的集中整修，杜赫和工友没白没黑地干，检修线路209公里、处理缺陷400余处，确保了动车组列车顺利开行。2018年6月，包西铁路开始万吨重载加密导高整治。杜赫昼夜盯在现场，连续奋战5个月，带工友调整导高1100多处，所检修的设备在全路动态检测中获普速铁路第一名的佳绩。截至2019年6月19日，工区实现安全生产2737天。

如今，走进响沙湾接触网工区的小院，小院中那红彤彤的大字"永不褪色的橄榄绿精神，永不枯萎的沙漠冬青精神，永不止步的成才筑梦精神"默默诉说着杜赫带领工友先后获得全国和全路青年安全生产示范岗、全路五四红旗团支部等荣誉背后的故事。

今年3月，28岁的杜赫履职新岗位——包头供电段响沙湾供电车间副主任。在更重的担子面前，他心底又默默隽刻下新的前行格言："唯有磨砺，青春才会焕发生机；唯有担当，奋斗才会彰显厚重。"

成功源于实干

许多人问过杜赫一个相同的问题："你年纪轻轻，就获得如此多的荣誉，是不是有什么捷径？"每一次，杜赫总是笑一笑，伸出双手给大家看，那是一双长满老茧、与他的年龄极不匹配的手。他的回答很实在："捷径就是一个茧子一个茧子的叠加，就是一步一个脚印的实干！"

入路7年，从仅有一腔热血的门外汉到精于业务的技术尖兵，杜赫之所以成功，凭借的是一双长满茧子的手。这一双手，饱含着千里之行、始于足下的踏实勤奋，蕴藏着百炼方能成钢的拼搏奋斗。逐梦青春，一路无悔。奋斗，是新时代铁路青年最亮眼的底色。

入路7年，从有着英雄主义的大男孩到众多荣誉加身的成功者，杜赫之所以成功，凭借的是一步一个脚印的实干。这份实干，让他前行的脚步更加笃定；这份实干，让他更加义无反顾地去担当；这份实干，让他对付出表现得更加从容。

34年觅得安全行车"宝典"

杜海宽 男，中共党员，中国铁路呼和浩特局集团有限公司包头西机务段电力机车司机。他曾获得中国铁路呼和浩特局集团有限公司"首席机车司机""零违章优秀职工""精彩呼铁·亮丽人生·2018年度人物"以及内蒙古自治区优秀共产党员、火车头奖章、全国五一劳动奖章等荣誉。

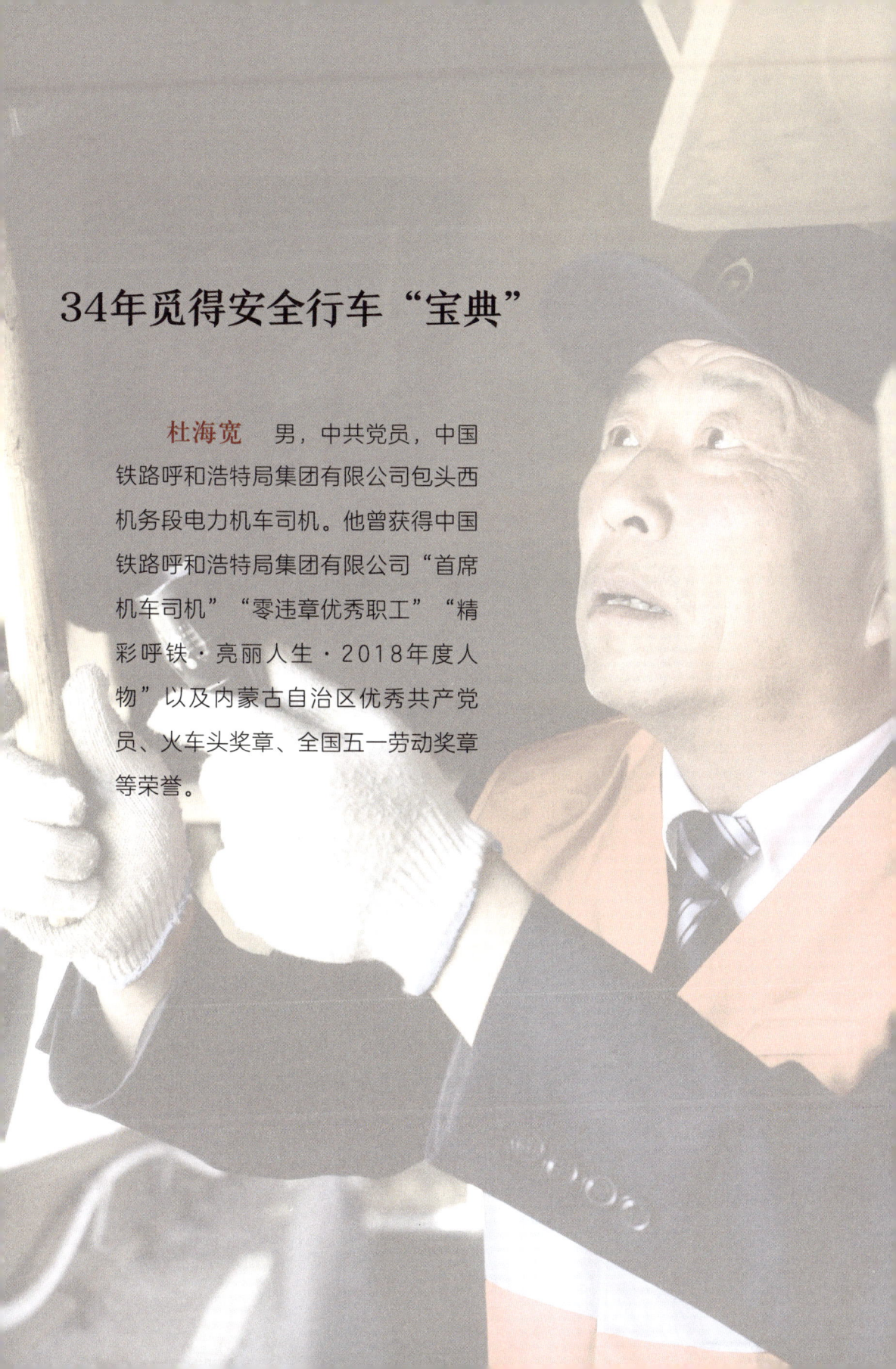

34年觅得安全行车『宝典』

——记中国铁路呼和浩特局集团有限公司包头西机务段电力机车司机杜海宽

傅世忠 史 鑫

任卫云／摄

"只有肩膀上永远有责任，才能脑子里有理念、眼睛里有隐患、胸腔里有激情，也才能认认真真践行好规章制度、扎扎实实落实好作业标准……"这些慷慨激昂的话语，是中国铁路呼和浩特局集团有限公司包头西机务段包头运用车间电力机车司机杜海宽在师带徒课堂上、实作演练场上、先进事迹报告会上，讲了无数遍的"杜式安全行车'宝典'"。

靠着这部"宝典"，杜海宽总结出"三固定、两测速、一对标"平稳操纵法、"察、检、验"三字故障处理法、"20秒手动处理转换阀"应急处置法等，实现了"零违章、零违纪、零机破、零晚点、零投诉"。

靠着这部"宝典"，杜海宽用事实证明：天天在安全"河边走"，也能做到"不湿鞋"。他历经蒸汽机车、内燃机车、电力机车的迭代交替，34年取得了安全行车5300余趟的佳绩。

杜海宽常与年轻的机车司机交心："幸福人生就是扛起责任担当！"

人生最幸福的事，莫过于把梦想变为现实

杜海宽总说自己是最幸福的人："人生最幸福的事，莫过于把梦想变为现实。我的梦想就是当一名火车司机，从入路至今，一干就是34年。"

出生在包头市东园乡莎木佳村的杜海宽，打小就爱坐在自家地里的田埂上，看火车从眼前驶过。"驾驶隆隆飞驰的铁家伙可真威风。"这如一粒春天播下的种子，悄悄在他心底发芽。高中毕业，杜海宽违背家人的意愿，坚定报考了济南铁路机械学校蒸汽机车驾驶专业。1985年，他以优异的成绩毕业，并被分配到包头西机务段工作。

杜海宽说，上班报到第一天自己就傻了眼。因为是少有的专业科班出身，杜海宽直接被安排到段技术室任技术员。眼看"火车司机梦"要破灭，他的倔脾气一下子上来了，坚决申请改职成为蒸汽机车司炉。段领导看到杜海宽接连交上来的4份改职申请很是不解："别人打破头都想挤进来的技术室，你却主动放弃，要去当司炉，可别后悔！"

如愿登上了蒸汽机车，身材又瘦又小的杜海宽又开始被工友嘲笑："哟，就这小身板还来当司炉，往炉膛里扔煤，你能行吗？"

史 鑫/摄

　　成绩是对质疑最好的回应。蒸汽机车烧煤用的大板锹快赶上脸盆大了。冬天冷，煤不好铲，得扎起马步、弓起身子、抡圆胳膊，铆足劲儿才能铲满一锹煤，然后投进炉膛。煤不能堆在一起，要均匀地撒满炉膛，这样才能燃烧充分，蒸汽机车跑起来才稳当……一个班下来，杜海宽的胳膊又酸又肿、腿发麻发抖，但他选择咬牙坚持。除了练习烧煤技巧，杜海宽还认真观察司机作业过程中的一举一动，遇到不懂的问题就刨根问底，退勤后还要待在机车上反复练习动作要领，乐此不疲。

　　凭着这股钻劲，杜海宽很快脱颖而出，在段技术表演赛中夺得司炉组投煤第一名。紧接着，他又为自己定下新目标——考司机。他开始有意磨炼自己"腿勤不怕累、手勤多练习、嘴勤多请教"和"挤时间、凑零散时间学习"的好习惯，逐渐练就了"火眼金睛"、学会了"耳听八方"。通过观察机车运行时石砟向后运动的速度，他就能判断机车的运行速度；通过听机车运行时的异响，他就能判断机车运行中的突发故障。1989年，杜海宽如愿考上司机，完成了从司炉、副司机到司机的"三级跳"。随着蒸汽机车退出历史舞台，1994年，杜海宽又拿下了内燃机车驾照。

　　登上内燃机车，杜海宽一边工作，一边钻研机车构造、电气部件、电路图等业务，想方设法提升操纵水平。即便牵引货车不要求平稳操纵，他也"没事找事"主动练习，努力把火车开得更稳。1995年，内燃机车刚换型不久，东风4C型机车风源净化装置在冬天常出现转换阀动作不到位的漏风问题，这成了让大伙最头疼的毛病。杜海宽利用休息时间反复琢磨、反复上车试验，终于总结出"关闭控制器电源、手动转换的20秒快速处理法"，在段里广泛推广。

　　2009年，电力机车首次配属到包头西机务段，单位鼓励业务能力强的年轻人努力考取电力机车驾驶证。当时已46岁的杜海宽主动请缨备考，最终凭借过硬的业务水平和平稳的操纵技术，顺利考取电力机车驾驶证，再次成为新机型的业务尖子。

　　杜海宽说："人不能没有梦想，有了梦想就要奋斗，奋斗的人生才最幸福。"

最快乐的事，莫过于为旅客提供最优乘车体验

　　坐在火车头里，杜海宽眼里时刻盯着前方的路，心中常想着身后旅客乘车

的舒适度。

从2010年起，杜海宽开始担当包头至榆林间旅客列车的牵引任务。虽说旅客列车操纵难度要低于货物列车，但对细节的要求更为苛刻，只有练就"起车客不知，停车客不晓"的平稳操纵技巧，才能给旅客带来更好的出行体验。

相比包兰线包头至惠农间的"一马平川"，包西线包头至榆林间可谓"跌宕起伏"。包头至榆林间303公里，需穿4个隧道，经18个分相区，不计其数的曲线、坡道间，有近30处11‰以上的高坡地段、2处长大坡道，列车的平稳操纵难度很大。

"开车一定要想着坐车人。"杜海宽开始研究线路纵断面和新的牵引机型的特点，针对不同天气、车体、量数、吨数和计长进行全面对比、试验，不断完善之前总结出的平稳操纵法。为了平稳操纵机车，杜海宽甚至给自己一个挑战：在机车操作台立一支铅笔，列车行驶中，如果这支笔倒了，他就让徒弟把区段和时间记下来，退乘后认真分析行车记录，不断改进优化操作手法。渐渐地，记录本上从最初的一趟几十条记录减少到了三五条，到后来几次往返才记录一条，最后，那支立在操作台的笔在列车行驶中竟然纹丝不动。此后，杜海宽还总结出"察、检、验"三字故障处理法来提升火车操纵水平，受到了工友的热捧。

2012年，杜海宽参加呼和浩特铁路局举办的"三大活动"技术比武，获得电力机车组第一名的好成绩。2013年，年过五十的杜海宽获得了路局平稳操纵比赛第二名的好成绩。

最欣慰的事，莫过于言传身教、交好安全接力棒

杜海宽常给年轻的工友讲自己刚上班时的一件事。1996年，机车出库闯蓝灯现象频发，车间便时不时地在扳道房设置"假设故障"，来测试机班的瞭望质量。一次，前面的3个机班都没发现故障，而杜海宽机班落实标准到位，及时发现并立即停车，受到全段表扬。之后没多久，他在值乘中遇到暴雨天气。恶劣天气造成进站信号突变，他迅速采取停车措施，防止了冒进。杜海宽说，只有日常养成按标准工作的好习惯，才能确保安全长久。

在安全上，杜海宽爱跟自己较劲。每次联控发车时，他都会进行一次后部瞭望，列车起动前再看一次，等列车起动后喊后部注意时还得看一次。运行途

中，他要求必须采取立体瞭望，眼睛要关注上部接触网和运行前方的线路、信号。每通过一架信号机，他都要扫一眼仪表是否正常。

杜海宽不仅自己较真，带徒弟同样较真。出勤前留一道题、退勤后考试，这样一个往返就能背两道题。杜海宽认为让每一个徒弟成为业务尖子是师傅的职责。

以前，机车上没有6A运行监控系统，也没有录音笔，列车起动鸣笛后司机室就进入无人管的"真空"状态。尽管这样，杜海宽一直要求徒弟做到"标准化作业一项不差、呼唤应答一句不落"。徒弟不解："咱俩连比划带喊折腾一路，谁看呢？"杜海宽严肃告诫徒弟："标准化作业是做给安全看的、喊给安全听的。"

作为杜海宽的现任徒弟，王宁深有体会："杜师傅对我们特别严，谁作业不规范，就会被'惩罚'。师傅陪我们步行10公里上下班，边走边背规章，我们好多师兄弟都经历过。"在杜海宽这位严师的教育下，他带出的50多名机车司机也成为"行走的安全理念代言人"，其中很多人走上了管理岗位。

"安全，没有谁能撞大运。"这是杜海宽一直挂在嘴边的话，他还说，"爱妻、爱子、爱家庭，没有安全等于零，幸福人生建立在安全前提下。"

用心守护平安

采访杜海宽，他说的最多的两个字就是"安全"。守护平安，只把标准学好、弄懂还不行，必须在日常作业中坚持按标准作业、用心守护安全。工作34年来，他始终对自己严格要求，学理论，书不离手，仅笔记就写了满满七大本；找故障，攀上爬下，常常弄得一身油、一脸黑；练平稳操纵，反复练，取得安全行车5300余趟的佳绩。

在杜海宽眼里，人生最幸福的事，莫过于把梦想变为现实。他实现了当火车司机的梦想，并将奋斗涂抹成梦想最亮丽的底色，立志规章标准在心、安全理念入脑，让出乘之路更安全。

他说，唯有发奋努力、不断奋斗，才能报答亲人的全力支持，自己要用趟趟安全的出乘换来自己"小家"和旅客"大家"的平安。

追求技艺无止境

李向前　　1974年9月出生，1995年8月入路。中国铁路郑州局集团有限公司洛阳机务段宝丰检修车间内燃机车钳工、高级技师，郑州局集团公司首席技师，中国铁路总公司首席技师。他曾获得全路技术能手、全国技术能手等荣誉称号，是中国铁路总公司"百千万人才"工程专业带头人，享受国务院政府特殊津贴，2017年光荣当选党的第十九次全国代表大会代表。

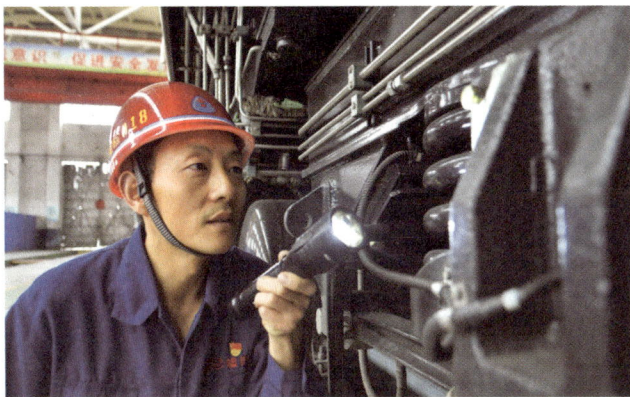

谷　浩/摄

追求技艺无止境

——记中国铁路郑州局集团有限公司洛阳机务段宝丰检修车间内燃机车钳工高级技师李向前

肖培清　　刘红灿

　　车钩缓冲器、转向架构架、轴箱弹簧、减震器、牵引电机、齿轮箱⋯⋯4月23日，薄雾笼罩着有"中国曲艺之乡"之称的平顶山市宝丰县。在洛阳机务段宝丰检修车间大库，手拿检车锤的内燃机车钳工李向前挨个检查内燃机车走行部的176个零部件。只见他时而蹲身侧头，时而屈膝仰头，或锤敲、或眼看、或手摸、或鼻闻、或耳听⋯⋯一台机车检查下来，李向前下蹲了68次，用了一个半小时。

　　"李大师检查过的车，我们用起来特别放心。"司机白长明说。

　　今年45岁的李向前凭借一套独创的"锤敲、眼看、手摸、鼻闻、耳听"的看家本领，创造了检修内燃机车5200余台零故障，维修、复检内燃机车1万余台零质量问题的纪录，让机车乘务员开上放心车。2015年，凭借在技术攻关、设备改造、人才培养等方面的突出贡献，李向前成为中国铁路郑州局集团有限公司享受国务院政府特殊津贴的"蓝领专家"。

做业务"行家里手"

1995年，从一所铁路中等专业学校毕业的李向前走进了洛阳机务段宝丰检修车间的大门。从此，他与内燃机车结缘。

书到用时方恨少，事非经过不知难。"到了现场，才觉所学知识远远不够。"李向前说。这个从河南登封市农村走出来的年轻人暗下决心：不能在业务上丢人。在别人休闲娱乐的时候，李向前一头扎进了《内燃机车》《钳工基础》《金属工艺学》等书籍，还总向师傅们借一些实用技术资料。他拿着书籍和资料蹲地沟、钻机械间，一边对照图片，熟悉配件名称，掌握配件安装位置；一边拆、修、装和测量各类配件，熟悉配件检修工艺，了解掌握其工作原理。书被翻出了毛边、沾满了污渍，手也磨出了老茧、浸透了油污。几十斤到几百斤的配件，他拆装一遍又一遍，配件数据、故障现象、处理过程……46个笔记本记得满满的。看到小伙子学习的劲头，师傅们也热衷地将自家的"看家本领"教给他。工作半年时间，他就成为班组"问不倒""难不住"的业务通。

掌握了机车静态部件检修技能后，李向前在早上上班前、晚上下班后、机

赵 寅/摄

车密集出入库的时候，经常拿着手电筒，蹲在段管机车走行线弯道处，观察机车走行部各部件的受力情况，以及车体与转向架的摆动幅度，倾听弹簧、车轮转动的声音，区分细微差别。经过长期锻炼，他的耳朵对声音异常敏感。2005年3月11日，他路过整备场，听到正在出库的东风4型6306号机车运行声音异常，紧跟机车走了几米后，立即呼喊司机停车。经解体检查，工作人员发现机车走行部第2齿轮箱小齿轮防缓螺帽松动，即将脱落。李向前立即组织抢险，避免了一起行车事故的发生。

凭着这份执着与对工作的热爱，李向前的业务技能得到了工友和师傅们的高度称赞。2005年，他代表郑州局集团公司参加首届全国铁道行业职业技能竞赛，获内燃机车钳工组第一名，被授予全国技术能手称号。工作以来，经他亲手维修、复检过的1万多台的内燃机车从未发生过质量问题。

做技术"能工巧匠"

2010年，李向前调入车间技术组，负责技术把关工作。岗位变动后，他对全路内燃机车运用工作有了更多的了解。当时，全路内燃机车增压器故障较为普遍。内燃机车增压器是用来给柴油机增加空气压力、满足柴油充分燃烧、提高功率的重要部件，被誉为柴油机的"心脏"。一旦发生故障，就会造成增压器排气管喷火、冒黑烟，严重时会烧断接触网线，造成事故。

"有没有一种办法，能彻底解决这一问题？"有了想法的李向前开始迈向创新的领域。他一有空就上网搜索，查阅技术资料。一番查找询问打探，他发现全路各机务段和生产厂家都没有良好的解决办法。在段和车间的支持下，他带领车间技术骨干成立了课题攻关组，在震耳欲聋的柴油机轰鸣声中启航。经过半年上百次的计算与实验，他和他的战友们终于设计出了增压器废气分流装置，引导废气排放方向，彻底消除了废气直接灼烧接触网线引发的事故隐患。在开展增压器技术攻关时，他们发现带有火星的柴油机废气会顺着烟囱排水管倒流到动力间，有可能引发机车火灾。于是，他们又实施了将直线型排水管改造为注水U型管的方案，既防止了废气倒流，又不影响排水效果，一次技术攻关解决了两个安全隐患。

创新源于现场。工作中，李向前看到职工修复的轮缘涂油器喷头三番五次返工。"喷头能不能试验后装车呢？"在车间的支持下，他和班组职工一起领来材料，根据控制阀工作原理，加工底座、连接风管、制作支架……经过半个月的调试，他们制作的涂油器喷头试验台诞生了。从此，返工的事情再也没有发生过。随后，他们又根据生产实际，设计制作出了ZLDJ-Ⅰ型辅助电机负载试验台、ZDS-1000型电流传感器检测仪等8台试验仪器和松紧大螺栓、风管接头的异形扳手、螺丝刀等专用工具，大大降低了现场职工的劳动强度，提高了生产效率。

做育才"孵化器"

2013年，以李向前名字命名的"李向前内燃机车钳工铁路技能大师工作室"成立。作为工作室的负责人，他按照"培养一批骨干、建立一支队伍、强化示范带动"的工作思路，依托工作室平台，通过精选题、建团队、抓机制、解难题，激发了全段干部职工创新创效热情。

生产现场的难点问题是工作室的选题方向。他结合机车报活系统、乘务员反馈信息、机车调度在小辅修发现的问题和季节性故障，定期组织工作室成员召开研判会，筛选攻关课题。工作室成立以来，他们先后完成了内燃机车增压器防断网导流罩、东风7型机车温控阀故障、燃油泵电机故障等重大技术攻关6项，破解现场生产难题127个。内燃机车柴油机工作时震动大，经常诱发油水管路裂漏等故障。工作室团队在实践中经过多次分析、试验，摸索出了一套通过乙炔加热，消除应力、提高管路质量的方法。该方法应用于生产后，油水管路裂漏故障从原来的每月60件减少到现在的6件。如今，工作室已经成为洛阳机务段技术创新的主阵地。去年以来，他们先后对23个技术难题把脉会诊47次，拿出可行性解决方案13个，修订检修作业标准8项，规范检修作业流程5项，编写《汽缸盖快速检修法》《机车轮对双向套箍法》等7项创新工作法。

一花独放不是春，万紫千红春满园。在李向前的主导下，工作室推行了"师傅+徒弟"的传帮带模式，签订了36份《师徒协议》，制订了实际、实用、实效的培训计划。他根据不同的培训对象，通过把现场变课堂、案例当教材等多元化培训教学，有效调动了职工学业务、练技术的积极性。

如今，工作室已经成为洛阳机务段培育先进和各类技术人才的沃土。自工作室成立以来，他先后培养出了4名高级技师、17名技师、1名河南省技术能手、2名局集团公司技术能手。2016年，工作室被河南省总工会命名为河南省工人先锋号。2017年，工作室被中华全国总工会命名为全国工人先锋号。

采访手记

人才是企业发展的核心竞争力

从学员到行家里手，从业务高手到创新能手，从个人发展到团队发展，李向前的成长过程让我们清晰地看到了人才在企业发展中的重要性。

人才是企业发展的核心竞争力，尤其是在企业发展过程中自我培育起来的人才，具有鲜明的不可复制性。他们了解现场，懂得技术，明确攻关方向，是企业竞争的法宝。

人才成长需要有适合的土壤，这就犹如一棵树苗成长为参天大树一样，既要有自身顽强的生命力，又要有足够的阳光和雨露滋润。李向前和"李向前内燃机车钳工铁路技能大师工作室"的成长过程很好地说明了这一问题。

铁路科技发展日新月异。面对新技术新装备的广泛运用，如何更好地掌握运用这些新技术，推动企业可持续发展，关键还是看人才。当今社会，知识更新很快。要培养适合企业发展的人才，就要营造不断学习的良好氛围。学习力是最可贵的生命力，有了学习力才会有技术创新，才会有管理创新。就此而言，企业培养人才还需要建立良好的学习机制，营造积极的学习氛围。如是，企业才能走得更远更好。

巡防踏遍万重山

鲁朝忠 中共党员，1974年12月出生，1993年12月入路，现任中国铁路武汉局集团有限公司宜昌综合维修段恩施桥隧车间巴东巡山工区工长，先后获得全国铁路劳动模范、全国劳动模范、"中国梦·劳动美"最美职工、全国职工职业道德建设标兵个人等荣誉，反映他个人先进事迹的影片《把忠诚写在武陵山上》获中组部全国党员教育电视片二等奖。

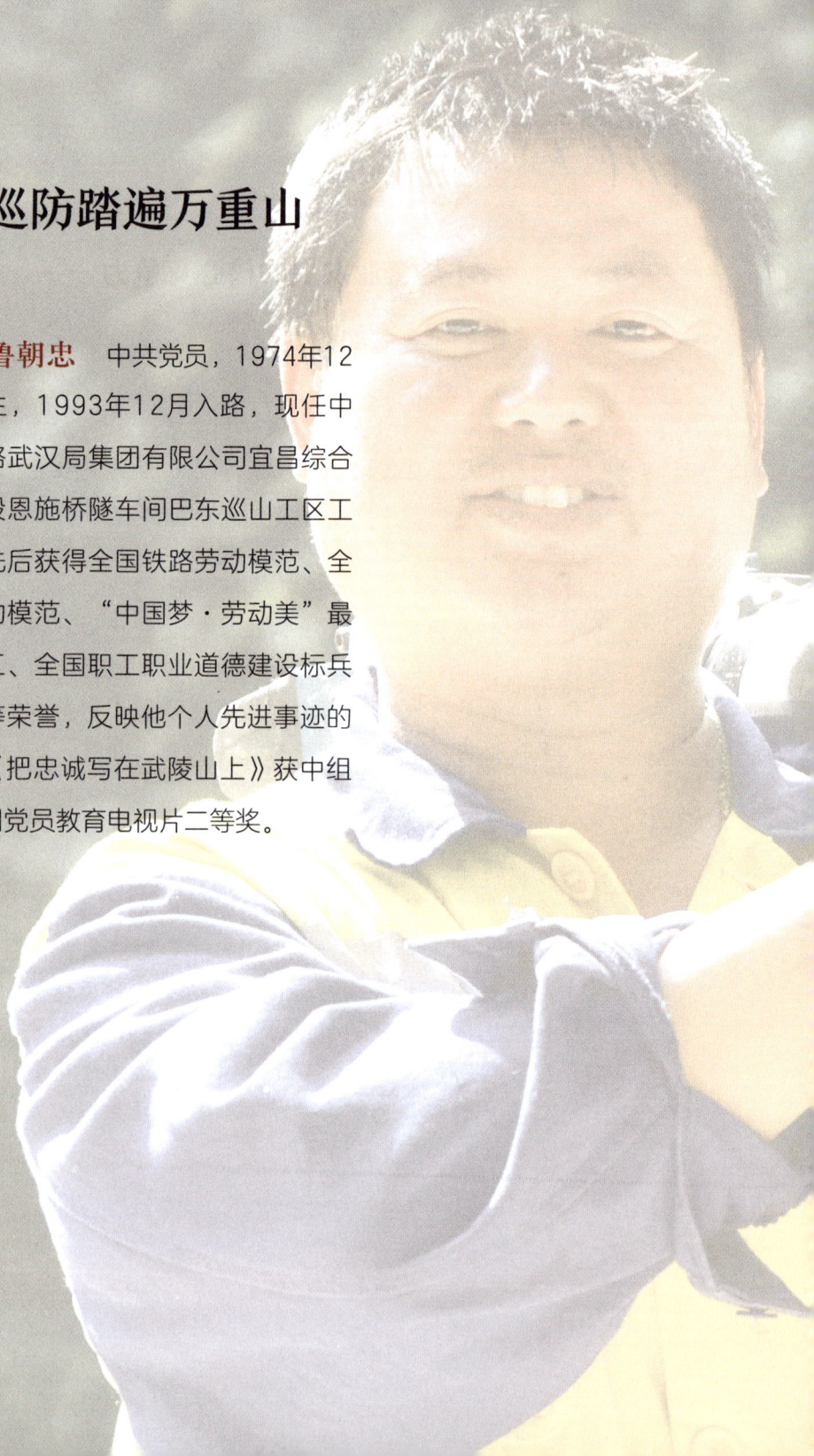

巡防踏遍万重山

——记中国铁路武汉局集团有限公司宜昌综合维修段巡山工鲁朝忠

王亚琼　秦涛　王华

彭琦/摄

　　5月的武陵山区，崇山峻岭、绿树成荫、空谷幽兰、鸟语花香，山脚下的宜万铁路犹如一条长龙蜿蜒，一列列动车组穿山洞、越山谷呼啸而过，一个个黄色身影在悬崖峭壁间披荆斩棘、矫健攀爬，缚住可能松动脱落的危石，确保铁路运输安全畅通。

　　这是宜万铁路每天都会出现的平凡场面，攀爬于悬崖峭壁间的黄色身影不是好莱坞大片里的蜘蛛侠，而是中国铁路武汉局集团有限公司宜昌综合维修段恩施桥隧车间巴东巡山工区的巡山工。个头不高、憨厚微胖却不失矫健的鲁朝忠便是这支队伍的带头人。

用双脚丈量崇山峻岭

　　5月19日，记者一行人从武汉乘坐动车到达巴东站，又坐了40多分钟的工程车，一路颠簸来到宜万铁路榔坪3号隧道出口。在挂有"宜万线K1206防洪一级看守点"牌子的简易看守棚外，宜昌综合维修段看守工周春杰指着隧道右侧山上140多米高处的几个黄点对我们说："鲁工长他们正在上面巡查。"

我们仰起头朝山顶望去，鲁朝忠和工友们像蜘蛛侠一般依附于山体上，缓慢移动，身下就是万丈深渊，还有如玉带般蜿蜒穿行于武陵大山中的宜万铁路。

2010年12月，全长377公里的宜万铁路终于建成通车，贯通了我国沪汉蓉客运大通道。据介绍，这条"钢铁蜀道"穿越地质条件复杂的武陵山脉，沿线喀斯特地形显著，河谷深切，壁立千仞，全线桥梁、隧道占线路总长的74%，被业界称为"铁路桥隧博物馆"。

地质条件的山体风化、修建铁路时隧道口的岩石松动，极易引发落石坍塌状况，而一旦有落石掉在钢轨上或砸在运行的列车上，后果不堪设想。鲁朝忠和他的工友们要做的，就是保证沿线没有石头掉下来。

"山顶上的那块危石，鲁工长从2016年8月发现有裂纹后就密切观察，刚开始石块间的裂纹才0.5厘米，3年间发展成3厘米了，而且底部有些松动，今年设为一级防洪看守，24小时值守，发现问题及时处置。"周春杰说，"从2011年来到宜万铁路后，像这样的危石，鲁工长发现了很多，也整治、清除了很多，宜万铁路至今没有发生一起因落石影响运输安全的事件。"

今年45岁的鲁朝忠参加铁路工作已有26年。他从事过很多工作，给桥梁刷

彭 琦/摄

过油漆，给立交涵洞浇注过预制板，还在铁路沿线种过树。2010年底，宜万铁路开通运营，人员紧缺，次年3月，他所在的工区整建制划拨恩施桥隧车间，组建巴东巡山工区，他便随着大部队走进了大山。

为了不让石头掉下来，他们每个月都要沿着铁路线跑，一座山一座山地巡查，为每一块危石拍照、建档，制订整治方案。正所谓"望山跑死马"，危石或悬在崖边，或立在山尖，用望远镜能看到，但要走到它跟前，却要翻过整座山。就像眼前的这座山，我们看得见鲁朝忠的身影，等他们走下山时，却是近一个小时之后了。

"现在正值汛期，雨水多，山上的土质松软，危石易发生变化，我们巡查的频次增加。今天，我们要检查两座山。"在看守点简单吃过午饭后，鲁朝忠给我们每人分发了一双手套。他在前边带路，向榔坪3号隧道出口左侧山峰前进。

"上山时要攀牢树根，小心荆棘。"他走在最前面，手拿镰刀、斧头，不时砍去挡路的小树、灌木。脚下的路仅能容下一双脚，坡度大的地方做了巴掌大的脚窝，便于攀爬，实在陡峭危险的地方，我们只能借力安全绳或者路旁的树桩，手脚并用。"这些路，都是我们开出来的。"鲁朝忠言语里透着自豪。

已确定的危石清除了，新的危石又会出现。日复一日，年复一年，鲁朝忠带领队友们多次翻越管内207座山头，用镰刀和斧头在荒无人烟的大山深处开辟出了500多条巡山之路，翻山越岭2万多公里，穿坏了20多双登山鞋，发现、建档各类危石824处，成为知晓宜万铁路危石分布的"活地图"。

上山容易，下山难。在仔细查看榔坪3号隧道出口左侧的山体岩石、确认安全后，鲁朝忠带领我们下山。山路险峻，雨后道路湿滑，攀爬了接近3个小时后，我们已是汗流浃背、腿脚发软，鲁朝忠和他的队友却依旧健步如飞、毫无疲倦之态。

行至山腰，记者一不小心，脚下一滑，眼看着就要摔倒，紧跟身后的鲁朝忠赶紧扶稳，他却因惯性摔了下去，手被荆棘划伤，小腿被石块磕出血。他起身拍拍身上泥土，找出创可贴，安慰我们："没事，这是经常遇到的事。"

用生命呵护铁道安全

看着眼前受伤的鲁朝忠，回想起上午峭壁上的那两个黄色身影，记者仍心有余悸。"危险就是我们真实的工作状态。"鲁朝忠云淡风轻地说。

山高林密，巡山时，他们经常会遇到毒蛇、马蜂。"我们经常走的一个区域是五步蛇自然保护区，一个青工巡山时曾被毒蛇咬伤，因为救助及时，才没有生命危险。"

"我们好几个人都和马蜂亲密接触过。"鲁朝忠拿出他的手机，翻开相册，一张照片里他的嘴唇无比肿胀，"它非要亲我，赶都赶不走。"鲁朝忠笑着说。有一次，他被马蜂蜇伤后，仗着体格好，没当回事，回到家便发高烧，只能赶紧去医院打针。

山路崎岖，弯多坡急，山路上还经常有石头滚下来，让人防不胜防。2014年夏天，他们正在翻越榔坪山，突然听到"轰隆、轰隆、轰——"的巨大响声，司机赶紧刹车，一块大石头径直砸了下来，落在汽车正前方，惊得大家脸色惨白。每次出车，司机必须集中注意力，耳听八方、眼观六路，大伙都不敢和他讲话。

"其实，我们最担心的，还是那些危石。"这些危石被鲁朝忠戏称为"宝贝疙瘩"。在鲁朝忠眼里，这些石头都是有生命的。"越是恶劣天气，越要经常来看它们，不能让它们乱跑乱动。"一双400多元的登山鞋，两三个月就会穿坏。

山上危石以肉眼看不见的速度变化着，为了掌握危石的变化情况，鲁朝忠采取"一拍、二插、三查"的办法辨识危石裂缝发展程度，创新总结出 "锤、垫、锚、拉、封"排石"五部曲"，他犹如蜘蛛人般悬在半空中清理危石，解除对铁路安全的威胁。

2014年7月宜万线开行动车后，他们清理危石的时间就放在21时至次日2时的"天窗"点。清理危石时，鲁朝忠是执机手，经常要悬在半空中作业。同伴们一遍遍检查他身上的安全带是否系好，安全绳系住的大树是否牢靠，然后，他下到危石旁边，双脚踩稳，用电钻把石头钻出裂缝，用锤子、撬棍剥离石块，然后和队友们一起把石块转移到安全的地方，解除对铁路的威胁。"清理危石程序多、时间长，生命全交给安全绳和队友们了。""白天看到脚下的深渊，会有一点害怕，到了夜晚，虽然看不到，但是心里更害怕。"一步踏空，也许就会掉入深渊；一不小心，也许就会伤到身体。8年间，他就这样与工友们一道，清除了600多处危石，确保了宜万铁路的安全畅通。

"只要铁路是安全的，旅客是安全的，再危险的事情我们也要去做。"鲁

彭　琦/摄

朝忠说话间，一列和谐号动车飞驰而过，瞬间便隐没在崇山峻岭之中。

用乐观战胜艰辛险阻

一天的巡查结束，我们回到位于长阳县城榔坪镇的驻地时，已是17时多。山里黑得早，18时左右便已黑透，镇上仅有的一条小街家家闭户锁门，连犬吠声都听不到。房子是租来的，室内陈设简单，唯一的一台电视只能收看4个频道。

虽然工作艰险、生活艰苦，但鲁朝忠却没有抱怨。相反，一路上，时常能听到他的笑声。

"告诉你一个秘密。"刚见面时，鲁朝忠就神秘地对记者说道，"我在这山上捡到了一本武功秘籍。""真有武功秘籍吗，是不是葵花宝典？"看着记者上当，鲁朝忠笑道："其实那是一次作业时遗失在现场的《危石处理作业指导书》，学好里面的内容，就可以当绝技在身的蜘蛛侠。"

"我们经常在山上收到红包。""前不着村，后不着店，哪来的红包？"记者一脸纳闷，鲁朝忠哈哈大笑："夏天山上蚊虫毒呀，穿得再严实，也抵不住它们执着地送礼。"

下山途中，他还会顺手把山中的兰草挖回来，种在租住的小院里，让院子有了几分诗情画意。

记者跟着他们巡山，很开心。鲁朝忠说："开心点，工作的压力就会小一点。"

晚饭时，一大锅土豆炖腊肉热气腾腾，大伙围在桌旁，边吃边说边笑。鲁朝忠的电话响了，他赶紧走出去接电话。回屋后，鲁朝忠刚刚的笑容不见了。

"怎么了？"旁边的职工关切地问道。"我妈的电话，说我爸生病住院了。"

鲁朝忠是接父亲的班到铁路上班的，对父亲，他十分尊重，父亲不仅给了他工作，也教给了他做人做事的道理。父亲退休后，便回了四川老家，虽然现在从宜万线回去方便得多，但鲁朝忠一年到头却很难见到父母一面。

不仅看不到父母，妻子、儿子也难以照顾。鲁朝忠自己的家在宜昌，坐火车回去只需2个小时，但平常一个月最多回两趟家，汛期时两个月回不了一次家，值班、添乘、抢险，铁路成了他的第二个家。2016年6月，武陵山区遭遇50年一遇的洪水，宜万线大支坪隧道出现险情，他在阴冷的隧道里参加抢险3天3夜，出了隧道才想起儿子的高考已经结束。每年过年，鲁朝忠把回家的福利让给其他工友，自己在工区里、隧道旁值守。"妻子跟着我从四川过来，举目无亲，我还不能陪她。"鲁朝忠的眼里蒙上了一层雾气。

"留在山里，离铁路近些，离那些石头近些，心里才感到安稳、踏实。"晚饭过后，鲁朝忠送我们出门，站在屋前台阶上认真地说道。他的身后，武陵山脉巍然屹立。他的身影，静默如山，伟岸如山。

忠诚担当好榜样

每个人心里都有一个英雄梦。鲁朝忠不畏山路艰险、不惧工作辛劳，一步一个脚印征服一座座山，一锤又一锤消灭一块块危石，保证了南来北往旅客的平安，成为人们心目中的英雄。

他对记者说，我的名字中有一个"忠"字，忠诚的"忠"，就是要忠诚岗位职责，忠诚铁路事业。中专毕业的鲁朝忠文化水平不高，但他认死理：单位让我负责巡山扫石，我就必须要做好。即使巡山之路危险重重，他并没有丝毫的怯懦退缩；即使远离繁华、孤单寂寞，他也不曾有过片刻的动摇和放弃。

鲁朝忠没有豪言壮举，只有脚踏实地。他始终牢记肩上的安全责任、始终保持奋进的工作状态、始终秉承乐观的生活态度，在平凡的工作岗位上为我们树立了英雄的榜样。

撑起一片晴朗的天

　　仝　洋　中国铁路郑州局集团有限公司郑州建筑段郑州绿化所生产服务班工长。1996年以来的20多年间，仝洋尽心照顾生活完全不能自理的儿子、支持从警的丈夫、参加社会公益活动、做好本职工作。仝洋2018年当选河南省郑州市人大代表，并先后获得郑州市"十佳最美母亲"和"全国铁路公安好警嫂"、郑州市二七区"巾帼标兵"、郑州局集团公司"2018·星耀家园年度榜样"等荣誉。

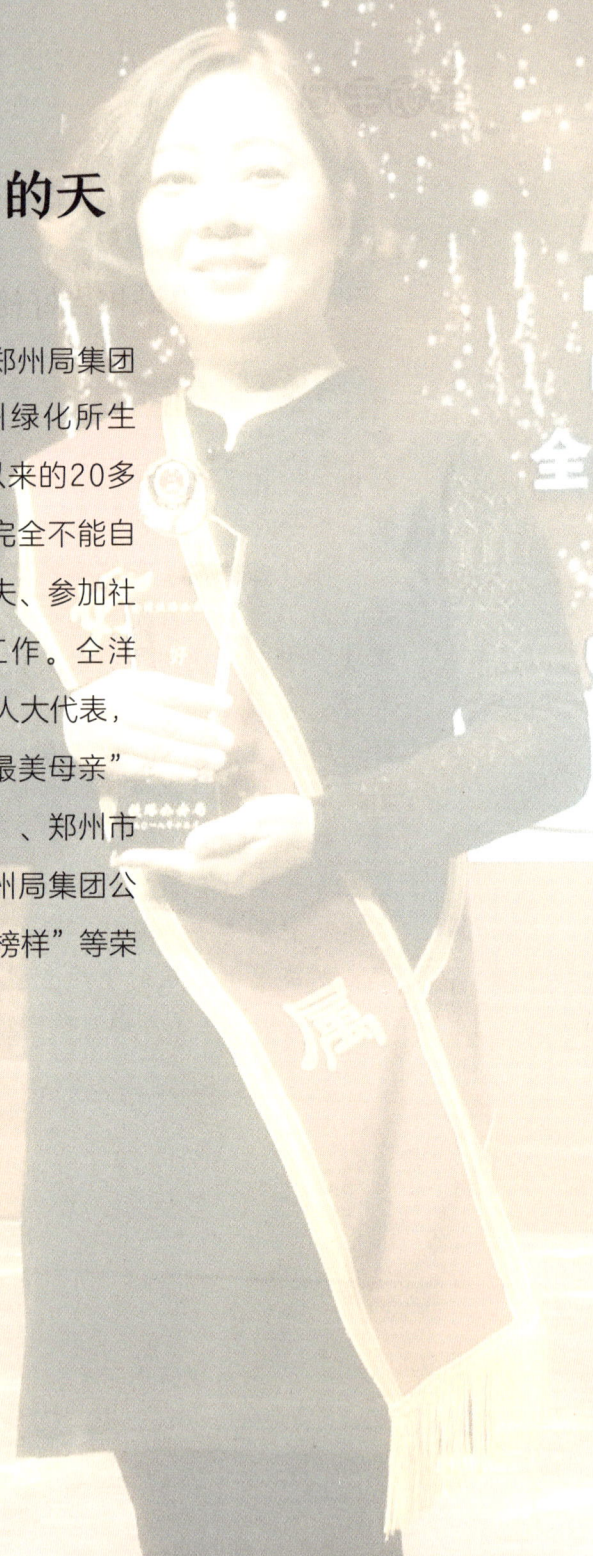

⊙仝洋在认真修剪花木。　　　　　　　　安妮妮/摄

撑起一片晴朗的天

——记中国铁路郑州局集团有限公司郑州建筑段郑州绿化所生产服务班工长仝洋

肖培清　李晶晶

2019年6月18日，骄阳灼烤着中原大地。在郑州市二七区一套50多平方米的廉租房内，崔智成平躺在一张高低床的下铺上，一副定制的支撑架吊在上铺的床板上，架子上放着一台笔记本电脑。崔智成点击鼠标，一会儿就完成了网店货品的打理。

"差不多每天都能挣到一份饭钱。"崔智成爽朗的笑声在房间里回荡，"更多的时间是上网学习。"

如果不是亲眼所见，很难相信今年24岁的崔智成是一位高位截瘫的病人。"这一切都得感谢妈妈。"说到妈妈，小崔阳光的笑容突然凝固，晶莹的泪珠涌出了眼角。

小崔的妈妈叫仝洋，是中国铁路郑州局集团有限公司郑州建筑段郑州绿化所生产服务班工长。自打儿子得病以来，仝洋用博大的母爱、不屈的意志、浓浓的善心、阳光的心态，给家庭、单位和社会送去了一缕缕和煦的春风。仝洋2018年当选河南省郑州市人大代表，并先后获得郑州市"十佳最美母亲"和"全国铁路公安好警嫂"、郑州市二七区"巾帼标兵"、郑州局集团公司"2018 · 星耀家园年度榜样"等荣誉。

承受着痛苦与责任的百炼千淬，用伟大的母爱撑起一片晴朗的天

6月18日上午，阳光透过窗子洒在铺位上，也洒进了崔智成的心里。"我最近又交了几个新朋友……"在这个大男孩眼里，苦难仿佛离他很遥远。

1996年春，在崔智成9个多月大的时候，全洋发现儿子下肢无力，一扶他站立他就不停地哭。到医院检查，崔智成被确诊患脊柱裂、脊髓脂肪瘤。为给儿子看病，全洋几乎跑遍了全国各大医院，却得到同一个结论：目前医学上对这种疾病还没有治愈的办法。面对这一晴天霹雳，全洋的心理防线经历了无数次坍塌与重建。"既然无法逃避，那就选择坚强，让苦涩的日子尽量多一些快乐。"全洋开始规划儿子的将来。

儿子的痛苦，在母亲那里是加倍的。崔智成的病，全洋看在眼里、痛在心里，除了在生活上无微不至地照顾，儿子的心理健康是她最关心也是最担心的。"接触社会是他必须面对的，也是他走出心理阴影的必由之路。"全洋告诉记者，在崔智成11岁的时候，有一次带他外出吃饭，几个小朋友看他坐在轮椅上，便多看了几眼，这让崔智成感到闷闷不乐。

"妈妈，他们老看我！"儿子的想法让全洋心里很不是滋味。她微笑着对儿子说："每个家庭、每个人都会遇到不同的困难，你只是病了，这并不丢人。"接着，全洋把儿子推到人中间："来，孩子，你坐在这儿时，你会不会看别人？""会。"儿子回答。"那就对了，你会看别人，别人也会看你。所以，你不必在意别人的眼神。"全洋的话，化解了儿子心里的郁闷。

驱走了心理上的阴霾，崔智成不再拒绝外出。2016年，全洋带着儿子来到山东日照。"看到大海的那一刻，感觉天空真的好宽广、个人好渺小呀，然后整个人就豁然开朗了。"回忆当初，崔智成还是很兴奋。

崔智成很聪明，四五岁时就能读报纸了。"是妈妈教我学会了汉语拼音。"只要一提到妈妈，崔智成脸上就会荡漾起幸福的笑容。掌握了汉语拼音，崔智成很快找到了让精神富足的"大门"。阅读、写作、学习……自此，时间不再难熬。后来，有好心人给崔智成介绍了一份网络销售的工作。崔智成说："我想靠自己的努力帮家里减轻些经济压力。虽然收入不高，但我觉得挺

充实的。"

崔智成眼里的妈妈，是长辈，但更像是朋友，他们每天一起吃饭、一起交谈，一起去外面看世界、一起期待明天。"不管发生什么事，妈妈永远是笑吟吟的。"崔智成说，"妈妈是全家的精神支柱。她的笑能融化整个世界。"正是在仝洋的鼓励与感染下，崔智成坦然接受了现实，并交到了许多朋友，有了自己的生活圈子。

"其实，我就是试图通过自己的努力，把阳光与快乐传递给孩子。"仝洋说。

承受着痛苦与责任的百炼千淬，仝洋用伟大的母爱为儿子撑起一片晴朗的天空，也给人们树立起了一座坚强、勇敢、乐观的丰碑！

背负着职责与梦想破茧成蝶，
用不屈的意志塑造展示人生的美丽

"仝洋笑对艰辛人生……用行动温暖一座城。"2019年1月10日，中国铁路郑州局集团有限公司举办"2018·星耀家园年度榜样"颁奖典礼。仝洋的事迹让她身边的姐妹汪楠林惊叹不已："她工作那么投入，干得又是那么出色，没想到家里负担那么重。"

"如果不了解，从她脸上根本就看不出心里的苦来。"

"他爱人是'2017·星耀家园年度榜样'呢。"

6月18日，记者到仝洋工作的班组采访，仝洋工作中的表现，在班组的姐妹中也是有口皆碑。

仝洋负责的班组有18名职工，承担着郑州局集团公司机关院内的绿地养护、绿化所院内800多盆绿色植物的管理以及节假日部分公共场所花卉造型设计摆放等工作。这些活儿看起来清闲，真正干起来不仅琐碎，而且需要一定的专业知识和经验积累。

前段时间，她发现机关院内的几棵合欢树频繁掉叶子，打了杀菌药和除虫药也没有明显改善。她上网查找原因，并根据网上提供的方法，不断尝试农药的配比方式及使用方法，没多久，合欢树就变得郁郁葱葱了。

在班组姐妹眼中，仝洋是一个特别细心的人。工作中遇到的"疑难杂症"，她们都会找仝洋出主意。这时，仝洋就会拿出她的"秘籍"：一本写了

33页，记录着各种苗木生长特性、发病时间、治疗方法的小本子。

每年开春，法桐树上草履蚧泛滥。为了根治草履蚧，她尝试过打农药、在树干上贴胶带等办法，但效果都不理想。她仔细研究草履蚧生长特性，尝试着在草履蚧孵卵期就把药物洒在树根周围，同时在树干上刷农药。如此往复3年，草履蚧的数量得到了有效控制。像这样的"方子"，在仝洋的小本子上还有很多。

在班组职工眼中，仝洋把管护的花草、树木也当成了自己的孩子。采访时，班组包保干部桑园给记者讲述了这样一件事：前段时间，一家施工单位改造暖气管网，损坏了机关院内的一块绿地和苗木。仝洋巡检发现后立即向上反映，损毁的苗木得到了及时补植。郑州绿化所党支部书记窦忠道告诉记者，仝洋有个习惯，她出门的时候，只要看到造型有特色的花卉，她就会用手机拍下来，反复观看琢磨。每逢节假日，所里接到摆放花卉的任务，都是由仝洋设计指导。2019年"五一"，她带领班组职工完成了5000多盆花卉的造型设计及摆放工作。

"要干就干好。"这是仝洋的梦想，也是她的境界与胸怀。这些年来，她从未因家里的事情影响工作。她爱人崔晓春是郑州铁路公安处郑州站派出所的民警，工作十分繁忙。仝洋总是站在他身后默默地支持，尽量不让他因家庭分心。这些年来，崔晓春抓获公安机关通缉的逃犯43名，荣立个人二等功1次、三等功4次。

肩负着职责与梦想破茧成蝶，仝洋用不屈的意志塑造并展示人生的美丽。她用细心与巧手装饰着生活，也用坚强与自信净化着人们的心灵。

怀揣着人间真情与大爱一路前行，
用善举彰显着人性的光辉

时光温柔，岁月与苦难并没有在仝洋脸上留下太多的痕迹，49岁的她依然风姿绰约、举止优雅、双眼清澈、笑靥如花。

业余时间，仝洋会带着儿子参加一些社会公益活动。采访时，仝洋的一句"做公益会上瘾"让记者心中一震。"除了感恩外，我也想通过参加公益活动，让孩子体会人间冷暖，感受人间大爱。"仝洋告诉记者，起初，她只是想带儿子看看这世界的疾苦，希望儿子能在帮助别人的过程中实现自己的价值。可意想不到的是，儿子和她都收获了满满的快乐与幸福。

安妮妮/摄

　　全洋给记者讲述了这样一个故事：在河南嵩县山里，有一个跟崔智成年龄相仿、患有同样疾病的孩子，孩子小时多次被遗弃，几经辗转，最后被现在的父亲收养。这位父亲家境贫困，无力为孩子配置轮椅，孩子全靠一双手撑着爬行。由于胸部以下毫无知觉，孩子的腿脚经常被磨破引发感染，导致高烧。医生建议孩子手术截肢，但他们筹不到手术费用。全洋母子得知后，积极和其他爱心公益人士联系，筹集善款。孩子手术后，他们又给孩子家办了一个养鸡场，并开了一家网店，销售鸡和鸡蛋。如今，这个孩子已经能够自食其力。

　　这次公益活动，深深打动了崔智成。自此之后，崔智成十分热心公益事业，从不吝惜伸出自己也需要帮扶的手，尽管自己只有低保和网络销售的微薄收入。"参加公益后，儿子比从前更敞亮更快乐了。"全洋说。

　　"这个世界的穷救不完，病也治不光，但我们可以通过做一些力所能及的事情，唤醒人们的善意和爱心，并从中感受快乐。"参加公益后，崔智成的思想发生了很大的转变，并时常与母亲交流心得。

　　逢年过节，全洋都会积极参与郑州"羊肉哥"公益组织活动，给残疾人、环卫工人送羊肉；到河南省未成年人戒毒所对孩子们开展心理帮扶；参与关心关爱自闭症儿童事业。她还多次受邀到企事业单位、学校、社区等举办的道德讲堂上宣讲，传播正能量。

　　"做公益能让人体会到人性的温暖。"全洋告诉记者，她每参加一次公益活动，心灵就像洗涤过一遍，内心愈发澄澈，她说她喜欢这种感觉。这或许就是她保持年轻的秘诀。

　　怀揣着人间真情与大爱一路前行，全洋用善举彰显着人性的光辉。

采访手记

爱的力量无法阻挡

采访完仝洋，记者想到了巴尔扎克的一句名言：世界上的事情永远不是绝对的，结果完全因人而异。苦难对于天才是一块垫脚石，对于弱者是一个万丈深渊。从仝洋身上，我们感受到了生命的高度和深度。

母爱，是人类最本真的情感，是不枯的河流、不死的树木。崔智成是不幸的，但他也是幸运的，因为他有一位伟大的母亲。仝洋用行动告诉我们，再多的困苦都不能阻挡爱的力量，再重的压力都不能遏制生命的蓬勃，再多的困难都无法拖住生活前行的步伐！

生活中，当我们无法避开苦难和不幸时，如何面对就显得尤为重要。20多年的含辛茹苦，20多年的坚守陪护，20多年的扶残助残，20多年的忘我工作……仝洋用乐观、自强、担当、爱心诠释着生命的意义，书写了人生的美丽篇章。

"巴山精神"的忠实实践者

王庭虎　中国铁路西安局集团有限公司安康工务段巴山线路车间巴山线路工区党支部书记、工长，入选中央电视台《感动中国》2014年度推荐人物，曾获得全国劳动模范、"中国好人榜"敬业奉献好人、感动陕西十大人物、全路百名标杆班组长以及全国五一劳动奖章等多项荣誉。

李珂/摄

『巴山精神』的忠实实践者

——记中国铁路西安局集团有限公司安康工务段巴山线路车间
巴山线路工区党支部书记、工长王庭虎

唐茹

"峰有千盘之险，路无百步之平。"这里是全国集中连片贫困地区之一——秦巴山区。

2019年6月25日清晨，一场夏雨后，云雾山岚笼罩着大巴山。在襄渝线旁的安康工务段巴山线路车间巴山线路工区，党支部书记、工长王庭虎声如洪钟，带领大伙儿进行安全宣誓："设好防护，不走道心，下道及时，珍惜生命。"

"安全宣誓是一堂工前必修课，多年来雷打不动，目的就是提醒包括我在内的每名职工不忘养路人初心、牢记铁路人使命，不给'巴山精神'抹黑。"王庭虎介绍道。

王庭虎脸庞黝黑，走路脚下生风，认准一件事就有股坚韧不拔、敢干敢拼的虎劲儿，被工友们亲切地称为"巴山虎哥"。

1988年，19岁的王庭虎走进孕育"巴山精神"的巴山线路车间，成为一名养路工，至今31年坚守岗位。31年来，他从师傅手上接过接力棒，守护襄渝线最难养护的一段线路，带领工区职工实现了31年安全无事故。

31年钟情大巴山

四等小站巴山站建在千仞绝壁处，站台位于凌空飞架的桥上，桥如沉入山谷的弯月，一头钩着黑水河钢梁桥，另一头嵌入大巴山隧道群。

巴山线路工区坐落在桥头逼仄之地，管辖12公里线路设备，集中了襄渝线最高的桥梁、最长的隧道、最小的曲线半径和最大的坡度区段。

在山下的展览馆里，发黄的史料揭示了"巴山精神"的孕育史：20世纪70年代，铁道兵挺进秦巴山区，用鲜血和汗水建成了襄渝线。此后，乘着改革开放的春风，一代代铁路人来到巴山，巴山线路车间党总支带领党员群众秉承筑路烈士遗志，战胜艰难困苦，确保铁路大动脉安全畅通，培育了以"艰苦奋斗、无私奉献、务实创新"为基本内涵的"巴山精神"，在路内外引起强烈反响，被陕西省委誉为"新时期的延安精神"。在全国召开的培育和践行社会主义核心价值观工作经验交流会上，中国铁路西安局集团有限公司作了弘扬"巴山精神"的交流发言。

"在巴山工作31年来，我感受最深的是扑下身子实干，确保'先天不良'的线路设备安全畅通。"王庭虎说。1988年，他被分配到车间所辖的松树坡线路工区。松树坡紧邻巴山站，环境更为艰苦。他和工友时刻牢记第一代巴山养路人解和平所说的一段话。

"解师傅说：'巴山的条件再苦，它也在共和国的版图上。铁路修到这里，总要有人来养护。我们不来，别人就得来。既然来了，在一天就要干好一天。'"王庭虎说，"襄渝线是一条流着烈士鲜血的大动脉，我们要是养不好，实在对不住筑路烈士们。"

大巴山2号隧道堪称"地质博物馆"，曾被列为全路重点病害区段，常年翻浆冒泥，病害不断，起初列车限制时速15公里。几位外国专家来查看后，给隧道判了"死刑"：要么报废，要么重建。

巴山职工们偏不信，在阴冷潮湿的隧道里，一代接着一代整修线路设备，硬是将列车经过大巴山隧道的时速提到了60公里。2000年，王庭虎调到巴山线路工区任工长，带着大伙儿继续铆足劲儿干，使列车经过大巴山隧道的时速达到90公里，把一条"担心线"建成了"放心线"。

入路第二年，王庭虎就把自己的户口从安康市迁到巴山乡，至今没迁走。

安康工务段曾多次对长年在巴山等艰苦站区工作的职工进行岗位调整。可每次，王庭虎都主动要求留下。他说："我的青春留在了巴山，我已经和巴山融为一体了。"

31年安全无事故

6月25日，持续了几天的夏雨停了下来。王庭虎提着道尺，背着工具包，和工友们一起巡查线路。他趴在道床上，耳朵贴近锃亮的钢轨，虎视眈眈地扫描着线路。他说："身子只有趴得够低，才能精准目测钢轨的平滑度。"

王庭虎的眼睛黝黑明亮，他目测过的钢轨水平度和弯道平顺度，堪比用弦绳、水准仪测量过的。多年来，他几乎从未看走眼。

钢轨的轨距水平关系到列车是否能够平稳运行。全路钢轨以1435毫米轨距为基准，大6毫米、小2毫米都在合格范围内，而巴山标准是"1435毫米±1毫米"，只允许有1毫米的正负误差，比国家标准更严格，而且是在襄渝线曲线半径最小的山区区段。

王庭虎这样解释巴山标准："标准松一格，火车通过时的风险就增一分。千千万万旅客的生命安全攥在养路人的手里，检查必须精细精细再精细。"

李　珂/摄

　　王庭虎检查钢轨时习惯用检查锤轻轻敲击钢轨，根据锤子的弹跳和钢轨的回声，判断钢轨焊缝有无异常。"好钢轨的回音响亮、持续，弹跳长而均匀；有伤或者有裂纹的钢轨，声音发木，弹跳短而不匀。"这是王庭虎总结出的验伤秘诀。

　　工区所辖的12公里线路，有22080根枕木、88320套扣件，每次巡查，王庭虎和工友们都一个不漏地检查，他们用1.1万次弯腰换回1.1万个数据。31年来，凭借脚功、眼功、耳功、手功和仪器检测，他们消除了数千起安全隐患。

　　"铁路发展日新月异，要挑起工长担子，扛好'巴山精神'旗帜，只有坚持不懈地学习，琢磨线路养护新方式。"王庭虎说。一次，他到一家啤酒厂参观，看到自动生产线上一罐罐啤酒齐刷刷地出来，受到启发，提出"工厂化"单元修线路养护模式，将12公里线路每隔200米划分成一个单元，按照轻重缓急，每次集中力量全方位养护，把每个单元都做成精品。

　　对钢轨高低平顺出现反复的地方，王庭虎绝不放松。每次回家探亲，他都选择坐火车，上车后倒一杯水放在面前，观察水的变化。他说："钢轨下面藏暗坑，容易形成隐蔽的'空吊'病态，平常检查发现不了，但列车驶过时钢轨会下沉，从而引起水晃动。"通过这种检测方法，他发现了晃车仪都测不出来的隐患。

　　接过工长的接力棒后，王庭虎不断创新工作方法，探索出道岔养护四步法、大兵团移动式作业等线路养护法，保证了线路设备优良运行，实现安全生产31年，也确保工区安全生产持续稳定。

31年守护"传家宝"

　　每年4月下旬，巴山站区就有几天彩旗飘扬，上千名铁路职工和当地群众喜迎大山深处的"小奥运"——巴山路地群众运动会。王庭虎说："运动会至今已举办了38届，是全国开展群众体育运动的一个品牌，也是弘扬'巴山精神'的一个方面。"

　　1981年，在地无三尺平的河滩上，巴山职工们平整出半个篮球场，举行了首届运动会，此后，运动会每年举行一次，站区职工、守桥武警、巴山老乡和中小学生纷纷参与。除了举行运动会，篮球场还经常举行表演比赛、办篝火晚会。

　　王庭虎到巴山后，带领大伙一起共建文化家园，从办运动会、架水管引山泉到建文化长廊、修路地和谐广场⋯⋯31年不间断。以前，工区到车间驻地是一条条陡峭山路。王庭虎担任巴山线路工区工长后，带着职工移石运土，开山凿路，铺就了巴山"创业一路""创业二路""创业三路"。

在一次次火热实践中，王庭虎体会到了团队合作的强大力量。他把弘扬"巴山精神"作为"传家宝"，倡议工区成立"学雷锋爱心小站"，和工友们一起为巴山乡修路架桥，给孩子们捐款助学。

然而王庭虎的生活担子并不轻松，他既要赡养80多岁的老母亲、照顾因病停职在家的妻子，又要承担儿子的上学费用，每个月的工资都捉襟见肘。尽管如此，他还是拿出部分奖金，资助多名巴山孩子完成学业。

每年都有一些年轻人来到巴山工作。为留住这些青工，每年清明节，王庭虎都带领他们为巴山筑路烈士扫墓、描碑文，每月都组织他们参观"巴山精神"荣誉室，观看反映巴山铁路人奋斗史的纪录片《巴山路魂》，引导青工们找准人生坐标。

2011年，青工吉文佳被分配到巴山工作，第一次巡查大巴山隧道就走了一天的路，晚上回到宿舍，又累又困，想起家乡和父母，不觉泪流满面，犹豫要不要留下来。一次执行完雨中夜查任务时，突然下起了大雨，吉文佳浑身都湿透了。结果他一回到工区，师傅王庭虎就送来了干净的工作服，并打开暖气帮他烘干了湿衣服。当时吉文佳就决定留在巴山。

在工作中，王庭虎毫无保留地传授青工线路养护方法，并在一次次施工作业中激励年轻人成长。2014年，吉文佳成为新麻柳线路工区工长。

在巴山工作的日子里，王庭虎用激情和责任给职工树立了榜样，让职工的心安定下来。他先后培育了10多名优秀青工走上工班长、管理干部岗位，这些年轻人就像一粒粒种子，将"巴山精神"根植于新的岗位，不断发扬光大。

采访手记

保持本色　坚定向前

　　人们对"巴山虎哥"的喜爱，在于他身上体现出来的一种气度：不管外面的世界多么精彩，他都耐得住山区的寂寞和清贫，在艰苦的工作、生活环境中成为一个"巴山精神"的忠实实践者，始终保持着坚韧不拔、敢拼敢干、冲锋在前的本色。

　　31年来，王庭虎一直记着老巴山铁路人的重托，始终坚守"巴山标准"，不实现安全目标绝不罢休。在一次次面对小站和大站、小家和大家的选择过程中，他不断调整自我，以一种勇担当、真作为的态度展现了"巴山虎哥"的敬业风采。

　　聚焦"交通强国、铁路先行"，深化"强基达标、提质增效"，我们需要干部职工像王庭虎这样奋勇向前、无所畏惧，立足本职岗位，接续奋斗，主动担起当代铁路人的职责和使命，推动铁路高质量持续健康发展。

"高铁上硬币不倒"
背后的秘密

吕关仁　中国铁路济南局集团有限公司工务部提高工资待遇高级工程师。1964年出生，1984年入路，享受国务院政府特殊津贴。曾获得中国国家铁路集团有限公司"百千万人才"工程专业带头人、山东省有突出贡献的中青年专家、茅以升铁道工程师奖、詹天佑铁道科学技术奖等多项荣誉。先后担任山东省第九、十、十一、十二届政协委员。

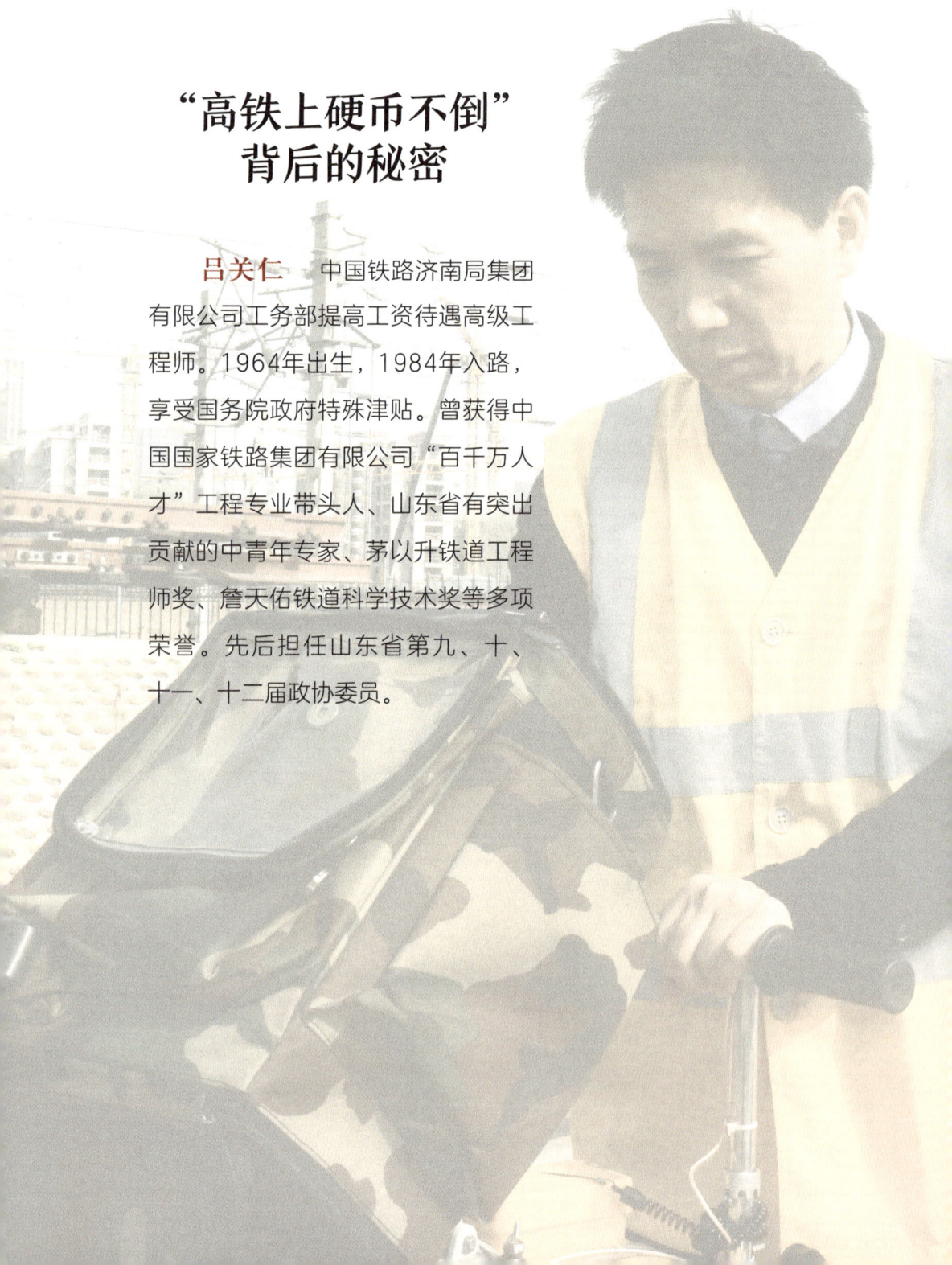

『高铁上硬币不倒』背后的秘密

——记中国铁路济南局集团有限公司工务部提高工资待遇高级工程师吕关仁

李锡秉

李晓龙／摄

在中国铁路济南局集团有限公司，有一位铁路工务系统的专家，被誉为"大国工匠"、中国高铁的"平顺大师"。一提到他，大家都会竖起大拇指。他就是新时代铁路榜样、济南局集团公司工务部提高工资待遇高级工程师吕关仁。

吕关仁入路30余年来，怀揣梦想，与时俱进，不断研究探索铁路线路维护技术，先后主导了21项中国铁路科研项目，其中13项获省部级科技进步奖，为规范我国高速铁路工务规章制度建设和工务轨道养护维修管理发挥了积极作用。他用一名铁路人的奋斗与拼搏、责任与担当，用心呵护着中国高铁这张闪亮名片。

心无旁骛，致力工务技术研究创新

3月27日，记者在吕关仁办公室采访时看到，办公桌上除了中间放着一台电脑外，周边整齐摆放的全是铁路工务技术方面的专业书籍。他的书橱内也放满了这类书，书橱上面还有装满书的纸箱。整个房间简直就是一间小型图书室。"这是我工作30余年来，学习使用的各类专业书，放在这里，随时都可以查阅。"吕关仁微笑着告诉记者。

"加强工务科技研究，将研究转化为实际成果，提高生产力"是吕关仁长期坚持和践行的工作准则。20世纪90年代，我国铁路小曲线半径钢轨侧磨问题十分突出，有的使用寿命仅10个多月。为此，吕关仁通过对减缓曲线钢轨磨耗问题反复研究，终于在2001年成功研制了曲线钢轨干式润滑技术，可延长钢轨使用寿命1倍以上。如今，该项技术已作为钢轨养护的一项重要技术，在全路推广应用，并取得了显著的经济效益。

2008年以来，为尽快形成高速铁路线路维护成套技术，吕关仁作为主要研究人员，先后完成了"京沪高速铁路黄河特大桥桥上线路维修技术研究""京沪高速铁路基础设施监测技术研究"等多个中国铁路总公司科研项目。10余年来，这些科研项目的成果为掌握高速铁路轨道变化规律、构建高速铁路基础设施监测技术体系等提供了有力的技术支撑。

"我的左右手都能操作鼠标。"吕关仁笑着给记者秀了这一手绝活。每一项高铁技术研究，都离不开现场测试、数据采集，长时间使用计算机的他，右

李晓龙/摄

手成了"鼠标手"，经常疼痛难忍，吕关仁只好练就了"左右开弓"的能力。

2013年，吕关仁担任了《铁路工务技术手册·轨道》的主编。经过1000多个日日夜夜不停撰写、不断修改，该手册已于2017年出版。这本工具书内容全面，实用性强，对我国铁路工务轨道养护维修、管理、学习和培训工作具有重要指导作用。"干技术、搞科研，要心无旁骛，宁静才能致远。"吕关仁说。

近3年来，为进一步完善普速铁路线路维护管理体系，提升线路设备质量，适应深化工务维修体制改革的需要，总公司开展了《普速铁路线路修理规则》（以下简称《规则》）的修订工作，吕关仁全面参与《规则》修订，该《规则》已于2019年4月1日起正式施行。《规则》中首次纳入应用钢轨保护技术，将60 kg/m钢轨无缝线路大修周期的通过总质量由700 Mt提高到1000 Mt，可延长钢轨使用寿命43%；将75 kg/m钢轨无缝线路大修周期的通过总质量由900 Mt提高到1500 Mt，可延长钢轨使用寿命67%。

为加快大数据、"互联网+"等信息技术与工务维护管理的融合，吕关仁主导完成了"铁路工务设备维护管理分析决策系统"科研项目研究。该项目对科学指导设备修理，合理控制设备修理成本，全面提高工务设备修理决策的针对性、科学性、时效性和经济性，促进"数字工务、网络工务、智能工务"建设具有重要意义，并于2018年12月通过了济南局集团公司组织的技术评审。

吕关仁还是济南局集团公司铁路线路维护技术专家工作室的首席导师。他从近千篇中外论文中精选了近20年来世界高速铁路线路维护领域知名专家的百篇文章，编印了《高速铁路线路维护论文选编》，供专家工作室成员学习。他在全路举办了30场专题讲座，为推进工务技术交流和人才培养做出了积极贡献。

走上舞台，宣讲中国高铁发展成就

站在高铁技术发展的前沿，吕关仁对中国高铁一直满怀深情。1995年，吕关仁到国外学习，有机会接触高铁技术。他异常珍惜这难能可贵的学习机会，每堂课都认真听讲，提出的问题也最多。回国时，他的一个背包里全是书籍资料，有人建议他打包寄回，但他坚持自己背回来，因为这些东西是他最珍贵的宝贝。

2012年国庆假期，为配合完成《中国高速铁路工务技术》的编写，他完成了4万多字的书稿，交稿后他自言自语道："这个国庆节过得真充实。"

2013年，吕关仁再次被委派到国外参加高铁工务维修技术培训。他白天参加培训，晚上撰写培训总结，回国后就向总公司运输局工务部提交了厚厚的一本培训总结报告，成为全路工务系统学习交流的资料。

总公司发布的《高速铁路工务安全规则》《高速铁路有砟轨道线路维修规则》《高速铁路运营期基础变形监测管理办法》等多项规章制度的审查或编写人员中均有吕关仁的名字。

梅花香自苦寒来。2018年，我国迎来改革开放四十周年。11月29日，国务院新闻办公室举行中外记者见面会，邀请5位中国高铁一线工作者，围绕"改革开放与中国高铁发展"，与中外记者见面交流。吕关仁作为高铁一线职工代表，介绍了参与高铁线路维护技术攻关、为中国高铁发展和运行安全提供技术支撑的历程以及面对中国高铁从追赶者变身领跑者的切身感受，回答了媒体记者提问，畅想了中国高铁未来发展的美好前景。其中，吕关仁生动描述中国高铁"稳、顺、平、检、修"，解答了如何实现高铁线路高平顺性，揭秘了"高铁上硬币不倒"背后的原因，受到国内外广泛热议。

12月10日，吕关仁在G111次列车上参加了中宣部组织的中外媒体记者采访活动，他从高速铁路线路基础设施管理角度介绍了建设好、管理好高速铁路的秘诀：先进的设计、严格的施工、科学的维护和人才的支撑，向世人展示了中国高铁的发展成就。

2019年春运期间，有一趟高铁在经过京沪高铁济南黄河大桥时出现了轻微晃车，吕关仁负责牵头检修，一连几个晚上，他们对大桥上的整组钢轨一寸一寸进行检测，排查原因，3毫米的误差问题得到解决。央视新闻频道《新春走基层》栏目以《为了这三毫米》为题报道了此事，在社会引起强烈反响。网友纷纷留言："正是因为铁路人毫厘之间的追求，旅客才有了'高铁竖硬币'的乘车体验。""为了那3毫米，在大国工匠的眼中，'失之毫厘，谬以千里'。正是这种工匠精神，才创造了一个又一个中国奇迹。"

"我现在正按照总公司工电部的安排，参加《高速铁路无砟轨道线路维修规则》和《高速铁路有砟轨道线路维修规则》的修订，争取早日完成。"吕关仁激动地对记者说。

随着中国高铁快速发展，吕关仁深深感觉到"本领恐慌"。"建设高速铁路不易，作为高铁线路维护技术人员，管理好高速铁路更难。""高铁在祖国大地上奔驰，时不我待，只有不断学习钻研，充分掌握这些高铁养护规律、创新进取，我们才能在技术上保持领先。"吕关仁说。

不忘初心，饱含爱路爱家高尚情怀

1980年，年仅16岁的吕关仁以优异成绩被西南交通大学铁道工程专业录取。1984年，大学毕业后的吕关仁被分配到济南铁路局工作。

虽然远离家乡，但品学兼优、聪慧好学的吕关仁很快适应了在兖州工务段的见习工作。一年后，他来到临沂工务段线路室负责线路维修。向师傅学、向现场学，吕关仁如饥似渴地钻研业务，这一干就是3年。吕关仁的业务水平逐渐得到了领导和同行的认可。

由于表现突出，1988年，吕关仁被调到兖石临管处技术科，从事工务技术工作，吕关仁在大学期间学到的书本知识得到了充分应用。1991年，27岁的吕关仁被调到济南铁路局工务处工作。舞台更大了，吕关仁更加好学了。

每天7点前到办公室，先学习技术业务一个小时，是吕关仁多年来养成的习惯。中国高铁运营之初，为了便于学习外文资料、吸收借鉴国外先进的工务管理技术，他每天随身携带一本《英汉铁路工务工程词汇》，上面写满了标注。时至今日，这本厚厚的《英汉铁路工务工程词汇》依然在他办公桌上的醒目位置，只要有空闲，他就认真翻阅学习。

吕关仁的老家在浙江省东阳市千祥镇南山干村。谈到老家，吕关仁兴奋不已，南山干村是涵养了他聪慧睿智的地方。从儿时记事起，父亲那句"勤俭持家久，诗书继世长"的殷切教导就一直在他的耳边萦绕，也让他养成了读书学习的好习惯。

"每个周末，我都打电话问候父母。"说到这儿，吕关仁眼眶湿润了，他为自己不能在父母身边尽孝感到内疚。浓浓亲情不断转化为吕关仁前行的力量。"中国高铁发展已经走过了10余年，在保证安全可靠性、高平顺性的同时，还需不断提升其科学性与经济性。今年我确定了高铁线路维护技术研究课题，努力为高铁发展多做贡献。"吕关仁信心满满地对记者说。

采访手记

专心专注　矢志不移

吕关仁从事铁道工务技术36年来，立足"专心专注本职岗位，把专业技术当作自己一生职业来做"的目标，干一行、爱一行、精一行，始终如一。

"一个人怎样给自己定位，将决定其一生成就的大小，志在顶峰的人不会永远落在平川。"正是有了这种人生定位，吕关仁大学毕业入路后，专心致志，潜心研究铁路线路维护技术，成为了中国铁路工务系统的知名专家。

吕关仁已年过五十，依然不忘初心，专心致力于学习钻研和技术创新，从未停止探索高铁线路维护技术的脚步。

知之者不如好之者，好之者不如乐之者。愿我们每名干部职工都像吕关仁一样，怀揣梦想、热爱岗位、善学勤做、矢志不移、奋勇担当，在平凡的岗位上干出不平凡的业绩，实现自己的人生价值。

爱较真的"亮哥"

宿　亮　中国铁路济南局集团有限公司济南电务段滕州信号车间两下店信号工区工长、高级技师，曾获得火车头奖章以及山东省劳动模范、济南局集团公司十大安全标兵等多项荣誉。他初心不改，勇担使命，扎根工区，拼搏奉献，先进事迹被广泛传播。

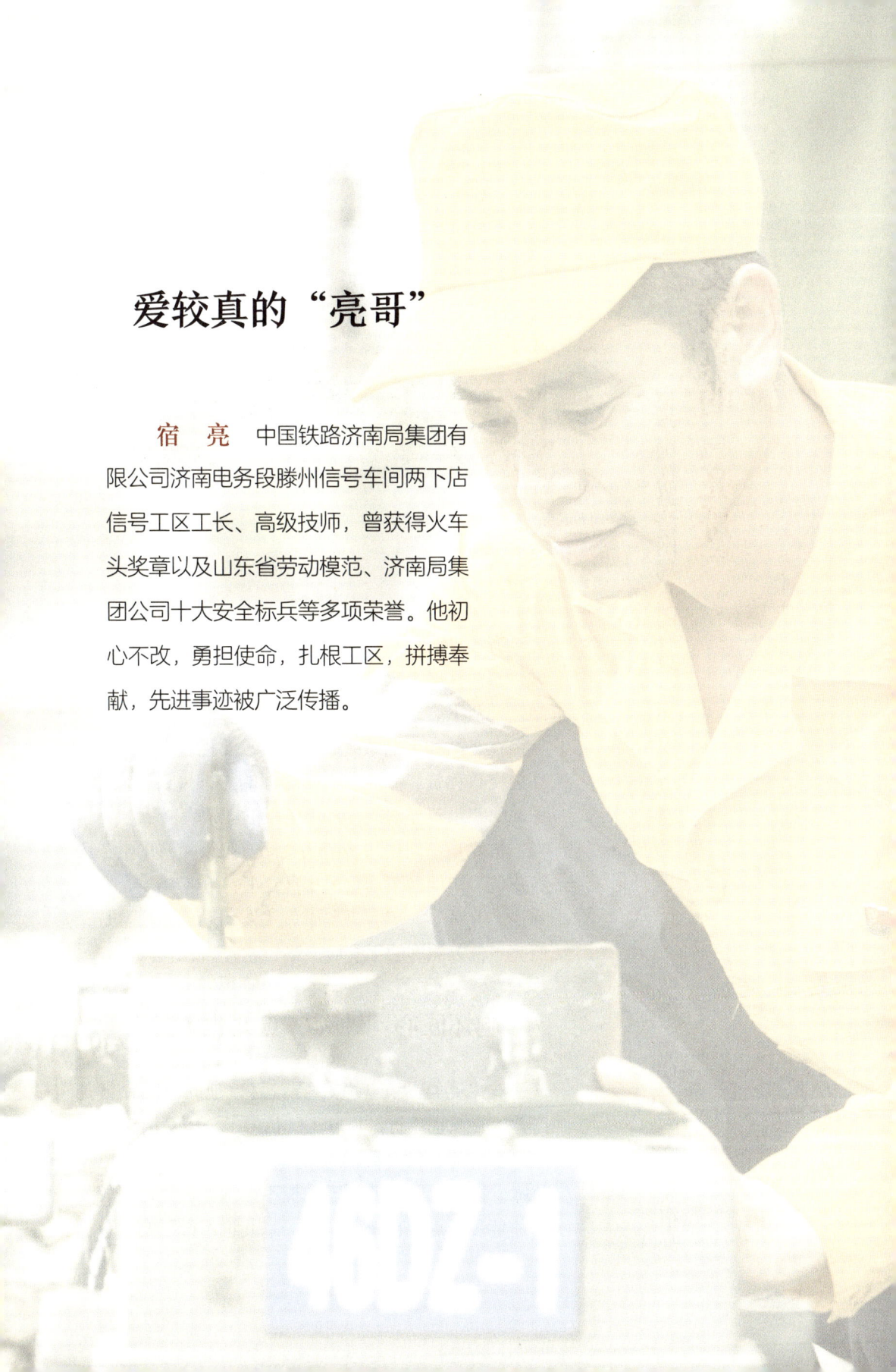

郭子铭/摄

爱较真的『亮哥』

——记中国铁路济南局集团有限公司济南电务段滕州信号车间两下店信号工区工长宿亮

李锡秉 周青山

齐鲁大地，孟子故里。从美丽的峄山向西俯瞰，京沪铁路上火车川流不息，具有百年历史的四等站——两下店站就坐落于此。

在车站和工电系统职工中，只要提起宿亮，大家都会交口称赞，称他是工区管理的"排头兵"、作业标准的"示范样本"、练功场上的"常青树"。

宿亮是中国铁路济南局集团有限公司济南电务段滕州信号车间两下店信号工区工长，今年46岁，被人称作"亮哥"。"亮哥"带领工友用心点亮信号灯，照亮了亿万旅客的平安回家路。

胸怀匠心："差一点儿也不行"

"'亮哥'在工作中特较真，他的口头禅就是'差一点儿也不行'！"工区信号工金涛对记者说。

多年前，见习转正的宿亮自告奋勇处理一次电路故障。因对电路图的原理掌握不熟练，宿亮处理故障的速度慢了点。自此，"差一点儿也不行"的理念在他心里萌生、扎根。

他从背电路学原理着手，一张图一张图背、一条电路一条电路查，宿舍的墙上贴满了图纸，笔记本里画满了电路图。他经常带着一支笔、两块仪表，把练功场当成另一个家。

经过几年的学习锻炼，宿亮成为业务高手。工区设备出现问题，大家第一时间都会想到宿亮，无论时间多晚他都会赶往现场。图纸牢记心中，整治设备、处理故障信手拈来，同事称宿亮是"行走的电路图"。

2003年，两下店信号工区急需业务骨干，段领导立马想到了宿亮。该工区地处偏远，交通不便，宿亮二话没说就去了。从家门口的二等站工区到偏远的四等站工区，宿亮一待就是16年。

两下店站地处京沪铁路中段，位置重要，宿亮感觉肩上的担子更重了。信号道岔缺口的调整标准是1.5毫米，正负误差允许0.5毫米，而宿亮的执行标准就是1.5毫米，差一点儿也不行。

"学了业务是自己的，谁也拿不走。""业务不好，不但工作上不顺手、收入上受影响，别人看起来也丢面子啊，咱可要争口气！"今年57岁的信号工高长生说，宿工长的这些话一直激励着自己。

宿亮爱较真，曾经让新职工王祥龙以为工长是和他过不去。小王负责道岔杆件螺丝调整作业，宿亮复检后，多次发现调整不到位、始终就差那么一点儿。为此，宿亮要求小王返工。直到复检合格，小王才恍然大悟："'亮哥'用心良苦，标准重在养成。"

宿亮担任工长后，经常"逼着"大家学业务。他还利用废旧料自制了25Hz相敏轨道电路、S700K转辙机、ZPW-2000A练功台，坚持每周组织一次工区"小练兵""小比武"。以宿亮名字命名的劳模创新工作室，现在已成为工友们共同学习交流的平台。

因为宿亮爱较真，他主导研制了缺口测试仪表，把过去凭经验检查ZD6转辙机缺口变成了现在的数字化、标准化作业。他带领工友改造道岔钩锁，加装特制的黄油嘴，破解了润滑销轴时液体油易流失、雨季易被冲刷的难题。

因为宿亮爱较真，他在站区各单位中颇有威信，赢得了"信号达人"的美誉。2014年，工区管内两组道岔突然出现动作电流瞬间过大的状况，虽然没有影响行车，但宿亮的倔脾气上来了。他连续两天蹲守现场，仔细观察，最终发现问题。原来，列车通过时道床起伏，滑床板升高使得尖轨吃劲，导致动作电流升高。随后，工电两个系统相关单位联合整治，及时排除了设备故障。

矢志初心："看我的，跟我来"

"铁路安全来不得半点马虎，用心点亮信号灯，保障运输畅通，为旅客照亮旅途。对待工作，必须看我的，跟我来！"这是宿亮朴实的初心。

走进两下店信号工区，"一切有人管，一切有标准，一切有考核，一切成习惯"的"四个一切"管理理念格外醒目。2007年，干了工长的宿亮比之前更较真了，干什么事更是一板一眼，用他的话说，就是要做到管理无死角。

"料库里面各类工具备品，标签明示，码放整齐，很像一个个艺术品静静地摆在那里。让人感觉很享受！"济南电务段信号技术科科长赵杰称赞道。无论何时，您走进工区，目之所及处干净整齐，水杯、扫把甚至一块抹布都会摆放在固有的位置上。工区精细管理成效可见一斑。

在宿亮工区办公室，记者看到一个文件夹，里面有工区详细的学习计划以及每个职工的学习笔记和各月试卷，厚厚的一摞。"只要有时间，'亮哥'就

郭子铭/摄

带着我们进行政治业务学习考试，还要实作演练考核。"今年29岁的副工长徐征宇说。

徐征宇的成长得益于宿亮"不近人情"地压担子。擦拭道岔杆件是两下店信号工区练兵的规定动作，看似很简单，实则里面学问大着呢。宿亮平时只要不忙，就带大家去练兵。徐征宇刚到工区时，还对此发牢骚："天天擦擦擦，这不是面子工程嘛！擦得锃亮有嘛用？用起来没问题不就行了！"直到有一次，徐征宇把钢轨擦拭锃亮后，不经意间发现有处裂纹，他这才如梦初醒。

在宿亮的带领下，两下店信号工区学技术、练硬功蔚然成风，职工连续6年的技术考核都是优秀。

多年来，作为工长的宿亮致力工区创先争优。2011年，为了打造全段第一批标准化精品工区，宿亮明确"实干上标准、精细强管理、内实促外美、汗水建精品"的创建目标，推行"严细规范、一点不差，循序渐进、人机同步"工作法，带头实施，一丝不苟，绝不放过任何一个细节。有时，为了一个轨道引入线的走向、水泥墩的摆放，宿亮带领伙计们反复修整五六遍。凭着这份执着和坚韧，工区管内信号设备一次通过标准化精品验收。

为调动工区职工的主观能动性，宿亮制定了工区经济责任制考核办法，使每项奖励、考核都有根有据、清清楚楚。宿亮说："公正透明才能让大家心服口服，干好干坏就该有差别。上边千条线，下边一根针，自己就是针鼻。"

对于各项规章制度和考核办法，宿亮带头严格执行。一次，因突降大雨，他上班迟到了10分钟，事后按规定扣了自己50元钱，赢得了工区职工的交口称赞。

"他对待工作是非常严谨的，这是为了保证安全，我们都能理解。宿工长也没一味拿条条框框压人，管理上既讲原则，又有灵活性和人情味。"滕州信号车间党支部书记梁中东对宿亮评价道。

10多年来，两下店信号工区从未发生责任设备故障，每年都被上级评为"自控型班组建设样板""标准化工区建设标杆"。"两下店模式"受到广泛关注和学习推广，成为济南局集团公司电务系统的一面旗帜。

满腔爱心："咱们是一家人"

宿亮出生在河北省唐山市，是唐山大地震的幸存者。被救起的那一刻，对温暖、对家人、对亲情的渴望，在他心底留下了深深的烙印。

经历了生死考验，长大后的宿亮，对生命充满了敬畏，对生活充满了热爱，对工作充满了激情……工区办公楼前"让标准养成习惯、把工区建成家园"的标语，正是宿亮满腔爱心的生动写照。

"'亮哥'是我们的领导，但更像好朋友和家人！"工区信号工曹猛开心地说。

"伙计们，今天我们一起吃吧，尝尝咱们的无农药、无化肥、纯天然蔬菜。"闲暇之余，宿亮发动同事们在工区院子里开垦了一小块菜地，精心施肥，勤于管理，既美化了工区环境，又让大家吃上了新鲜蔬菜。吃饭时，大家坐在一起拉拉家常，其乐融融。宿亮常说："工区就是咱们的家，咱们是一家人，要彼此关心、互帮互助！"

青年职工曹猛性格比较内向，刚到工区时，看到工作环境比较艰苦，产生了想调走的想法。发现这一情况后，宿亮主动找曹猛谈心，安排老职工与其结对子，不仅让他坚定了干事创业的信心，而且很快帮助他成长为工区的业务骨干。

工区职工孔德峰的妻子没有工作，父母年事已高且身体不好，家庭生活很困难，思想压力很大。宿亮时不时给孔德峰调班，让他有更多的时间陪伴家人，并力所能及地为他申请工会补助。孔德峰非常感动："兄弟般的情、一家人的暖，有宿亮这样的工长是我的福气。"

"明天降温，多穿点衣服。""雨天路滑，注意安全。""你家远，先走吧，到家了说一声。""老爷子身体怎么样了？""有啥用得上的，告诉我。"……一句句普普通通的话语让工区职工们时刻感受到家的温暖。

这个远离市区、环境艰苦的小站工区成了职工心中温暖而又美丽的家。

峄山脚下，春华秋实。2015年，济南电务段滕州信号车间两下店信号工区荣获火车头奖杯。目前，在宿亮的带领下，两下店信号工区已确保160多万趟列车安全通过管内线路。

采访手记

"兵头将尾"大有可为

工长常常被称为"兵头将尾"，承担着班组上情下达、下情上传的职责，直接关系着铁路事业的蓬勃发展。

宿亮是其中的佼佼者。他把上级管理要求、精神与实际情况结合起来，调动了工友们的积极性。他和工友们几乎每天都要上道，认真做好"天窗"维修作业。他做给大家看、带着大家干，组织工友们精心呵护铁路信号安全。

当记者问到十几年重复做一件事是否厌倦无聊的时候，宿亮笑了笑说："太阳每天都是新的。我觉得一点不单调，工作挺有意思，已经成了一种爱好！"对铁路事业倾注真情，热爱铁路、感恩铁路——这就是一名新时代铁路榜样应具有的品质。

愿全路涌现出更多好工长，筑牢线路安全，推动铁路高质量发展，为实现交通强国、铁路先行展作为、做贡献。

奋斗是青春最亮丽的底色

颜 其 汉族，中共预备党员，1994年出生，2013年参加工作，福州车辆段车辆乘务长。2017年第一次参加全国铁道行业职业技能大赛就获得第一名，并作为铁路系统最年轻的代表参加中国工会第十七次全国代表大会，曾获火车头奖章、福建省第十六届青年五四奖章以及全国技术能手、全路技术能手、全路青年岗位能手等荣誉。

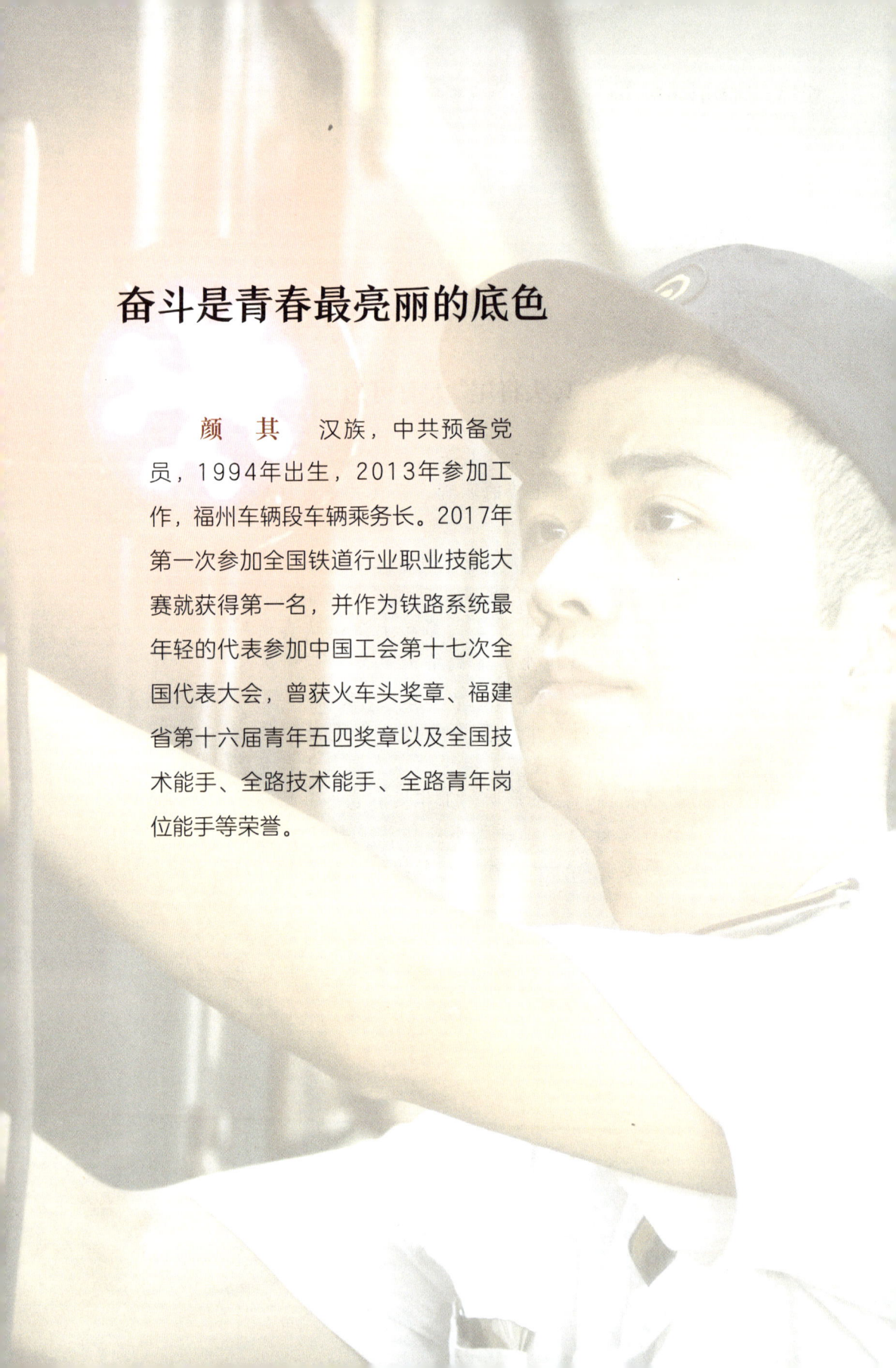

奋斗是青春最亮丽的底色

——记中国铁路南昌局集团有限公司福州车辆段车辆乘务长颜其

陈南辉 吴福民

张学东/摄

2017年金秋，北方名城哈尔滨风光旖旎。两年一度的全国铁道行业职业技能大赛在这里拉开战幕，各路英豪摩拳擦掌、一展身手。两天的激烈角逐后，谁也没有想到，夺得冠军的竟然是一位赛前的陪练——来自中国铁路南昌局集团有限公司福州车辆段车辆乘务长颜其。这一年，颜其入路4年，刚满23岁。

颜其"逆袭"成功。走近颜其，记者发现他"逆袭"的背后其实走过了一段不寻常的奋斗历程——

入路两年当"兵头"：一年跑过十年路

2013年7月，19岁的颜其从湖南铁道职业技术学院毕业，进入南昌局集团公司福州车辆段工作。

福州车辆段是一个有着学技练功优良传统的单位，多次在铁路局集团公司、全路技能大赛中取得骄人成绩。在入路第一天的欢迎仪式上，颜其感受到了单位学技练功、岗位成才的浓厚氛围。尤其是段大院"星光大道"两旁的榜样事迹，令他心潮澎湃、情绪激昂。

激情过后便是平淡的工作。年轻的颜其不知不觉陷入"打发日子"蹉跎时光的状态，梦想似乎渐行渐远。真正给他强烈冲击、奋进力量的是一次工作失误。

2014年夏天，初次值乘旅客列车时，列车空调突发故障造成车厢内闷热。颜其由于业务不熟、处理故障不及时，受到旅客投诉。这次工作失误令他无地自容，并深刻认识到"工人就得学技术，就得有本事，没有技能就是失职"。

他的师傅吴剑及时找他谈心，谈人生，也谈职业规划，帮助他认识到：要想成才，只有"华山一条路"——学技练功！

"我要比，我能赢！"有着强烈自尊心的颜其从此真正觉醒，并立下了奋斗誓言。

知耻而后勇。从那以后，颜其无论是值乘途中还是休息时间，都随身携带14张不同设备型号的客车电器电路图，只要闲下来就会不停地看、不停地琢磨。工余时间，他经常黏着技术娴熟、经验丰富的师傅学习疑难故障处理技

张学东/摄

术。他的近20本乘务员手账上密密麻麻地记满了各类空调制冷、车电设备等方面的故障处置技巧。

车辆检修是个体力活。为了提高身体素质，颜其坚持每天早上跑步5公里，风雨无阻。凭着吃苦耐劳的精神，加上一点就通的灵活头脑，颜其很快成为客车应急故障排查的一把好手，被大伙称为"活规章""电路通"。

他摸索总结出"三必看、三必测"运用客车电器故障快速排查作业法，主要内容是"关键点必看、易发点必看、动作点必看，连接点必测、安全点必测、作用点必测"，在全局集团公司推广应用，受到好评。

一次值乘巡检中，颜其发现列车突然出现全列绝缘不良的状况。他迅速研判故障原因，并果断进行负载隔离处理，成功消除了一起火灾安全隐患，受到全段通报嘉奖。

2015年11月，颜其凭借过硬的技术本领，成功竞聘为车辆乘务长，当上工班"领头羊"。一般情况下，要成为一名车辆乘务长，至少需要10年的历练，而颜其仅用了2年时间，成为当时南昌局集团公司最年轻的客车车辆乘务长。

入路4年当状元："黑马"有路勤为径

"乘务长，司机报告列车制动漏泄超标！"2019年2月11日凌晨，睡梦中的颜其突然被车辆乘务员张周伟叫醒。

颜其马上起身，习惯性地看一下时间——3时05分。他们值乘的成都开往福州的K390次列车此时正停靠在襄阳东站。

这趟列车单程运行近40个小时，是南昌局集团公司运行时间最长的旅客列车之一。普速列车车底老化、车辆故障率较高，加之始发和终到作业都是凌晨，确保客车设施设备质量难度较大。因为颜其技术全面、业务精湛，派他值乘这趟"老爷车"，领导踏实放心。

颜其和张周伟立即开始检查漏泄具体位置。由于是深夜，视线不好，他们只能凭感觉分段查找漏泄部位。10分钟后，颜其发现一节硬卧车厢的一处电磁排风阀漏泄较大，另外一节硬座车厢也存在漏泄现象。

部位找准了，处理故障对于颜其来说是小菜一碟。4时07分，故障排除完毕的K390次列车从襄阳东站欢快起程。

2017年7月，颜其幸运入选南昌局集团公司备战全路技能竞赛4人集训名单，开始封闭集训。经过2个月魔鬼般高强度训练后，通过两轮淘汰，最终4名集训队员中只有2名能代表局集团公司参加全国铁道行业职业技能大赛。

起初，颜其在大家眼中是一名"陪练"。然而，肯学爱钻的颜其决心好好利用这次机会提升自己的业务素质。

集训期间正值盛夏，集训基地酷热难耐。教练团队告诉他们，只有训练比别人多流汗，竞赛才可能取得好成绩。

白天，颜其和其他3名队员苦练操作。汗水让他们的训练服每次都湿得能拧出水。这样的高温环境中，训练服湿了干、干了又湿，衣服上沉积了厚厚一层盐渍。按照训练计划，实作每人每天练4次，而颜其总要给自己"加餐"，等别人走了，自己悄悄再练一次。

客车单车检查项目在没有地沟的平地上训练，只能半蹲着钻进钻出，一次完整作业至少要半蹲20分钟。师傅悄悄给颜其买来护膝，让他倍感温暖。师傅点拨他，可以改用单膝跪代替半蹲，会省力许多。

每天22时过后，大家都休息了，颜其却拿起理论资料继续学习。

第二天早上醒来，颜其发现床前地上到处散落着自己的头发。望着地上的头发，他想起了一句诗"朝如青丝暮成雪"。他淡淡一笑，感叹时光之刀如此锋利，青春韶华很快不再。这时，他又想起了另外一句话"人生能有几回搏"，下决心"只要能提高业务技能，哪怕头发掉光也在所不惜"。

在集训的2个月时间里，靠着敢拼敢闯的精神，颜其将老师傅们沿袭多年传统的连击两锤判断故障方式改为"一锤定音"。这一创新为单车检查项目节省4分钟的宝贵时间。

教练组根据4个人集训中的历次考试成绩和综合表现，最终确定颜其和詹明澄胜出，获得参加全国铁道行业职业技能大赛的资格。

在全国铁道行业职业技能大赛赛场上，颜其初生牛犊不怕虎，凭借稳定的发挥，一路过关斩将，最终站上了最高领奖台，荣获客车检车员竞赛项目的"检车状元"，成为局集团公司最年轻的全国技术能手。

入路5年当代表：奋斗精神有传人

凌晨时分，列车飞驰在原野，旅客们随着列车的咣当声进入了梦乡。车厢里，一个年轻的身影轻轻地走来，他一会儿停在列车电气控制柜查看运行数据，一会儿看看车门锁闭情况，也看看消防设施和防火情况，顺便提醒一下在车厢连接处吸烟的旅客"烟头一定要熄灭后放在烟灰缸内"……这身影就是刚从赛场回到岗位的颜其。

年轻的颜其一战成名。他也因此成了段、车间的"宝贝疙瘩"——车间推行颜其标准、叫响颜其精神、树立颜其榜样，大大激发了周围职工岗位建功的热情。

如何实现人才成长加速度？

回到车间，颜其担任起了兼职教师。通过言传身教，加上榜样的力量，教学效果特别好。应急演练时，车间把新入路青工安排到颜其所在的班组，让张州伟等好苗子轮流跟他搭班。初为人师的颜其牺牲大量休息时间不说，还将平常容易出现又比较难处理的故障列为专项训练课题，并通过"故障110"、微信交流群、技术讲堂等平台，毫无保留地把自己摸索出来的经验分享给大家，使身边工友的业务技能有了很大的提升。颜其指导过的班组在车间及段技能鉴定中，多次取得"零故障"的优异成绩。他所带领的班组还当选为南昌局集团公司青年示范安全岗。他所在的乘务车间严格执标已蔚然成风，报考高级工、技师的人数更是比往年多了许多。

荣誉接踵而来。2018年9月，颜其当选为共青团中国铁路南昌局集团有限公司第一届委员会常委。接着，他又荣获福建省青年五四奖章。2018年10月，颜其光荣当选为中国工会十七大代表，走进北京人民大会堂，近距离感受党和国家领导人的亲切关怀。

时不我待建功名，人生拼搏当少年。颜其坚信幸福是奋斗出来的，他用奋斗者的豪迈、铁路青年一代的蓬勃朝气诠释着新时代产业工人的精神内涵。

采访手记

奋斗，并快乐着

奋斗是青春最亮丽的底色。颜其用他的亲身经历告诉我们：青春需要奋斗，奋斗就会有快乐！

青春应该怎么度过？应该怎样把握自己的美好年华？颜其也曾迷惘过、蹉跎过，是工作的失误如鞭子一样抽醒了他，是旅客的投诉如冷水一样浇醒了他，是师傅、同事的鼓励和帮助如战鼓一样擂醒了他。

知耻而后勇的颜其奋起直追，付出巨大的心血和汗水后，有了回报。他迎来了渴望已久的收获，盛开了青春的花朵，实现了自己的理想。

在"交通强国、铁路先行"的伟大征程上，需要越来越多像颜其这样的年轻人，在美好的青春年华选择一条正确的奋斗道路，用奋斗抒写自己火热的青春，实现自己的人生梦想！

守护高铁安全的雄鹰

　　陈　斌　江西鹰潭人，1986年9月出生，2003年参加工作，现任中国铁路南昌局集团有限公司南昌供电段共青城接触网工区工长兼班组党支部书记。2014年被评为南昌局集团公司"十大平凡之星"，2014年荣获火车头奖章，2015年荣获江西省劳动模范称号。

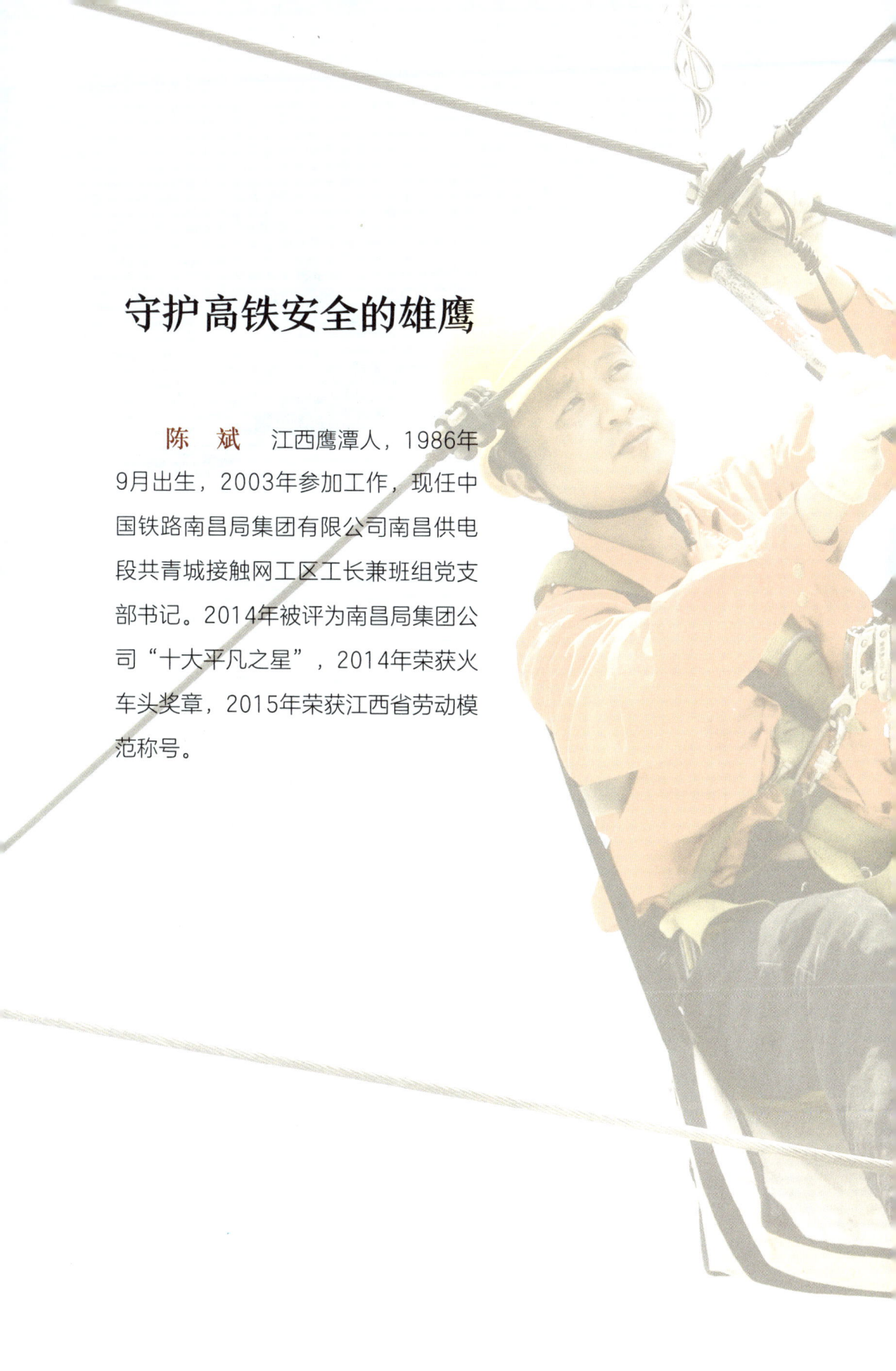

守护高铁安全的雄鹰

——记中国铁路南昌局集团有限公司南昌供电段共青城接触网工区工长陈斌

陈南辉 徐佳奇

张学东/摄

2019年的炎夏7月，一场突如其来的罕见雷暴袭击了赣北大地，将昌九城际铁路的接触网设备击坏，严重威胁铁路运输安全。

危急时刻，一位中等个头的年轻人带头爬上高高的接触网立杆，只见他左右腾挪、动作娴熟，在高空中犹如一只展翅的雄鹰。他以最短时间更换被雷击坏的设备，保障了高铁列车安全通过。

这个身手敏捷的年轻人就是中国铁路南昌局集团有限公司南昌供电段共青城接触网工区工长陈斌。由于业务精湛，他先后被授予火车头奖章、江西省劳动模范等荣誉称号，被同事们亲切地称为"守护高铁安全的雄鹰"。

敬业爱岗，始终如一，他是接触网安全的守护神

"要干就干最好，要当就当最强。"这是陈斌的座右铭。要做好、做强就要不断学习，较早参加工作

的陈斌文化基础相对薄弱，在技术要求越来越高的高铁时代，如何与时俱进地更新自己的知识储备、在压力面前实现人生价值，这是他一直思考的问题。

今年33岁的陈斌中等个子，一脸的憨厚朴实。他出生于一个铁路世家，外公曾参加过上甘岭战役，后来成为铁路职工，父母也都在铁路工作。

2003年，从部队退伍的陈斌来到南昌供电段共青城接触网工区工作。军人雷厉风行、吃苦能干的特质让他很快进入角色，没多久就因表现出色成为副工长。

昌九城际铁路是江西省第一条高速铁路，共青城站区所在的区段又是全线最繁忙的区段。工区负责其中4个站3个区间145公里的接触网设备检修。这个工区的管辖区间每天有300多对客货列车呼啸而过，安全压力很大。

越是艰难越向前。陈斌从不畏惧挑战，他下决心与30多名工友一起把这个成立时间短、设备基础薄弱的偏远工区建设成先进工区。"队伍带不好，我卷铺盖回家。"陈斌习惯性地撸起袖子，准备大干一场。

2013年夏天，一场暴雨袭来：供电线基础塌陷、供电中断……面对灾情，陈斌二话没说带领职工往上冲。装沙袋、背沙袋、填压陷坑……他们在雨中相互鼓劲，与时间赛跑，最终顺利完成了抢修任务。

既能冲锋陷阵，又能守正创新。陈斌喜欢琢磨自己的工作，并摸索出一套安全管理新方法。他率先在局集团公司供电系统尝试实行"谁检查、谁签名、谁负责"的记名修工作标准，将6个主要风险源、24项安全风险点全部纳入日常记名修管理。这套办法实施后，当年工区设备惯性故障发生率就降低了58%，年平均节约维修费用超过110万元。

有付出就有回报。陈斌已经工作十多年，一直与2.75万伏高压网为伍，始终保持设备责任故障零纪录。他先后获得江西省劳动模范、火车头奖章及南昌局集团公司"十大平凡之星"、先进生产者等荣誉，其所在工区先后荣获江西省工人先锋号、火车头奖杯和局集团公司先进班组党支部、十大最美小站工区等荣誉。

不舍昼夜，精益求精，他是科技创新的带头人

2016年，因为成绩突出，南昌供电段设立了以陈斌名字命名的陈斌劳模创新工作室。

陈斌发现，维修抢险过程中，现场与后方的调度指挥信息往往会因为设备原因而沟通不畅，进而影响抢险的速度和进度，严重时可能对运输安全造成影响。

如何解决这一问题？陈斌开始了思考和调研。

2017年，作为南昌局集团公司的职工代表，陈斌提出了研发"铁路蜘蛛侠"单兵信息传输设备的提议，这个提议受到重视。

调研、立项、实施。不到半年，一种新的"铁路蜘蛛侠"单兵信息传输设备便研发成功。这一设备实现了野外作业时现场与调度指挥中心的音视频实时传输和远程指挥，使供电设备故障发生率降低了30%。

一花独放不是春，百花齐放春满园。陈斌不仅让自己的业务能力在实践中得以提升，还利用陈斌劳模创新工作室这个平台培养青工。

王运涛是来自辽宁沈阳的高职毕业生，性格腼腆，但工作积极有热情。陈斌看在眼里，喜在心上，觉得王运涛是一块有潜质的好材料。他在工作中一方面对王运涛严格要求，鼓励他继续保持好学上进的劲头，另一方面经常在思想上引导王运涛树立健康向上的人生理想和目标，让他的人生道路越走越顺。很快，王运涛在局集团公司的青工技能大赛中获得第一名的好成绩。

高云龙，来自内蒙古的小伙子，经过陈斌的悉心指导，入职不到3年，就勇夺全段技术比武第一名，被提拔为工班长；曹耿磊，连续2年夺得全段技术比武第一名，如今也是一名工长……

短短4年时间，从陈斌劳模创新工作室中先后走出7名专业管理干部、6名工长和1名高级技师、2名技师。工作室成员侯春光刻苦钻研、反复实践，将原本2小时检修1套装置的作业时间压缩至30分钟，极大地提高了工作效率，先后获得2项国家专利。

小小的陈斌劳模创新工作室已成为培养全段生产骨干的"黄埔军校"。

不忘初心，热血追求，他是长征精神的传承人

巍巍井冈，赣水苍茫。八一军旗升起的地方南昌、革命摇篮井冈山、长征第一渡于都……这些红色故地深深影响着陈斌的成长。

身兼班组党支部书记职务的陈斌一有空就认真学习红色革命历史。他不光自己学，还带领工区职工一块学；不光学，还联系实际进行深入思考：当年红

军绝处逢生，凭的是什么？中国革命最终取得胜利，靠的是什么？我们继续前进，需要什么？

为了更好地传承长征精神，陈斌利用休息时间组织大家前往于都、瑞金等地参观学习，让长征精神代代传承。

"幸福都是奋斗出来的。"参观回来后，陈斌总用这句话激励身边的职工。他是这么说的，也是带头这么做的。

几天前，陈斌因为腹部手术在医院病床上躺了7天，没有告诉同事，就连在他附近工作的爱人都被蒙在鼓里。正值暑运，大家都很忙，他实在不想牵扯别人太多精力。

出院那天，遇上罕见的雷暴，他担心雷击会破坏供电设备，不顾医生劝阻，从医院直接回到了工区。

果然，他所在工区的一个悬瓶被击坏了，需要立即更换。陈斌二话没说，背起工具就往现场跑。

"你刚出院，别上杆了，在下面指挥就行了。"工友们都担心他的身体，阻止他爬上杆。

徐佳奇，张学东／摄

徐佳奇，张学东/摄

"不用多说，这设备我比你们熟悉。" 关键时刻，陈斌再次显示出了军人坚毅的性格。

他吃力地用手托着50多公斤重的悬瓶，艰难地在杆上一寸一寸地移动。他脸色惨白，汗水很快将衣服湿透，露在衣服外的伤口紧绷着，好像随时都要裂开。

时间一秒一秒地过去。工友们一个个紧张地看着他，心都提到嗓子眼了：生怕悬瓶从他手中滑落，生怕他的伤口绷裂，生怕他体力不支从杆上摔下来……

终于，悬瓶更换好了，陈斌在杆上微笑着向工友们比了个"胜利"的手势。等陈斌下了杆，工友们合力把他抱了起来。

他的妻子闻讯赶来，望着英勇的丈夫，抚摸着他的伤口，眼泪唰地流了下来……

陈斌用自己的坚毅彰显着榜样的力量。在他的带领下，工区团结和谐，职工们个个奋勇争先。他用实际行动兑现了自己的诺言，把工区打造成南昌局集团公司标准化建设的标杆。

在他的努力下，工区勇夺2009年江西省"振兴杯"职业技能大赛接触网工团体第一名，并于2014年获得江西省工人先锋号、2016年获得火车头奖杯。

采访手记

幸福是奋斗出来的

"幸福是奋斗出来的。"这是中国铁路南昌局集团有限公司南昌供电段共青城接触网工区工长陈斌常说的一句话。

身处技术要求越来越高的高铁时代，如何在压力面前实现人生价值？陈斌的答案只有简单的两个字：奋斗！

靠着奋斗，他从一个铁路的门外汉很快成长为技术密集的接触网工区工长；靠着奋斗，他拥有了以自己名字命名的劳模创新工作室，成为段甚至局集团公司科研的骨干力量，成为守护高铁安全的空中雄鹰。

陈斌也把奋斗的理念传承给了他的徒弟们。在他的带领下，徒弟们勤奋工作、勤学苦练，在各种技能比武和大赛中脱颖而出，在奋斗的路上不断前进。

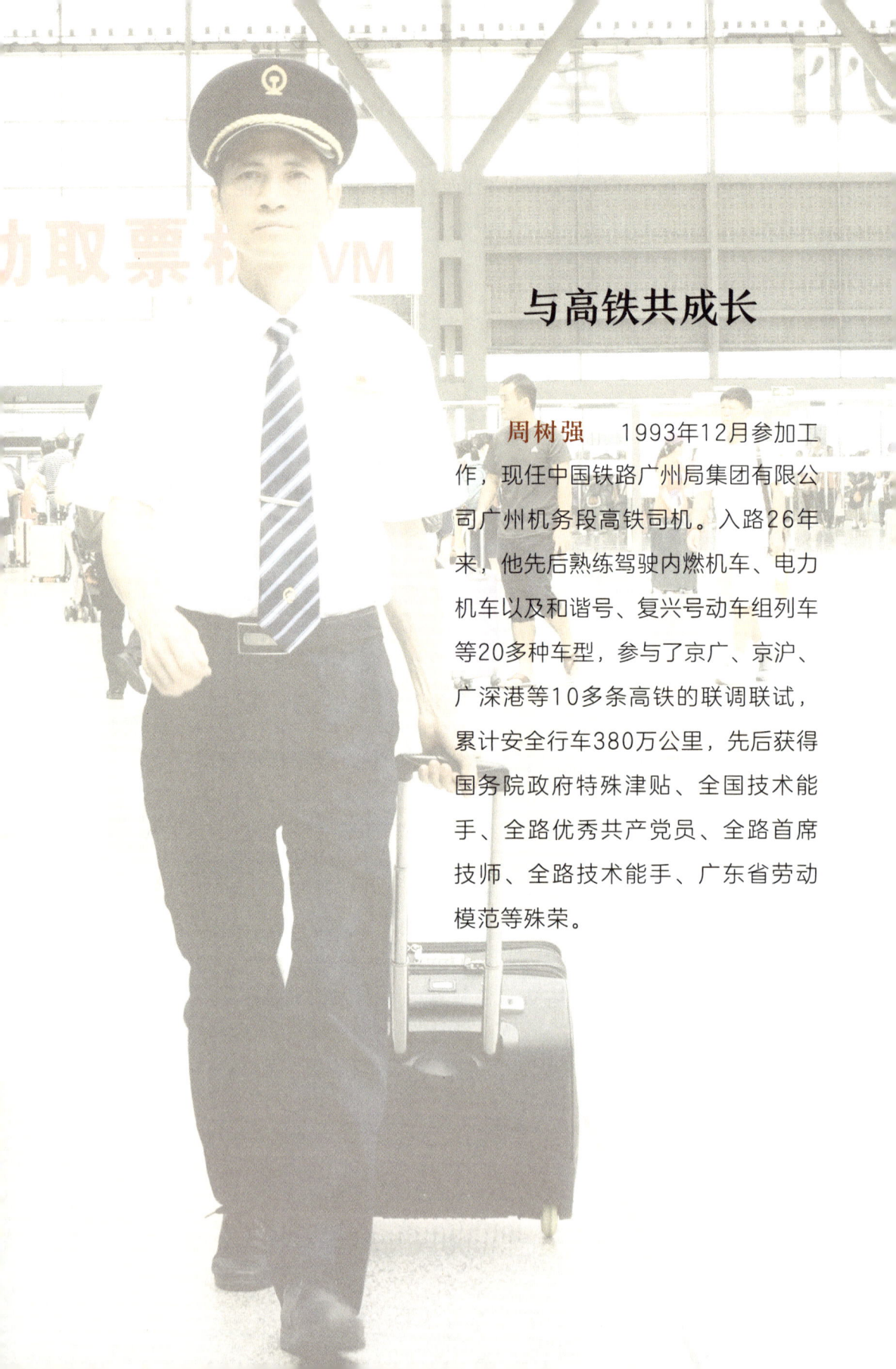

与高铁共成长

周树强　1993年12月参加工作，现任中国铁路广州局集团有限公司广州机务段高铁司机。入路26年来，他先后熟练驾驶内燃机车、电力机车以及和谐号、复兴号动车组列车等20多种车型，参与了京广、京沪、广深港等10多条高铁的联调联试，累计安全行车380万公里，先后获得国务院政府特殊津贴、全国技术能手、全路优秀共产党员、全路首席技师、全路技术能手、广东省劳动模范等殊荣。

陶 蔚/摄

与高铁共成长

——记中国铁路广州局集团有限公司广州机务段高铁司机周树强

朱进军 陶 蔚

他出生在蒸汽机车时代，经历了内燃机车和电力机车时代，乘着我国高铁快速发展的东风，成就了自己的事业。

他就是中国铁路广州局集团有限公司广州机务段高铁司机周树强。他在平凡的岗位上兢兢业业，为我国高铁的发展贡献着自己的力量。

初心不改，在司机岗位上历练成长

2009年12月9日，在武广高铁郴州西至耒阳西区间，一列联调联试重联动车组在"飞翔"。

当动车组时速达到390公里时，司机周树强将手柄拉到最大牵引位，监控数据表里的数字一路攀升，定格在时速394.2公里。这个数字创造了当时世界高铁重联动车组最高运行速度，引来了周围工作人员的欢呼声。"那种幸福感难以用语言描述，我毕生难忘，我为自己是一名高铁司机而自豪！"回忆起当时的情景，周树强记忆犹新。为了那一刻，他付出了多年的努力。

1972年，周树强出生于湖南省湘潭市一个铁路职工家庭，从小听着蒸汽机车的汽笛声长大。1993年，他参加招聘考试进了铁路系统。短短几年间，他逐渐成长为一名普速铁路司机，无论是驾驶东风型内燃机车，还是操纵韶山型电力机车，都表现得非常优秀。

"当时，在学习培训中，我了解到国外有高铁，很是羡慕。作为一名司机，我希望我们国家也能早日建成高铁，自己能成为一名高铁司机。"周树强说。

为了这个梦想，周树强始终坚持勤学好问，苦练本领，不断提升驾驶技术和水平。除了在值乘中摸索平稳操纵方法，他还自我加压，从岗位塑形、呼唤应答、手比眼看等作业中的点滴做起，力求每一个动作都符合标准。

机遇总是垂青有准备的人。2007年，运行时速达200公里的和谐号CRH1型动车组第一次在广深铁路投入运营。周树强因业务能力过硬，作为首批骨干司机，被选派驾驶和谐号CRH1型动车组。

一到新岗位，就遇到新挑战。上级部门要求将广州东至深圳的列车全程运行时间压缩至52分钟，比以前减少3分钟。别小看这3分钟，很多司机都认为，线路条件有限制，不可能压缩3分钟。

周树强迎难而上，反复推演和试验，优化操纵法，贴速而不超速，成功实现压缩3分钟的目标。一时间，同行们都心服口服，向他取经。最后，周树强摸索总结的"CRH1型动车组平稳操纵准确对标"模式，成了广深铁路动车组司机的入门教材。

有心人，天不负。2009年，周树强作为首批骨干被选派参加京广高铁武广段联调联试。多年梦想终成真，他正式成为一名高铁司机。

参加联调联试的几个月里，周树强的手账上，密密麻麻地记满了制动级位、制动距离、线路坡道等相关数据。不仅如此，他还利用空余时间与同事们一起研究、反复试验关键操纵环节，细致分析制动数据，共同摸索编制出了操纵法和操纵示意图。他从早到晚吃喝几乎都在线上，每天睡眠时间不足5小时。因为长时间站立，每天下了车，他的腿都还在抽筋。

"高铁无小事，高铁必须坚守高标准。"周树强说道，从成为高铁司机的第一天开始，无论再苦再累，他总是不忘初心，严守高标准，用心开好每一趟车，实现了"零违章、零违纪、零事故"。

因为业务成绩突出，周树强参加了京广高铁武广段的首发仪式，值乘了京广高铁全线贯通后广州南站首发至北京西站的动车组，参与了广深港高铁、海南环岛高铁东段等新线联调联试和线路开通后动车组的首发，试驾了和谐号CRH380D型、复兴号等新型动车组。他几次放弃被提拔的机会，一直坚守在高铁司机岗位。"我热爱高铁司机这个岗位，用心开好每一趟车，就是我的人生追求。"周树强表示。

一心一意，攻坚克难提品质

2009年底，面对当时我国运营里程最长、运营速度最快的京广高铁武广段值乘区段跨度大、线路复杂、运行时刻紧等多重挑战，想要保证动车组高品质运行，高铁司机必须啃下如何保持平稳起车、恒速控车、稳准对标停车这三块"硬骨头"。

当时国内没有现成的经验可以借鉴，周树强率先把"起车稳、运行紧、停车准"作为主攻方向，开展了自主攻关。为了做到每个站都能平稳起车，他逐个站熟悉站场内线路坡度、线路曲线等各种情况，然后在实践中逐个试验，找到了最好的平稳起车作业法，攻克了平稳起车难关。为了破解恒速控车难题，提高旅客乘车舒适度，周树强查阅资料，认真学习不同动车组的构造、制动机特性，摸清动车在不同线路纵断面的操纵方法。

2012年12月26日，京广高铁全线贯通，周树强担当首趟广州南至北京西G80次动车组广州南至长沙南区间的值乘任务。车上众多媒体记者和旅客拿出硬币等物品测试动车组的稳定性后，个个赞叹列车运行得又快又稳！

"怎么可能？"在2011年第三届全国铁道行业职业技能竞赛动车组司机项目株洲西站比赛现场，裁判发出一阵惊呼："对标误差居然为零！"接着，周树强在郴州西站的对标也是零误差，裁判情不自禁地伸出大拇指感叹："了不起！"那   次，周树强获得全路动车组司机技术比武第一名。

对标，就是动车组对准站台上的停车位置标。如果对不准，动车组车门就不能对准预先按地面车厢位置候车的旅客，给旅客上车带来不便。

"要实现零距离对标停车，不能凭感觉，要讲数据。如驾驶复兴号动车组，在距停车标200米处时要控制时速为38公里，在距停车标50米处时要控制时速为18公里，这样才能确保最后对标零误差。"周树强说道，"但速度并不是死的，要根据动车组的载重、线路的坡道、天气情况等及时调整数据。"

周树强在无数次实践中计算，根据实际不断调整数据值。为了确认减速地点，他走遍经停的所有车站，采取数地砖、数支柱与列控系统ATP数据相结合的方式，确定参照点。最终，功夫不负有心人，他攻克了稳准对标的难关。

周树强根据攻克三大难关的经验，总结出了"稳、紧、准"的动车组操纵法，并于2012年被评为广州机务段党内优秀品牌，在单位全面推广，实现了个人经验到集体财富的转换。

精益求精，周树强还研究出一套高效的和谐号CRH3型动车组的精细操纵模式，在全段推广；参与编写《广州机务段CRH3动车组司机作业标准》等作业指导书三册，参与制定制度准则50多项。

凭借过硬的驾驶水平，周树强多次被选拔担任专特运司机。2011年4月，海南举办的"金砖国家"领导人第三次会晤和博鳌亚洲论坛2011年年会期间，他担任了四趟一级专运任务，全部高标准完成任务。其间，当时的俄罗斯总统梅德韦杰夫一行人来到驾驶室里体验，肯定了中国高铁。

尽心竭力，在传授传承中助推高铁发展

"如何才能做到平稳操纵？"

"要熟悉线路情况，回操纵手柄不能太早……"2010年6月，在沪宁城际铁路联调联试动车组上，周树强逐个解答车上司机的提问。

因为过硬的技术，周树强被铁道部选派，到沪宁城际铁路当"小老师"，培训动车组司机。

在近一个月的时间里，周树强不间断添乘联调联试动车组，对40多名沪宁城际铁路动车组司机进行了"传帮带"，毫不保留地传授自己的经验。

桃李不言，下自成蹊。作为全路王牌高铁司机，周树强被多次选派前往北京、上海、南昌、南宁等铁路单位，协助新线开通和动车组司机培训。

2010年12月，周树强随铁道部工作组前往海南环岛高铁东段，为海南铁路公司40多名动车组司机传授和谐号CRH1型动车组操纵经验，并协助他们摸索、编制出《海南东环高铁CRH1型动车组操纵模式》。随后，周树强又多次赴海南，参加和谐号CRH380A型动车组试运任务，总结出了CRH380A型动车组在海南环岛高铁东段上担当专特运的平稳操纵方法。

"怎么对标，启车怎么平稳？"这是2018年4月至9月，周树强回答香港铁

路司机最多的一个问题。

在广深港高铁香港段开通运营前夕，周树强驾驶动车组在香港西九龙站与福田站、深圳北站之间来回试运行，香港铁路司机在一旁学习。驾驶完毕后，周树强经常与港方司机交流操纵体验，传授技能技艺和经验，帮助他们以安全、平稳、舒适的驾驶操控服务，助力香港迈入高铁时代。

作为司机，常年在外忙工作，在家休息时间少，周树强无法照顾家庭，与家人聚少离多。"最亏欠的是我的两个儿子，我平时无法照顾他们。"周树强动情地说道，"选择了一种职业，就选择了一种生活方式，既然选择，就要坚持。"带着对家人的愧疚，周树强始终如一，用心开好每一趟车。

"周树强不仅是我们的偶像，而且是我们的业务老师，有不懂的请教他，总能得到满意的解答。"曾经接受过周树强指导的广州机务段高铁司机刘剑说。

一花引来百花香，周树强对事业的执着，对工作的用心，对高标准的坚持，带动了身边的高铁司机奋勇争先，为广州机务段带出了一批业务精湛的高铁司机，促进了高铁司机队伍整体素质的不断提升，引领着一批又一批的高铁司机逐梦高铁时代！

陶蔚，李旭凯／摄

采访手记

用心才能赢

采访周树强，给我一个强烈的体会是：用心才能赢。

为什么周树强能够取得骄人的业绩？"没有什么诀窍，只不过是用心二字。"在采访中，周树强这样回答。

世上无难事，只怕有心人。正因为驾驶每一趟车时，周树强都坚守高标准，做到口到、眼到、手到、心到，才实现了"零违章、零违纪、零事故"；正因为每次遇到工作难题时，他都能用心琢磨，专心致志研究破解之道，才不断提高工作水平，获得事业上的成功。

可以说，周树强的用心工作，是一种责任，一种心态，一种动力，一种境界，一种精益求精的精神，一种执着追求的品格。

无论是谁，只有用心工作、尽心工作，才能实现自身价值，实现人生梦想！

心系旅客　守护平安

　　丁　非　男，中共党员，1990年3月出生，2012年7月参加工作，现任中国铁路广州局集团有限公司广州南站客运二车间三班客运值班员。他为保护旅客安全，危急时刻挺身而出与歹徒搏斗。自工作以来至今，他先后获得"2013年春运立功竞赛优秀个人"、全路优秀共青团员、全路优秀共产党员、"广州好人"、"番禺好人"、"广州市见义勇为好街坊"等殊荣。

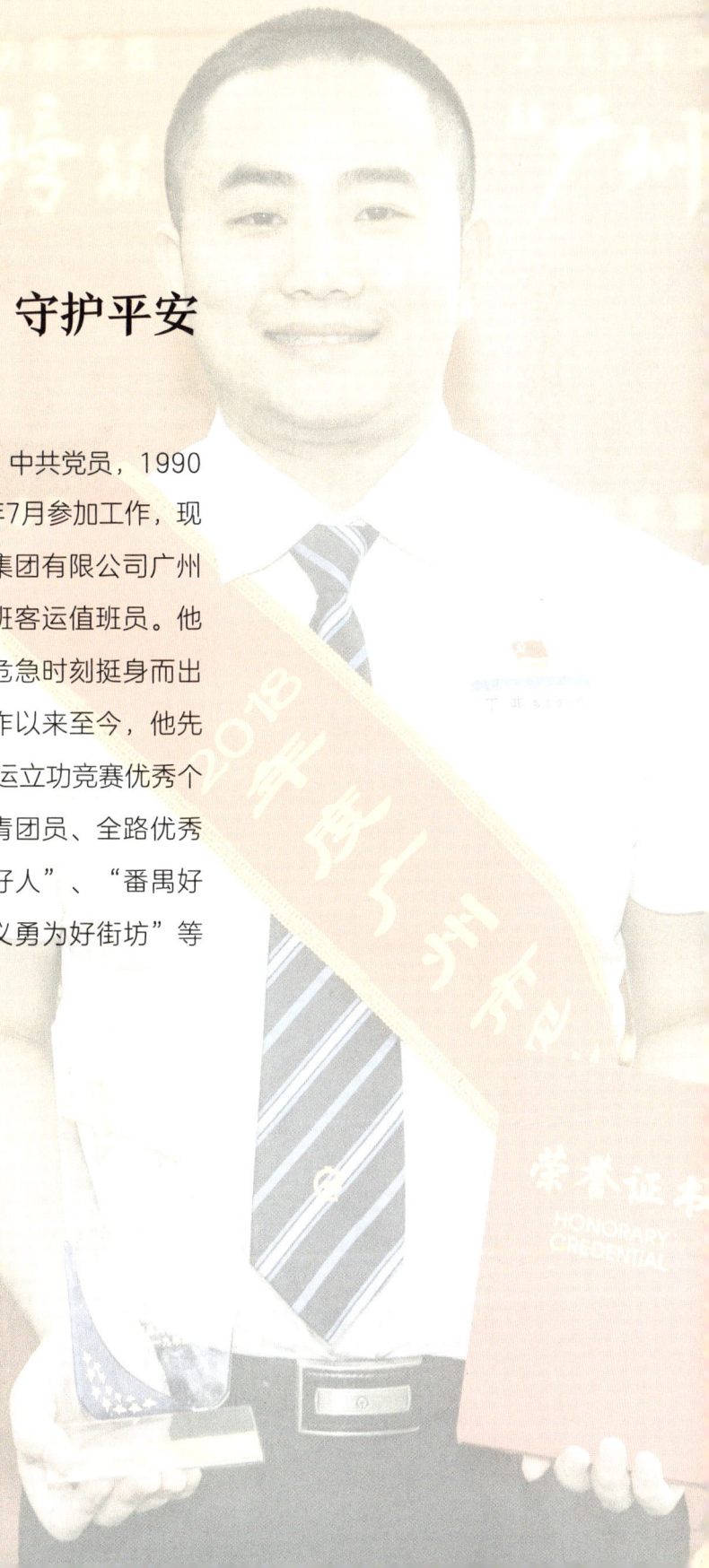

心系旅客 守护平安

——记中国铁路广州局集团有限公司广州南站客运二车间三班客运值班员丁非

朱进军

朱进军/摄

在中国铁路广州局集团有限公司广州南站，一位头顶上有两道伤疤的铁路职工，始终在热情地服务着旅客，为旅客安全出行保驾护航。

他就是广州南站客运二车间三班党支部书记、客运值班员丁非。他在危急时刻冲得上去，敢于直面拔刀相向的威胁；关键时刻站得出来，甘于奉献守护旅客的平安；平常时刻看得出来，模范表率带领群众创先争优。

上班仅7年，丁非就获得全路优秀共产党员、"广州好人"等殊荣。可是他从不居功自傲，总是说："作为一名党员，我只是做了我应该做的事。"

危急时刻冲得上去：
英勇无畏，迎难而上

2019年4月24日，在2018年度广州市见义勇为好街坊颁奖暨"广州街坊"品牌榜发布典礼的领奖台上，丁非头上的两道伤疤依然让人触目惊心。看到丁非为保护旅客、制止暴力而受重伤的视频时，观众纷纷感慨，这就是共产党员的样子：英勇无畏、迎难而上，为旅客擎起一片天。

如今，曾受重伤的丁非依然满怀热情，工作在服务旅客的岗位上。

道义存胸胆自雄，正气怀身无所惧。丁非头上的伤疤讲述着生与死的考验。

2018年3月9日6时35分，广州南站到达层出口处，一位走向出站闸机的男子神色可疑，引起了正在巡视的广州南站客运员常乐鹏的注意。当他上前盘问之时，此人突然从大衣里掏出菜刀追砍常乐鹏，随后逃跑。

受伤的常乐鹏赶紧用电台报告情况，呼叫救援。接到报告后，丁非没有片刻犹豫，一边拿起防暴棍，一边组织附近的客运员共同去围堵砍人者。

当丁非等人追上这名男子时，该男子已经离车站东实名制验证口很近了。"当时那里有很多旅客在排队验证进站，刚开始，他们没有人注意我们这边，也不知道一个手拿菜刀的男子正在靠近。"丁非说道。

一定不能让旅客受到伤害！那一刻，丁非脑子里想的都是旅客的安危。

然而，面对众人的围堵和喊话，该男子毫不理会，拿着菜刀冲向挡在他身前的丁非，冲向验证口。

菜刀迎头劈来，是后退躲闪，还是冲上去搏斗？丁非选择了后者。他挥舞防暴棍冲上前去，一棍子打出去。可是这一棍并没有挡住持刀男子，丁非被其一刀砍在头上，接着，又是一刀……他鲜血直流，晕倒在地。

丁非虽然倒下了，但为车站公安派出所民警和巡逻武警赢得了时间，大家合力将持刀男子制伏。

一场危机解除了，丁非却被送进了医院。经检查，他头上的伤口长达12厘米，经过两次开颅手术才脱离了生命危险。由于很多头发被砍进骨头里，他的伤口连续发炎2个月，每次换药都能抽出一些脓水。

"在换药时，我才感受到生命的脆弱，更懂得生命的宝贵。让旅客平安出行，我不后悔我的决定！"丁非说。

关键时刻站得出来：牢记使命，勇于担当

"丁非在关键时候总是首先站出来，哪儿有急难险重任务，哪儿就有他的影子。"广州南站客运一车间值班站长马新明评价说。

今年29岁的丁非在大学时代就加入了中国共产党。自2012年毕业参加工作后，他始终坚守入党初心、牢记使命，甘于奉献、勇于担当，面对困难挺身而出，路遇不平急公好义，恪尽职守竭尽全力……

2013年9月18日13时55分，广州南站三楼候车区A26、A27检票口配电间冒出黑烟。"跟我上！"火情发生的第一时间，丁非一声召唤，带领3名职工佩戴防毒面具冲入配电间。他们忍受高温炙烤和毒烟熏呛，迅速扑灭了明火，确保集体财产安全。

2017年10月9日10时06分，丁非在广州南站北一地下停车场巡查时，发现停车场里烟雾弥漫且夹杂着刺鼻的气味，立即将情况报告给车间管理人员和设备管理单位。随后，他深入烟雾中检查，发现火源为一辆自燃的私家轿车，立即使用灭火器扑灭了火，防止了火势蔓延。

2018年9月16日，强台风"山竹"袭击广州。广州南站全线列车停运，大量旅客滞留，车站立即启动应急响应预案。丁非第一时间组织党员骨干成立党员先锋队，为旅客提供贴心服务。当日20时许，车站一层因暴雨积水严重。丁非带领30多名青年职工扛沙包、运沙袋，成功把积水隔离并引流到站外。

朱进军/摄

2019年4月30日，一名中年男子在广州南站20-27出站口南边晕倒。丁非接到通知后立即赶往现场并联系120救护车。等待救护车期间，该男子突然口吐白沫、停止呼吸。丁非当机立断，为男子清理口鼻污物，进行心肺复苏和人工呼吸，为抢救旅客生命争取了宝贵时间。

2019年暑运，广珠城际铁路和江湛铁路试行电子客票。丁非全程盯控车站电子客票系统安装、调试，测试并跟踪试用情况，收集问题和不足，并提出改进意见和建议，为电子客票顺利试行作出了贡献。

2013年以来，丁非先后参加防洪防汛抗击台风突击队15次，处理突发情况32起，救助患病旅客45人次，帮助重点旅客228人次，收到锦旗、表扬信15件，受到通报表彰36次。

"铁路运输安全与人民群众日常生活密切相关，铁路关系着国计民生，我们这一代铁路青年肩上的责任很重、面对的挑战很多，关键时刻必须主动站出来，为推动铁路改革发展作出自己的贡献。"丁非说。

平常时刻看得出来：牢记宗旨，倾情服务

两年前，因表现优异，丁非成为车站客运值班员。面对新岗位、新考验，他坚持全心全意为人民服务的宗旨，扎实做好各项服务工作。

"丁非正直善良，始终把旅客当亲人。"广州南站客运二车间三班客运员杨曦说。

丁非所在的三班主要负责广州南站进站实名验证口、出站口工作，协管安检口工作。丁非始终把确保旅客安全放在第一位，严格落实车站封闭式管理制度，强化验证查验和安检查危管理，坚决把危险源堵在站外车下。近年来，他实现了零责任投诉。

丁非总是把旅客放在心里、把责任扛在肩上。2019年1月29日，丁非在巡视时发现广州南开往合肥南的G650次列车到点还没开车，原来是由于一名旅客脚踝处大量出血却不肯下车医治。得知这一情况后，丁非主动上车与旅客沟通，发现旅客患有下肢静脉曲张，放行李时小腿用力过猛导致血流不止。通过交谈，丁非得知该旅客担心春运期间运力紧张、下车后无法回家过年。"您先下车治疗，车票可以退，明天我亲自送您回家！"丁非劝慰道。听到这句话，这名旅客终于答应下车治疗。

朱进军/摄

在日常工作中，丁非总结出一套"开锁"工作法。他认为，无论是对旅客还是对同事，只要把他们的事放在心上，用心处理，就像一把钥匙开一把锁，没有解决不了的问题，还能把工作做得更好。

"丁非关心职工，是个好兄弟！"广州南站客运二车间三班客运值班员向泽寒对记者说。

一言一语皆是爱，一举一动总关情。去年底，三班一名职工突然中风，卧床不起。丁非多次前往照看，每月帮助他处理单位的事情。细微之处见真情，这种真情也在不断地感染着、影响着大家。如今，互帮互助在三班蔚然成风。

三班曾有一名青年职工思想不稳定、工作责任心不强。丁非与他深入谈心，言传身教，帮助他改变心态、积极工作。了解到班组一对青年男女对结婚的事情犹豫不决，丁非组织同事为他们举办了一场浪漫的求婚仪式，让他们坚定了终身携扶的决心。

丁非详细掌握班组每一位成员的情况，针对岗位流动性大、情况变化多、职工情况各不相同的实际，采取老带新的方法，把合适的人安排到适合的岗位上，保证旅客安全乘降的同时，充分发挥每一个人的作用。

"我是一名共产党员，党员就要有党员的样子，必须把工作干好，否则愧对胸前的党徽。"丁非是这样说的，也是这样做的，并将一直做下去。

采访手记

怀揣真心守职责

在采访中，回忆起与持刀男子搏斗的往事，丁非仍然心有余悸。

丁非的妻子是他的同事，同样作为铁路职工，她赞成丁非的英勇无畏。但作为妻子，她还是劝丈夫以后遇到这种事，一定要把自己的生命放在第一位。

下次遇到同样的事情怎么办？记者私下询问丁非。

"如果再遇到这样的事情，我同样会站出来制止，绝不退缩，坚决确保旅客安全，这是作为党员、作为一名铁路客运员应尽的职责。"丁非坚定地说，"但处理方式要改进，不仅要见义勇为，还要见义智为，既要制止暴力，又要保护自己。"

真情而不矫情，没有空洞的口号，只有真实的心灵。这就是铁路党员的样子，真正把岗位责任融入现实、融入工作、融入生活、融入灵魂。

"驯龙高手"的降龙十八掌

  肖永红 中国铁路成都局集团有限公司贵阳南站运转车间主任、助理工程师，曾获成都局集团公司先进工作者、劳动模范和贵阳南站十佳优秀管理人员、优秀共产党员等荣誉。2019年，他带领的车间班组还荣获了贵州省"工人先锋号"称号。

陈俊龙/摄

『驯龙高手』的降龙十八掌

——记中国铁路成都局集团有限公司贵阳南站运转车间主任肖永红

吴正琪　黄　鹏

　　他是一名成长于现场的车间主任，是一名奋斗在一线的基层干部，是一名优秀共产党员。入路28年来，他把"安全第一，勇于担当"的理念作为自己的人生信条，立足岗位，脚踏实地，不断提升业务技能，创新工作管理思路，带领车间职工"驯服"调车场上的一条条钢铁巨龙，为铁路运输安全保驾护航。

　　他，就是中国铁路成都局集团有限公司贵阳南站运转车间主任肖永红。

苦练技能，换来硕果累累

　　1991年，22岁的肖永红满怀激情来到铁路。起初，他是一名线路工，觉得日常的线路巡视很无聊、没有技术含量，总是心不在焉。有一次，在肖永红检查过的一段线路上，他的师傅停住了脚步。师傅问肖永红："这个螺丝拧紧了吗？"肖永红回答说："师傅，拧紧了。"师傅说："我看还差一点。"说完，师傅拿来扳手，果然又拧了一圈才拧紧。师傅边拧边说："别小瞧少拧的这一圈，如果线路不牢固，很可能引发安全事故。"

看着师傅的背影，肖永红暗下决心，他也要练就一双师傅那样的火眼金睛。此后，他整天抱着规章、拿着标尺，耐心、仔细地研究每一个技术指标和线路数据。

3年后，肖永红转岗从事行车工作，在贵阳南站先后任制动员、连结员、车站值班员、车站调度员、值班站长。他始终保持着一颗初心，一颗脚踏实地、刻苦钻研的心。

1998年，他代表贵阳南站参加贵阳铁路分局接发列车技术比赛，获得助理值班员第三名。2002年至2009年，他连续获得贵阳南站先进生产者、优秀共产党员等称号。2018年、2019年，他先后荣获成都局集团公司先进工作者和劳动模范称号。

身份转型，迎来新的挑战

2012年，凭借过硬的业务技能，肖永红成为一名专业技术人员，并被派到湖潮站任站长。他以良好的业绩和口碑实现了向技术管理干部的转型。

2014年7月，肖永红调任贵阳南站技术信息科副科长。施工协调、规章站细、站务组织……繁杂的工作并没有难倒他。他边学边干，很快就独当一面。2015年，他以优异成绩通过岗位竞聘，担任贵阳南站运转车间主任。

运转车间是贵阳南站人数最多的车间，每日担负数万辆车辆的调车作业任务，安全压力大。成都局集团公司推行调乘一体化改革试点后，将调乘司机划归贵阳南站代管。面对全新的管理形势，刚开始，车间干部职工有些不适应。同时，车间管辖编组站10台调车机、7个作业场的调车作业和多条接轨专用线，管理范围大，盯控地点多。从一个调车场巡视到另一个调车场，作业人员常常要步行一个多小时。

面临安全压力大、管理难度大、工作任务繁重等诸多挑战，肖永红选择迎难而上。

他牢牢守住安全底线，持续开展安全大检查，组织车间干部仔细研判，严格卡控涉及客车安全的风险，对铁路专用线出车、整理车等重点车辆在调车过程中钩钩把关，确保车辆上线运行安全。针对站内调车作业，他亲自梳理了13条安全卡控措施、7条专用线安全卡控措施，并制订14项应急预案，有效卡控了车间安全风险。

　　他将安全风险研判工作前移，成立车间二级分析中心，对机车乘务员作业过程、调车组作业过程进行全覆盖检查。他亲自安排、亲自导演、亲自参与标准化作业视频的录制，让职工在观看学习中明确作业标准。他通过开展月度固定培训、阶段性重点培训、调车关键岗位培训等有效提高了职工的业务技能水平。

陈俊龙／摄

　　他不断强化动态考核管理，不定期对现有大班管理人员进行摸底排查，对不在工作状态人员立即进行约谈，确保现场班组安全管理工作有序可控。他牵头实行优化组合相互补强，尽可能安排优秀人员与新职调车长、驼峰值班员搭班，确保现场安全管理、作业互控。在他的引领下，许多年轻人迅速成长为骨干。3年多来，车间培养了7名优秀大班管理人员、近60名骨干班组长，向车站输送中层管理干部2名、技术干部3名，还向车站分析中心、中间站、调度车间输送了多名优秀人才。

严管厚爱，成就"驯龙高手"

　　自推行调乘一体化管理改革试点工作以来，肖永红始终以"人员管理一体化、制度建设一体化、安全责任一体化、作业互控一体化、检查监控一体化、安全考核一体化"为基本要求，不断优化作业环节，不断清理"土"规章、"土"制度，将作业效率与调乘考核挂钩，使作业效率稳步提升。车站调车作业钩分、中时、停时明显缩短，解编列数有所增加，2018年创造了日办理量达16216辆的历史最好成绩。同时，机车质量管理稳步提升，机务实现了零机破、零机故。在机务段每季度组织的机车保养评定检查中，机车评定合格率达到100%，车间真正实现了调车安全、作业效率、机车质量"三提升"的目标。

2018年7月11日，贵阳南站成功承办了局集团公司调乘一体化管理现场推进会，局集团公司领导、各兄弟站段负责人观摩了调车推演和车间安全分析中心等调乘一体化作业场所，干部职工的良好风貌给全体参会人员留下了深刻的印象。

在日常工作生活中，肖永红总是深入职工当中，与他们拉家常。作为局集团公司的职工代表，他特别注重收集一线职工的意见呼声，做好上传下达。他通过现场交流、家访谈心，充分了解职工的所想所盼，转变职工的思想。同时，他经常组织开展多种形式的文体活动，把车间职工紧紧团结在一起。在他的带领下，运转车间队伍总是在全站各项技术比武和文体活动中拔得头筹，展示出团结拼搏的良好风貌。

作为新时代铁路榜样，肖永红脚踏实地、刻苦钻研、兢兢业业，守护着西南铁路的安全畅通。

采访手记

管理有温度　工作有力度

许多人说，"驯龙"就要有脾气，用自己的性格和脾气压制"巨龙"的野性，才能使其服服帖帖。而肖永红说，脾气不是"驯龙"的要素，把感情与钢铁"巨龙"融合，才能真正拿准"巨龙"的脉搏，真正驯服它们。

在狠抓车间班组管理的同时，肖永红把职工当成家人。特别是实行调乘一体化后，面对新的群体、新的任务和新的挑战，肖永红积极走进职工队伍中、走进这个代管的特殊群体中，与他们共同战斗。

管理有温度，工作有力度。面对工作中的"硬骨头"，肖永红总是亲力亲为，把情感倾注到管理中，让原本冰冷刚硬的"巨龙"有了温度，让条条"巨龙"在祖国的万里铁道线上安全驰骋。

索玛花开幸福来

阿西阿呷　女，彝族，中共党员，1975年8月出生，1996年6月参加工作，现任中国铁路成都局集团有限公司成都客运段5633/5634次"小慢车"列车长。工作中，她坚持"以人为本、旅客至上"的服务理念，推出"情、亲、真、引"工作法，得到旅客广泛赞誉。经常乘坐5633/5634次"小慢车"的彝族旅客都亲切地叫她"阿呷车长"。她获得2017年度全国春运"最美铁路人"、成都局集团公司"四优"共产党员、2018年度"新时代·成铁榜样"等荣誉。

索玛花开幸福来

——记中国铁路成都局集团有限公司成都客运段5633/5634次『小慢车』列车长阿西阿呷

傅洛炜　龚萱

龚　萱/摄

2019年3月29日上午，中国铁路成都局集团有限公司月度工作暨2018年度"新时代·成铁榜样"表彰电视电话会隆重召开。成都客运段担当普雄至攀枝花5633/5634次"小慢车"列车长阿西阿呷，继2017年被评为全国春运"最美铁路人"之后，又荣膺2018年度"新时代·成铁榜样"。

阿西阿呷自1996年参加铁路工作以来，坚持"以人为本、旅客至上"的服务理念，推出"情、亲、真、引"四字工作法，精细服务彝族百姓出行，守护"小慢车"开行。铁路沿线彝族乡亲亲切地称她为"阿呷车长"，称赞她是大凉山美丽的索玛花。

索玛花开大凉山　彝族旅客贴心人

索玛花即杜鹃花，在彝语中又名迎客花。1996年6月开始，阿西阿呷在5633/5634次"小慢车"任列车员，两年后任列车长。

成昆铁路开通运营后，"小慢车"不断穿梭在大凉山里，已运行近半个世纪，承载着当地彝族旅客出行、经商、上学的愿望，成为他们的致富车、运输车、希望车、校车。

2015年秋的一天，阿西阿呷巡视车厢时发现一位身怀六甲的彝族妇女坐在车厢连接处伤心地抹眼泪。她上前询问得知，这名旅客叫吉瓦阿英，丈夫外出打工不幸客死异乡。

"喝点热水，一切都会好起来的。这是我的电话号码，有困难打给我。"阿西阿呷为吉瓦阿英倒了杯热水后，蹲下来悉心开导她，下车前还往吉瓦阿英的兜里偷偷塞了100元钱。

后来两人经常通电话，在阿西阿呷的关心帮助下，吉瓦阿英重拾生活的信心，主动提出认阿西阿呷为表姐。儿子阿木出生后，吉瓦阿英第一时间向阿西阿呷报喜，并在"小慢车"路过普雄站时，为阿西阿呷送来亲手做的荞面粑粑和煮熟的腊肉。

经常乘坐"小慢车"的彝族旅客都知晓阿西阿呷的热心肠，不少彝族老乡都有她的电话号码。"我的电话号码17年都没变，因为那不仅仅是一串数字，更是乡亲们困难时的希望。"阿西阿呷说。

2016年夏的一天，正在值乘"小慢车"的阿西阿呷接到一名彝族旅客的电话，请求帮忙寻找离家出走的孩子李苦伍打。阿西阿呷逐个车厢寻找，最后在带着一群孩子出行的彝族旅客身旁找到了他，孩子大眼睛里满是戒备。

"我是阿呷阿姨，也在大凉山长大。你的妈妈发现你不见了，非常着急。明天列车返乘时，我带你回家，好吗？"听着熟悉的彝语，年幼的李苦伍打渐渐消除了戒心。当天下午"小慢车"到达终点站攀枝花站后，阿西阿呷为李苦伍打送来晚餐，并打来热水为他擦脸、洗脚。

第二天，"小慢车"返回尼波站，阿西阿呷将李苦伍打平安交还给了孩子父母。"太感谢啦！要是没有你，我们真不知道该怎么办。"孩子母亲握住阿西阿呷的手由衷地表示感谢。

23年来，阿西阿呷储存的彝族乡亲手机号码已达到上百个。遇到求助电话，她总是想方设法为他们破解难题。每每提起家人，她却充满愧疚。

2015年彝族年期间，正在值乘"小慢车"的阿西阿呷突然接到家里的电话。母亲哽咽着说："阿呷，你快回来吧，你父亲突然得了重病，医院已经连续下了两次病危通知书。"阿西阿呷脑袋里瞬间一片空白。

面对已经到来的客流高峰，车队已经来不及派其他列车长顶替。她刚参加

陈客宣／摄

工作时老父亲的话在耳畔响起："阿呷，穿上这身制服，你就是铁路人、是成昆人，要牢记忘我奉献的成昆精神，服务好彝族同胞。"虽然泪水奔涌而出，但阿西阿呷依旧坚守岗位，守护着彝族百姓的"希望列车"。

帮老乡拓展销路　脱贫攻坚践行者

　　阿西阿呷值乘的"小慢车"途经沿线最大的彝族聚居地，也是国家级贫困县最为集中的地区之一，车上90％为彝族旅客。因列车低至2元的票价、站站停靠小站以及大运输量，越来越多的人通过"小慢车"运送商品、粮食、蔬菜，做起了小生意，这趟"小慢车"被彝族乡亲视为走出大山的致富车。

　　据阿西阿呷回忆，遇到赶集时间，来自越西、甘洛、普雄等地的彝族同胞，带着土豆、玉米其至鸡鸭、活猪等货物挤上这趟车，希望在外地能卖个好价钱。每到这个时候，列车过道、车厢座椅常常被大大小小的背篓占据。阿西阿呷在巡视车厢时，已习惯一边进行乘车安全宣传，一边将货物整理整齐。

　　遇到彝族老乡运送土特产，阿西阿呷还特意拍照发微信朋友圈，帮助老乡拓展销路，"这些土特产特别受同事和朋友的欢迎。常常老乡们还没下车，特产就在朋友圈订购一空。"阿西阿呷高兴地说。

　　空闲时，阿西阿呷会与老乡拉拉家常，给他们传授一些挣钱的门道。"应

陈客宣/摄

该发挥自己的语言优势，用通俗易懂的话向乡亲们传达党和国家的扶贫政策，让他们树立脱贫决心，助力他们走上脱贫致富之路。"阿西阿呷不仅这么说，也是这么做的。

58岁的吉尔五牛木是这趟"小慢车"的常客，家禽从村里收购，通过"小慢车"运到中间商那里赚取差价的办法，是几年前阿西阿呷向她建议的。现在吉尔五牛木的年收入在万元左右，依靠"小慢车"贩卖家禽住上砖房，生活一年比一年好。

近年来，国家对大凉山地区实施精准扶贫，在政府的帮助下，越来越多彝族老乡开始建新房。因有部分地区还不通公路，于是"小慢车"便成为彝族老乡们运送建材的"运输车"。

老乡们购买的建材中有木材、砖瓦、钢筋、防盗门等材料，行李车放满后，阿西阿呷和工作人员专门腾出几节车厢码放建材，引导老乡们到另外的车厢乘坐，并安排专人看管，确保旅客人身和货物的安全。

近年来，阿西阿呷也深刻感受到精准扶贫政策给家乡带来的变化，特别是现在彝族老乡对子女教育越来越重视，乘坐"小慢车"去县城读书的彝族孩子一年比一年多。每逢周五、周日，列车上尽是穿着校服、背着书包的彝族娃娃们。每到这时，她对孩子们一路呵护有加，有时还给他们辅导作业，鼓励他们好好学习，走出大山，踏上成才的希望之路，通过教育改变命运。彝族老乡也将阿西阿呷当成了孩子们学习的榜样。

23个冬去春来，在这列穿越大凉山腹地的"小慢车"上，留下了阿西阿呷太多的记忆，她与"小慢车"上的彝族同胞建立了深厚的感情。能够终生为他们服务，助他们经济脱贫、精神脱贫，是她最大的心愿。她说，作为铁路人，助力彝族乡亲脱贫攻坚责无旁贷。

推行四字工作法　饮誉最美铁路人

作为一名彝族列车长，阿西阿呷针对服务彝族旅客的特点，坚持"以人为本，旅客至上"的服务理念，推出了"情、亲、真、引"四字工作法，带头做好不同民族同事之间互帮互助和团结进步工作。她利用休息时间到"小慢车"的各个车班，教授同事们基本彝语对话和彝族的风俗禁忌，在列车服务中取得明显成效。

列车服务注重"情"。她在班组管理中，注重通过学习旅客运输心理学，了解旅客情绪情感等需求，全面推行"热心服务、用心交流、细心观察、耐心聆听、真心付出"的"五心"服务法，营造文明、温馨和友爱的旅行环境。

对旅客坚持"亲"。在班组管理中，她始终坚持亲情服务，以讲故事、交朋友、谈心交流等多种方式，架起了与旅客沟通的桥梁。有一次，铁口站上了一位刚生产完处于半昏迷状态的产妇，阿西阿呷准备通知前方喜德站联系120急救送医，但产妇的丈夫以为列车不愿意运送生病妻子而情绪激动拒绝下车。阿西阿呷用彝语与他谈心交流，说明延误治疗时机的后果，说服其在喜德站下车，最终产妇平安，也赢得该旅客理解及称赞。

对标准坚持"真"。阿西阿呷在抓班组标准管理上，始终坚持做到有无检查一个样、客流是否超员一个样，以"让标准成为习惯，让习惯成为自然"作为班组管理的基准，始终贯穿于服务工作的全过程。

对职工坚持"引"。她在班组管理中，根据岗位特点、能力素质、个人特长、旅客需求，开展"争当服务明星"星级乘务员评选活动，引导班组职工立说立行落实职责；通过开展"凉山情"主题实践活动，增强职工融入感、认同感、归属感和责任感，营造学先进、比先进的浓厚氛围，促进服务质量全面提升。

为提高民族团结进步知识普及率，阿西阿呷在"小慢车"上开展民族团结

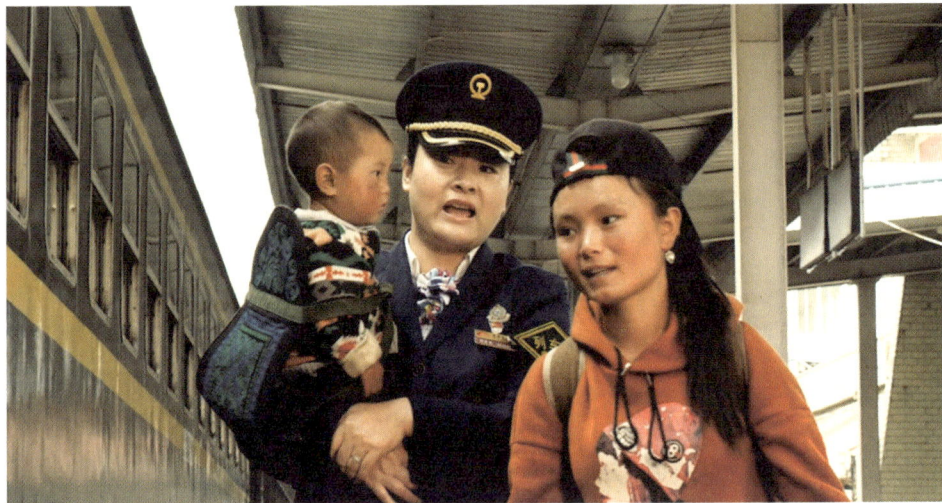

陈客宣/摄

宣传，她还在多趟成昆线列车上进行"成昆人、成昆魂"宣讲活动，为旅客们讲述"小慢车"故事，传递民族团结互助情怀，展示铁路良好社会形象。2017年，在由中国铁路总公司宣传部和新华社新媒体中心联合主办的全国春运"最美铁路人"评选中，阿西阿呷榜上有名。成都局集团公司党政工团近日研究决定，授予阿西阿呷等10名同志2018年度"新时代·成铁榜样"称号。

　　一步步走来，值乘"小慢车"23载往返于大凉山海拔近千米铁道线上的阿西阿呷，始终不忘"人民铁路为人民"的初心，用浓浓关爱凝聚温情，真诚服务沿线彝族旅客，让这趟充满爱的"小慢车"载着大凉山的彝族旅客不断奔向美好幸福的新生活。

采访手记

小慢车　大情怀

　　记者采访阿西阿呷后，一个最深的感受就是："小慢车"里有大情怀。

　　一趟车，一辈子。阿西阿呷参加铁路工作23年来，在大凉山倾情奉献，守护着这趟彝族同胞的致富车、运输车、希望车、校车，视旅客如亲人，与彝族同胞建立了深厚的感情，被人称为大凉山美丽的索玛花。"小慢车"里，弥漫着阿西阿呷服务彝族同胞亲如鱼水的民族团结情。

　　阿西阿呷所值乘列车经过地区是国家级贫困县最为集中的地区之一。值乘"小慢车"过程中，她积极响应国家精准扶贫政策号召，引导鼓励彝族少年儿童通过教育改变命运，为彝族乡亲脱贫出谋划策，竭尽所能为老乡增加收入，助力彝族乡亲脱贫攻坚，展现了新时代铁路职工"人民铁路为人民"和交通强国、铁路先行的大爱情怀。让我们为像阿西阿呷一样的铁路榜样点赞！

"妙手名医"护航动车安全

吕飞林　中国铁路昆明局集团有限公司昆明车辆段昆明动车组运用所动车组机械师，2010年7月入路，先后获得全国青年岗位能手、全路优秀共产党员、云岭首席技师、云南省技术状元、云南省五一劳动奖章等荣誉。

『妙手名医』护航动车安全

——记中国铁路昆明局集团有限公司昆明车辆段昆明动车组运用所动车组机械师吕飞林

陆　华　郭薇娜　韦济飞　熊　美

董利峰/摄

　　从高空俯瞰，位于云南省昆明市呈贡区、距离昆明南站约8.6公里、占地近90万平方米的中国铁路昆明局集团有限公司昆明车辆段昆明动车组运用所犹如一艘巨大的航母，被人们形象地称为"动车航母"。2016年，云南迎来高铁时代，这艘"动车航母"为高铁动车的运用、检修与整备提供了保障。

　　作为亲历和见证云岭高铁从无到有、从有到多的第一代动车人，32岁的吕飞林就是这艘"航母"的"护舰人"之一，也是保证动车健康"贴地飞行"的"妙手名医"。

"天之骄子"甘当"地沟小子"

　　2010年，吕飞林从华东交通大学毕业，成为昆明局集团公司的职工。上学时，他成绩优异，组织能力突出，曾担任辅导员助理和班长，是大家眼中公认的天之骄子。可是刚一入路，他就遭遇了接二连三的不适应。

　　吕飞林学的是数控技术和铁道车辆专业，想象中的工作是在干干净净的环境中和电脑打交道。没想到入路培训结束后，他被分配到昆明车辆段检修车间从事外制动检修工作，就是钻到地沟里，检修充满油污泥垢的客车底部。

　　面对从天之骄子到地沟小子的落差，吕飞林萌生了打退堂鼓的想法。

　　2011年是吕飞林工作的第二年。在他的记忆中，那年的冬天特别冷。每天走进检修大库、脱下棉服换上冰冷的工作服时，吕飞林都在反复和自己进行着心理拉锯战——辞职还是不辞职。

　　"我有轻微洁癖，脱下干净衣服穿上工作服时是我每天最痛苦的时候。"吕飞林不好意思地说。一想到天天在苦脏累活儿里耗得筋疲力尽，吕飞林就忍不住怀疑自己入错了行。

　　察觉到小伙子内心的动摇后，吕飞林的师傅、时任外制动组工班长的杨云顺在间休时找到了吕飞林。杨云顺的话语很朴实："你再坚持试试。人呐，不管干什么，都要有本事才能让人信服。别看现在苦，将来都会变成甜的。"

　　杨云顺平时寡言少语，这几句掏心窝子的话却字字敲在了吕飞林的心上。他开始以杨云顺为榜样，踏踏实实握紧手中的检车锤，边学边干，渐渐从工作中找到了获得感和满足感。

　　"我这个人只要下定了决心，就一定会把事情做好。"吕飞林说，他一心一意地融入地沟小子的角色，逐渐成为班组的技术担当。

　　2012年，吕飞林在昆明买了房子。他说，他决心扎根了，把根深深地扎在云岭铁路，铁路的发展和自己的进步让他对美好未来充满了信心和期待。

　　时光匆匆，安心扎根的日子一晃就过去了。5年后，吕飞林练就了过硬的技术本领，走上了班组质检员的岗位。日复一日的勤学苦练，让他渐渐品出了甜味。

"动检小白"蝶变"技术大咖"

　　一路披荆斩棘，在实现了成为技术骨干的目标后，吕飞林更加努力。2015年，他又一次面临选择。

　　他清楚地记得那天是4月19日，就在妻子预产期当天，自己踏上了外出学习的远行之路。

　　此前，对于即将到来的家庭新成员，吕飞林已经做好了迎接准备。妻子生产的日子一天天临近，然而就在预产期前9天，一个电话让吕飞林感到为难。

"电话通知我去武汉参加培训，考核通过就能成为动车组机械师。接触动车是我们每一名青年职工的强烈愿望，这样的机会我期盼很久了。"吕飞林说。一边是学习新技术、新知识的好机会，一边是即将生产的妻子，站在选择的岔路口，吕飞林犹豫了。

看出吕飞林的心思，他的妻子勇敢地做出了决定：让吕飞林参加培训。

带着浓厚的学习兴趣、家人的支持鼓励和单位的期许，吕飞林作为昆明局集团公司第一批前往外局学习动车检修技术的职工出发了。培训期间，他坚持勤学苦思。白天，他跟着师傅学习检修技术、了解动车组部件；晚上，他温习、研究白天所学的知识。

"如果只学技能，不掌握原理，学习的基础并不牢固。"吕飞林想。于是，他找来参考书籍、资料，每天晚上仔细研究到深夜，直至弄懂原理，第二天再到现场观摩、确认。

半年时间里，吕飞林如饥似渴地学习、积累高铁动车理论知识。

随着学习的深入，喜欢刨根问底的吕飞林遇到了瓶颈。理论知识掌握越多，就越感到疑惑，他对动车组部件的认知只停留在脑海中，无法在现实中得到验证。

吕飞林掌握理论知识、弄清楚电路原理后，就会投入实践进行"反推"。如果只停留在理论上的研读、而得不到实践验证，那么对他来说，就像"心被挠痒痒"一样难受。

他热切盼望着动车组开到云南，以便通过实践来验证自己的推理。

2016年5月，第一批配属动车组抵达昆明。作为随车机械师，吕飞林一路小心翼翼地护送。他说："我非常激动，非常骄傲，我们云南铁路终于有自己的动车组了！这意味着我过去的设想都可以在动车组上进行模拟，真正实现学以致用了。"

他紧紧抓住联调联试前几个月的时间，一头扎进各项试验中，模拟故障并验证处置方法。有了实践作为支撑，吕飞林对动车组技术的研究更加完善、深入。

2016年12月28日，云南接入全国高铁网。吕飞林凭着过硬的业务技能走上了动车所应急组关键岗位，实现了从"动检小白"到"技术大咖"的华丽转变。

业务尖兵转型攻关先锋

走上新岗位，吕飞林站在了新的起跑线上。坐在应急指导的椅子上，电话铃一响，接起来都是棘手的难题。"一开始，我听到电话铃就发抖。"吕飞林说，"那时有种脖子被卡住的感觉，憋气、心慌。"

动车组发生故障，随车机械师无法当场排除，就会打电话给应急人员请求支援。应急人员要能够及时判断故障，并指挥随车机械师迅速处理故障。

在这样的岗位上，应急人员像急诊医生，要对故障进行迅速判断、对症下药，这对应急人员的心理素质和业务技能提出了极高的要求。

记者在采访中发现，"反推"在吕飞林的业务学习中占据着重要的位置。这一次，还是"反推"助他解决了"卡脖子"的问题。

据吕飞林介绍，把动车组电路原理、工作原理弄明白，通过技术"反推"，就能准确判断故障发生的原因；通过技术"反推"，就能准确找出故障发生的症结所在，制定相应的应急处置措施，确保动车组运行安全。

这个道理说起来容易，做起来却困难重重。动车组52个系统的电路图，厚达108页。乍一看，每一个系统的电路图都错综复杂，宛如迷宫。想要轻松"通关"，就必须有过硬的电子、电气知识作为支撑。

为此，吕飞林不断攻关、不断突破。每一个故障信息都促使他不断地"反推"，在解决问题的同时提升自己的业务技能。

就这样，他一直保持着良好的学习习惯，从未停止，并且乐在其中。

丰富的理论知识积累和刨根问底的不断实践，让吕飞林始终走在前列，成为昆明车辆段动车组检修攻关先锋。他在直面问题、解决问题的攻关路上砥砺前行。

参加全国铁道行业职业技能大赛，是吕飞林的梦想。为此，吕飞林付出了巨大努力。

最大的考验就是体力。吕飞林第一次训练，一趟下来浑身酸痛，几趟下来，感觉整个人都撑不住了，回到宿舍倒头就睡。"虽然体力拼不过年轻的参赛选手，但是我要坚持下去，争取通过选拔赛！"更令他感到压力的是，刚刚参加工作一年的两个徒弟张世帅和黄翎峰已经在实战操作中把他甩在了身后。年纪刚过30岁的他，感到了"后生可畏"。"如果连徒弟都比不过，更无法与全路的高手过招。"他暗暗对自己说。

董利峰，熊美/摄

"男人就要对自己狠一点！"他咬紧牙关，每天坚持6时30分准时起床跑步，提高耐力，跑完后就背书，不断巩固理论知识。之后，他还要咬牙坚持7次、140分钟高强度训练，一次下来，汗水便湿透衣服，一天下来，衣服要湿几次。

说起吕飞林，两位徒弟敬佩不已："师傅是个非常牛的人！本来我们认为自己的体能比他强，在检查速度上能够占上风，但我们发现根本不是这么回事。"

渐渐地，张世帅和黄翎峰发现，师傅已经"超车"了！

张世帅说："他有着非比寻常的专注和毅力，有时候我们看着他那样不知疲倦地训练，一个字，服！"

2017年，吕飞林带着徒弟张世帅和黄翎峰代表昆明局集团公司参加全国铁道行业职业技能大赛，获得动车组机械师CRH380A型个人竞赛第一名、团体竞赛第三名的好成绩。

2017年，昆明车辆段以吕飞林的名字成立了"飞林技术创新工作室"。作为工作室负责人和诊断工程带头人，两年来，他带领32名动车组机械师对动车检修维护和应急处置方面的疑难杂症进行技术攻关，向云岭动车运维技术的高地进发。他先后参与编写了《CRH380A（统）型动车组MON屏配电盘信息电路分析及配线说明》《CRH2A/CRH380A型动车组途中应急故障处理手册解析版》等12本教材，总结出动车组制动不缓解牵引电流故障处置等方法，大幅提高了动车组机械师培训的质量和效果，有效促进了职工技能水平的整体提升。

奋斗是青春最美丽的底色

好铁靠千锤，好钢靠百炼。吕飞林的成长正是铁路千方百计发现人才，千锤百炼锻造人才的真实写照。

刚入路，吕飞林困惑过、动摇过，是铁路大家庭用关爱和引导帮助他渡过了难关。一路走来，在铁路大舞台上，吕飞林和许多怀抱梦想的年轻人在奋斗中找到了自己的位置，展现出自己潜藏的优势和无限的潜力，在追梦的路上奋力奔跑，跑出了精彩、跑出了幸福。

奋斗是青春最美丽的底色。吕飞林为青年职工提供了十分接地气的青春励志故事。成功的路上没有捷径，成功捷径就是努力努力再努力、奋斗奋斗再奋斗。深知这个道理的吕飞林在遇到挫折和瓶颈时，坚信铁路发展美好前景、抱着咬定青山不放松的决心，在遇到问题、直面问题、解决问题的道路上勇往直前、砥砺前行，直到一次次超越自己、一点点走近幸福。

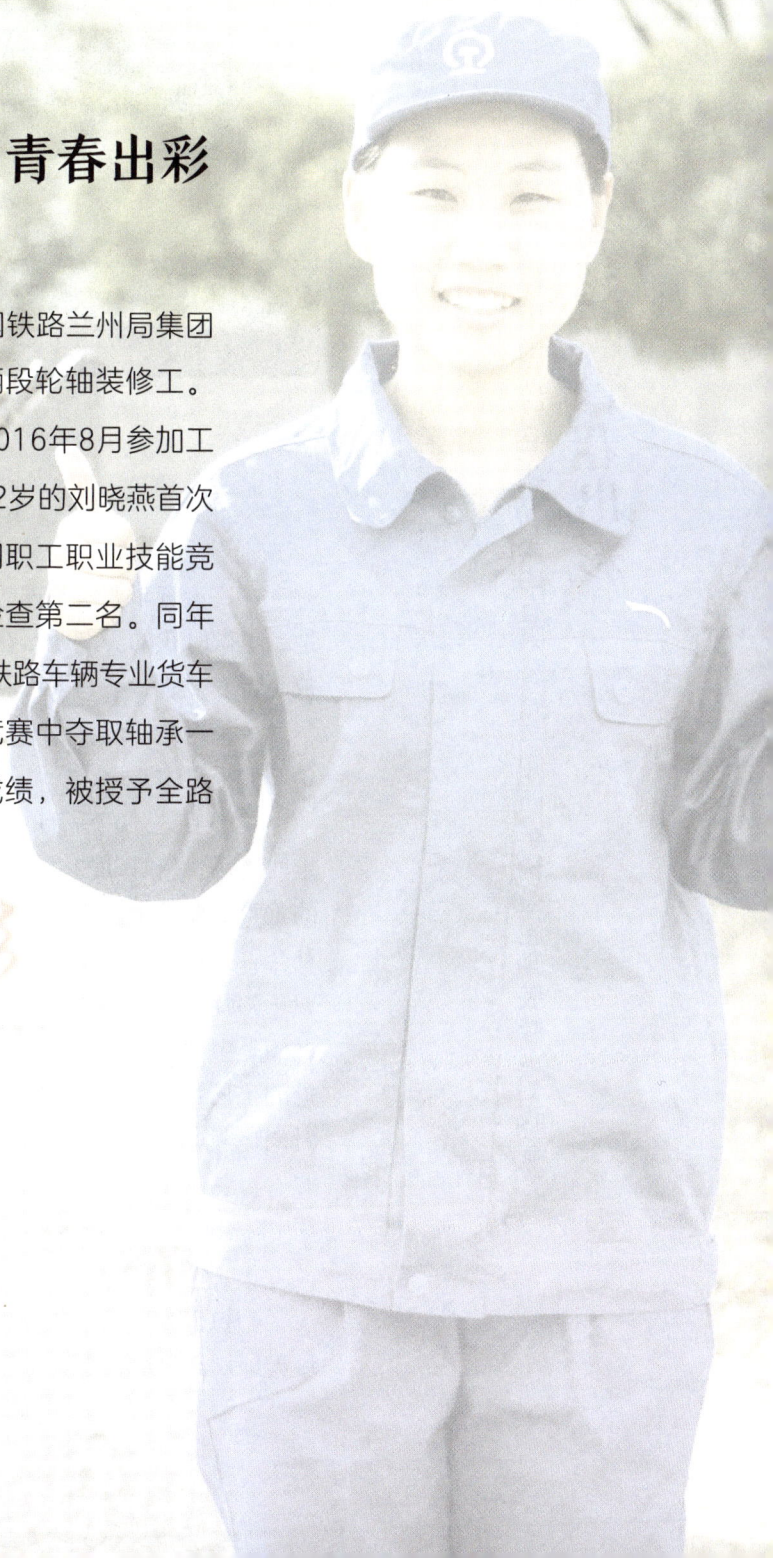

晓燕展翅　青春出彩

刘晓燕　中国铁路兰州局集团有限公司兰州西车辆段轮轴装修工。1996年8月出生，2016年8月参加工作。2018年6月，22岁的刘晓燕首次参加兰州局集团公司职工职业技能竞赛就获得轴承外观检查第二名。同年10月，她在2018年铁路车辆专业货车检修岗位职业技能竞赛中夺取轴承一般检修第一名的好成绩，被授予全路技术能手称号。

晓燕展翅　青春出彩

——记中国铁路兰州局集团有限公司兰州西车辆段轮轴装修工刘晓燕

杨军　贾长学　白亮亮

宋佳龙／摄

"广大青年要坚定理想信念，志存高远，脚踏实地，勇做时代的弄潮儿，在实现中国梦的生动实践中放飞青春梦想，在为人民利益的不懈奋斗中书写人生华章。"这是习近平总书记在党的十九大报告中对青年一代提出的要求。

"95后""00后"的新一代青年正在步入社会、走向职场。新时期的青年一代能否顺利承担永续发展的重责，能否承担中华民族伟大复兴的重任，已成为社会各界及国铁企业的关注焦点。

刘晓燕，一个娇小文静的"95后"女孩，现如今已经是中国铁路兰州局集团有限公司干部职工点赞称道的工匠达人。4月中旬，记者走进兰州西车辆段，对刘晓燕进行了深入采访。

印象晓燕：沃土育新苗

4月15日，午后的天空雨过天晴，阳光明媚。金城大地桃红柳绿，春光正好。

记者来到轮轴装修工刘晓燕所在的兰州西车辆段轮轴车间。该车间承担着兰州局集团公司客车轮对厂修、货车轮轴四级修等工作，装备2条轮轴厂修、3条段修工艺流水线，年加工生产厂修轮对11000对、段修轮对48000对。

轮轴车间主任吴国强、党支部书记葛锐介绍了车间的基本概况。近年来，该车间152名干部职工发扬"细毫厘、行万里、聚合力、创一流"的车间精神，坚持精益管理、标准创建，获得了中国铁路总公司授予的标准化车间称号。

在轮轴库厂房南侧的第二条客货车轮对通用加工组装流水线上，2017年下半年投产的、投资达7000多万元的轮对自动分解、车轴加工、车轴车轮自动传输等20多台现代化的生产设备正在有序运转作业。

说起青年职工刘晓燕，吴国强的满意、赞许溢于言表。他说，刘晓燕参加工作两年多来，敏学笃行、爱岗敬业，勤奋钻研、锲而不舍，是一名优秀的职场新工匠。她现在已经是车间30多名青年职工的榜样和标杆。

记者了解到，接受过数控技术高等教育的青年团员刘晓燕，2018年12月因工作需要被调整到了轮轴车间机床班组数控专用磨床岗位。

14时50分，刘晓燕正在智能成型磨床前专注盯控作业，轴号为705903号的货车车轴在磨削、检测、加工的智能控制中悄然进行。机床一侧的西门子控制操作面板上，砂轮前进、移动坐标、转速加工数据等几十个信号显示灯交替闪烁。

车轴加工主要是针对轴颈、防尘板座等部位。作业主要包括夹紧工件、量仪测量端面、砂轮靠近磨削、量仪检测等10多道工序，一条轮轴完成加工任务需15分钟以上，刘晓燕每班至少加工轮轴16条。

刘晓燕工作岗位一侧的资料柜内有兰州局集团公司党委宣传部编印的《星耀兰铁》教育丛书、标识为"秦川·格兰特"的《铁路货车轮轴组装检修及管理规则》《职工素质抽考理论试题》等专业资料。

记者看到刘晓燕有一本32开本的黑色笔记本，上面是密密麻麻的学习笔记，字体清秀、字迹规范、笔画严谨。"B轴旋转方向""若出现测量仪不在自动状态报警"等以红色的五角星形状标注，而"自动平衡""修整坐标"等操作要点、重要环节步骤则以红色下划线标注，规范醒目。

"今天，还是一如既往，完成了当天的任务⋯⋯但由于自己的疏忽，导致轮对返工，给整体工作造成影响。深刻反思，在今后的工作中，不能再出现这种低级差错。"这是刘晓燕自制的手掌学习卡片扉页记载的工作感悟，记录时间是2019年1月22日。

第二页内容显示时间是1月28日，记录了RD2、RE2B型新制车轴加工前和加工后的各部尺寸，对轮轴检修检测要领知识、轴承拉伤易发生部位与判别技巧等要点的记录也认真详尽。

"书写一笔一画、工整规范，这个良好习惯延伸到了日常工作中。"轮轴车间调度员王岗这样评价刘晓燕的学习笔记和工作卡片。

职场晓燕：名师带高徒

2016年8月，20岁的刘晓燕从兰州铁道技术学院毕业，被分配到兰州西车辆段轮轴车间轮轴检修班组，成为一名轮轴装修工。

初入职场，刘晓燕记忆犹新。检修操作间里"精检细修、确保安全""让标准成为习惯"等安全励志警句格外醒目。刘晓燕说，作为一个从甘肃省静宁县贫困农村走出来的女孩，在就业困难的形势下，能够分配到铁路企业工作，她心怀感恩。那时，她就下定决心，要珍惜工作岗位，苦练业务技能，在本职岗位上干出一番成绩，回报父母，回馈单位。

在新入职人员学习培训期间，工长宋培宪以及其他职能管理人员都向刘晓燕介绍了单位情况。2013年以来，轮轴车间先后获得兰州局集团公司先进车间、示范党支部和总公司标准化车间等称号。

"在班组里，2014年参加工作的葛琴琴已获得全路技术能手、总公司优秀共产党员等多项荣誉。我的师傅李英是全路女技术能手、高级技师，2015年取得了总公司技术比武第二名的好成绩。"刘晓燕说，"每当我在车间的荣誉室里看到她们刻苦钻研业务，收获一次次荣誉的照片时，都激动不已、信心满满。"大家在同一个班组，都是女职工，她们有家庭的牵挂和操劳，却在工作上这样努力，作为一名新入职的青年职工，我有什么理由不勤奋、不努力呢？班组同事的表现成为刘晓燕立志岗位成才的初始动力。

技能人才培养的良好氛围和环境使刘晓燕备感自豪。段里的铁路工匠、技术大拿都是刘晓燕学习的榜样，她甘当劳模先进的粉丝。

然而，成长的历程并非一帆风顺，有时候，面对各种难懂的规章制度、枯燥的操作流程，刘晓燕也会感到沮丧。刘晓燕记得刚开始学习轮轴检修那会儿，由于业务不熟练，组装轴承缺乏巧劲，费了不少劲儿，却远远赶不上师傅的速度。那时，她既着急又失落，每当抱怨装配轴承繁琐时，葛琴琴就会真诚地开导她："不能小看咱们这活儿，车辆高速运行全靠轴承支撑车轴旋转，如果轴承发生质量问题，轻则轴温过高导致停车甩车，重则轴温激升引起切轴断轴，甚至发生列车颠覆事故，所以干轴承检修的工作容不得半点马虎。"慢慢地，刘晓燕对这项工作的严肃性和重要性有了更深刻的认识。

在后来的工作中，刘晓燕遇到困难愁眉紧锁的时候，师傅李英总能敏锐地发现，并耐心地教导她："你的工作才刚开始，哪有这么容易成功的事情，不要着急，有我们帮你！"正是在李英、葛琴琴这些优秀榜样的激励带动下，刘晓燕渐渐找到了工作的目标，明确了努力的方向。

"刘晓燕身上有一股不服输的韧劲""踏实肯学""专心专注""她上学期间，凭着勤奋努力、成绩优秀，获得了5000元的国家励志奖学金""每天午休时间，刘晓燕主动开着清扫车清扫3000多平方米的职场卫生区域，从不提及报酬"……4月16日午间，该段党委副书记李义召集轮轴车间的10多名干部职工进行座谈，车间副主任张亮、机床班组工长张孝明、高级技师吕长勇、轮装工赵刚等纷纷讲述他们眼中的刘晓燕。

出彩晓燕：奋斗展芳华

3月7日，兰州局集团公司召开2019年先进女职工表彰暨经验交流会，兰州地区各站段工会主席、受表彰的女职工先进集体和个人代表等130多人参加会议。刘晓燕在会上作了题为《晓燕出巢，最美芳华》的发言，倾情讲述了自己参加工作3年来，师傅帮带、组织培养、朴实追求、奋斗青春、问鼎全路技能大奖、获得"感动兰铁人物"的拼搏历程。

"不要念家，好好工作，你要珍惜岗位，珍惜荣誉，继续努力，把成绩保持好，就是我们最大的愿望。"这是今年春节假期，刘晓燕回家探望父母时，双亲对她的嘱托。刘晓燕说，无论在工作中遇到什么困难，只要想起家人的叮嘱、领导和师傅的鼓励帮助，她就有了奋进的动力、拼搏的力量。

工作中的刘晓燕是"蛮拼的"。一套铁路货车轴承重达30多公斤，有14个关键部位的尺寸限度都需要精确测量，即使比头发丝还细的裂纹也不能放过。为确保精准检测，刘晓燕从源头学起，学习车辆构造、原理、检修方法，掌握故障发生规律；学规章规程、学工艺流程，苦练检测本领。为了彻底学懂弄通，她把滚子、保持架、密封座等十几个轴承零件的70多个检修限度全部熟

宋佳龙/摄

记，对轴承检修工作中存在的难点问题、不明白的测量细节、不清楚的选配环节逐一记录下来，虚心向师傅请教……

经过一段时间的努力，刘晓燕基本掌握了货车轴承检查的要领，但她并不满足。有一次，为了解决轴承组件在检测仪上跳动的问题，她利用午休和下班后的时间，对外圈牙口检测仪、大端面磨耗检测仪等检测仪器进行了一个多月的反复试验，终于发现是由于自己转动轴承检测时，力度掌握不均匀导致了轴承跳动，之后她梳理总结出"平扣、轻转、双测"检测法，轻松破解了由于轴承跳动导致检测精度下降的难题，有效杜绝了"带病"轴承流出。师傅们也不禁对这个后起之秀刮目相看，向她竖起了大拇指。

"我工作30多年了，这么踏实认真的孩子是不多见的。为了弄懂轴承结构，掌握一般故障的检查规律，一本关于轴承缺陷的图谱仿佛印在了她的脑海。刘晓燕的手套换得很勤，两天半就磨破一双，干起活来她也从不觉得累。"师傅李英感慨地说，"刘晓燕检修过的轴承在我心中就是'免检'产品。"

渐渐地，刘晓燕的业务技能突飞猛进，很快成为岗位上的技术大拿。参加工作的两年时间里，她多次被车间及段评定为"三星级职工"、获得段优秀共青团员称号。

雏燕展翅，不负芳华。2018年6月，22岁的刘晓燕首次参加兰州局集团公司职工职业技能竞赛，就获得轴承外观检查第二名的好成绩。10月，在总公司机辆部2018年铁路车辆专业货车检修岗位职业技能竞赛中，她不畏强手、沉着应对、冷静参赛，最终取得轴承一般检修第一名的好成绩，被授予全路技术能手称号。

2018年10月26日，兰州西车辆段召开技术能手表彰会，刘晓燕获得1万元现金奖励。段领导对全路技术能手刘晓燕进行隆重表彰并推荐她为2019年兰州局集团公司劳动模范，希望在全段形成弘扬新时代工匠精神、营造人才成长成才有利环境的鲜明导向。

采访手记

奋斗青春书华章

国势之强由于人，人材之成出于学。敏学笃行、爱岗敬业，勤奋钻研、锲而不舍，这是青工刘晓燕给记者留下的深刻印象。学以强身、学能增智，不学不足以担重任。秉承谦虚好学、不懈进取的良好学习与工作习惯，刘晓燕走出了初入职场的精彩。

青年成长成才不只需要个人的努力，组织的用心培养也至关重要。企业只有为新职人员提供良好的入路教育、细致的职业生涯导航、有效的师徒帮带、优良的职场熏陶、优秀的榜样示范，才能探寻出一条适用于基层站段青年技能人才培养的有效路径。

愿新时代铁路高质量发展进程中有更多的"晓燕展翅、青春出彩"，在奋力走好新时代的长征路上鹰击长空，翱翔万里。

敬业友善同担当

马彦云　中国铁路乌鲁木齐局集团有限公司霍尔果斯站运转车间连结员，2013年大学毕业后，被分配到霍尔果斯站工作。几年来，他爱岗敬业、奋发向上，在生活中谦虚礼让、帮扶他人。2019年，他被乌鲁木齐局集团公司评为先进工作者。

关拥军/摄

敬业友善同担当

——记中国铁路乌鲁木齐局集团有限公司霍尔果斯站运转车间连结员马彦云

张家启　徐靖　邱静

5月20日6时30分，新疆维吾尔自治区伊犁哈萨克自治州伊宁市刮起大风。7时整，中国铁路乌鲁木齐局集团有限公司霍尔果斯站运转车间连结员马彦云驾驶汽车准备离家赶往车站上班。

马彦云出小区门口的时候，看到一对夫妇抱着孩子在拦车。这名小孩正在发高烧，着急去医院。马彦云得知立刻调转车头，先把这对夫妇和孩子送到了医院，然后才去上班。

马彦云居住的小区比较偏僻，很难打到车。马彦云每次开车去单位上班，需要行驶1小时20分钟左右。他总是提前两个小时出发，随时帮助那些需要帮助的人，分文不取。类似这样的好事，他做过很多。

作为铁路平凡岗位上的一名劳动者，马彦云坚持用无私善举温暖人心，用细微之举赢得八方点赞。

央视点赞"短袖哥"寒冬义举

2019年2月16日，中央电视台《新闻直播间》播出《危急时刻"短袖哥"寒冬勇救男童》，引起强烈反响。

"短袖哥"的故事是这样的：2月11日13时30分，在伊宁市凯旋城小区内，一名7岁男孩从自家封闭阳台窗户爬出，悬挂在4楼阳台外，稍有不慎就会坠楼。这时，一位"短袖哥"从家里跑出，来不及穿外套，徒手沿墙攀爬到3楼，成功将孩子救下。过后，"短袖哥"没有留下姓名就默默离开了。

孩子的家长马先生告诉记者，当时他外出有事，接到邻居们打来的电话便飞快往家跑。"多亏了这么多好心人的帮助，尤其要感谢那位不留名的英雄。"他感慨道，"经过多方寻找，我才知道他叫马彦云，今年28岁，是霍尔果斯站连结员。"

"我住在被困男孩家对面的楼里，当时正在家中洗衣服，从窗户往外望时发现了男孩的情况，想着救人要紧，来不及穿上厚衣服就冲出了家门。"马彦云回忆，"救援时我也很紧张，只想着要托住孩子，都忘了寒冷，也多亏了大家的配合，孩子才能安全获救。之后我就赶紧回家取暖了。"

马彦云穿短袖救男童的视频被发布到了网上，引发社会各界的广泛关注，大家都亲切地称他为"短袖哥"。

关拥军/摄

《央视新闻》《东方时空》《新闻直播间》《朝闻天下》《中国新闻》《共同关注》等栏目，分别推出《危机时刻"短袖哥"寒冬勇救男童》等110余条报道；新华网、天山网、新疆头条等多个媒体平台大力转发有关无名英雄"短袖哥"的新媒体产品，阅读转发量迅速突破2000万。

与此同时，"短袖哥"进入百度词条，"阿里巴巴天天正能量"为他颁布了"你的勇敢善良已在人间激起万千涟漪，这个世界因为你的挺身而出，又温暖了几分"的颁奖辞，掀起了正能量的宣传冲击波，对外彰显了铁路人的优秀品质，对内树立了职工学习的榜样模范，形成较大影响力。

网友纷纷在网上给马彦云点赞并留言："铁路人在工作中爱岗敬业，在生活中乐于助人，为这样平凡而伟大的铁路人点赞。你的行动，是铁路人的榜样。"

爱岗敬业，工作中过硬本领为列车安全保驾护航

2013年大学毕业后，马彦云被分配到了霍尔果斯站，先后干过车号员、外勤值班员、连结员等岗位。几年的时间里，马彦云在工作中兢兢业业，苦练业务技能，严格落实作业标准，现在已经成长为车站的技术能手。

2017年1月16日，马彦云作为领车连结员，与同事们一起上夜班。

次日3时，他指挥由50多辆敞车组成的大车列以每小时15公里的速度，向ZH6线路推送。突然，他发现道口处正有1辆汽车抢道，通过对讲机喊"停车"的同时，机智的马彦云立马按下紧急停车键，车列紧急排风制动，车停下后最前端的车钩距离汽车只有10多米，机车司机和汽车司机都长长地舒了一口气。在紧急关头，马彦云用过硬的业务本领正确应急处置，避免了一场事故的发生。

在工作中，马彦云多次化险为夷，有效避免了事故的发生。

马彦云勤奋好学，遇到工作中复杂的问题，就主动请教有经验的老师傅，下班后查阅规章与文件。每每有年轻同事向马彦云咨询业务的时候，他都会耐心地给他们讲解，或者举例说明。遇到自己也拿不准的时候，马彦云和他们一起查阅有关资料。

马彦云作为连接员岗位上的"老兵"，积极发挥"传、帮、带"作用，将经验和技巧毫无保留地传授给新来的年轻职工。他带出的徒弟个个技术拔尖，其中，徒弟郑雷振在乌鲁木齐局集团公司技术比武中，夺得了连接员岗位第二

名的优异成绩。

霍尔果斯站是中国连接中亚、走向欧洲的重要铁路口岸站。近年来，随着"一带一路"建设的深入推进和中欧班列的市场化运行，霍尔果斯站运输枢纽地位日渐凸显。2018年霍尔果斯站货运上量成果显著，车站出国班列开行由原来每天最高6列提升至最高12列。

为了确保中欧班列安全、准时接发，马彦云所在的运转车间连续两个季度调车作业增量都很大，增加了3台调车机昼夜轮转。马彦云每天作业需要步行20多公里，上夜班常常一整晚不合眼，困了就用凉水洗把脸，或者让同事们互相提个醒。无论工作多么繁忙紧张，他都保持精力高度集中，确保了每钩调车作业质量和人身、行车安全。

几年来，他在工作中从未发生过任何责任安全事故。2018年，他以调车57427辆的优异成绩，在霍尔果斯站年度调车工作排名中名列前茅。

"能够服务中欧班列，在'一带一路'建设中贡献自己的力量，我很快乐。在调车员岗位上，完成每一钩调车作业，确保每一趟列车安全，我觉得自己的青春很有意义。"马彦云坚定地说。

诚信友善，努力践行社会主义核心价值观

马彦云父母家在新疆伊犁哈萨克自治州巩留县的一个村子。在上大学的时候，每年放寒假，马彦云都要在自己家创办小学生补课班，免收村里贫困家庭孩子的补课费。

村里有一名叫马亚古柏的老人，体弱多病，且无子女，家里较重的农活都干不了。马彦云时常利用大休的时间回家，帮马亚古柏老人的庄稼浇水、施肥、打农药。

在采访中，马彦云的同事向我们介绍着他做的友善好事。

同事杨利业下班后赶火车回家结婚，在打不到车的时候，马彦云主动开车送他去火车站，赶上了回家的火车。

每当同事搬往新宿舍的时候，马彦云就主动开车给同事拉行李，帮忙抬柜子、洗衣机、冰箱等物品。

同事新宿舍门底下的缝隙太大，容易进老鼠，马彦云用业余时间帮助他们在门框底下安装木条，给侧面门框安装密封条。

单位学习室的门窗坏了，马彦云就拿着木工工具来了，修好了门窗，并且随手疏通了卫生间排水管道。

为了降低单位食堂的伙食成本，马彦云与同事一起，利用业余时间给单位的菜园种上了各种菜苗。他在工作之余，给菜园浇水、拔草，给西红柿搭架。

同事史春光家在外地，他回家探亲期间，因家中有事不能按时来单位上班，便打电话让马彦云为自己替两天班。虽然已经连续上了10天班，但马彦云依然答应了史春光的请求。

同事张思近家也在外地，每年过年总是在视频中给家人拜年，2018年过年的时候马彦云休息，于是，马彦云主动提出与他换班，让他回家过年。看到张思近在朋友圈发的与家人团聚的照片，马彦云也很幸福。

马彦云不仅关心同事，还经常在小区里、社会上做好事。今年3月的一天，马彦云在街上发现一名两岁左右的小女孩穿梭在车来车往的马路中间，十分危险。他马上跑过去，抱起小女孩走到了马路边，经过询问，得知小孩是另一条街上、一家开商店的人家的小孩，家长因为忙而疏忽了孩子。小女孩一个人溜出来后，找不到回家的路。此时，小女孩的父亲马文海、母亲马庆霞正在着急地找她。

小区邻居摆成学家的小孩生病，大便出血，经伊宁市医院治疗后效果不理想，医生建议送往乌鲁木齐儿童医院治疗。此时，伊宁开往乌鲁木齐的旅客列车还有10小时才有。为了能提前一点时间把小孩送到乌鲁木齐儿童医院，摆成学决定自己开车去乌鲁木齐送孩子治疗。但是他不熟悉去乌鲁木齐的路，同时也担心一个人长途开车会疲劳，于是，他向马彦云寻求帮助。正在休假的马彦云毫不犹豫地答应了他。一路上，他们交替驾驶汽车，用最短的时间把小孩送进了乌鲁木齐儿童医院。

敬业与奉献，诚信与友善，马彦云用自己的脚步，践行着社会主义核心价值观，为社会贡献自己的绵薄之力。

采访手记

爱是可以传递的

马彦云告诉记者："童年记忆让我至今刻骨铭心。"他从小在新疆农村长大,上小学三年级的时候去河里游泳,不料,一个漩涡将他卷到了河中央,水性不好的他在水里无助地乱扑腾。这时,路过的一个大哥哥迅速跳入河中将马彦云救上岸。因被呛得晕晕乎乎,当时,马彦云也没对这位救命大哥说一句"谢谢"。时至今日,马彦云仍心存遗憾。

马彦云一直相信:爱是可以传递的。多年来,他一直怀着一颗感恩的心默默回报社会。

"爱国、敬业、诚信、友善",是公民基本道德规范,是从个人行为层面对社会主义核心价值观基本理念的凝练。马彦云认为,"敬业"就是要热爱自己所从事的工作,"友善"就是公民之间应互相帮助。多年来,马彦云在安全生产中防止了一起起事故,在社会上做着一件件帮扶他人的好事。

他说:"最近,我已打听到当年救我的大哥哥叫马宝虎。今年一定找个机会,向他报告自己的心路历程,当面向他说一声迟到的'谢谢'。"

青春筑梦雪域天路

斯朗卓玛　　藏族，1981年出生，中共党员，现任中国铁路青藏集团有限公司拉萨站客运运转车间党支部书记，2008年被推选为第二十九届夏季奥林匹克运动会西藏地区火炬手，先后获得全国五一劳动奖章、全国巾帼建功标兵、火车头奖章等20余项荣誉。

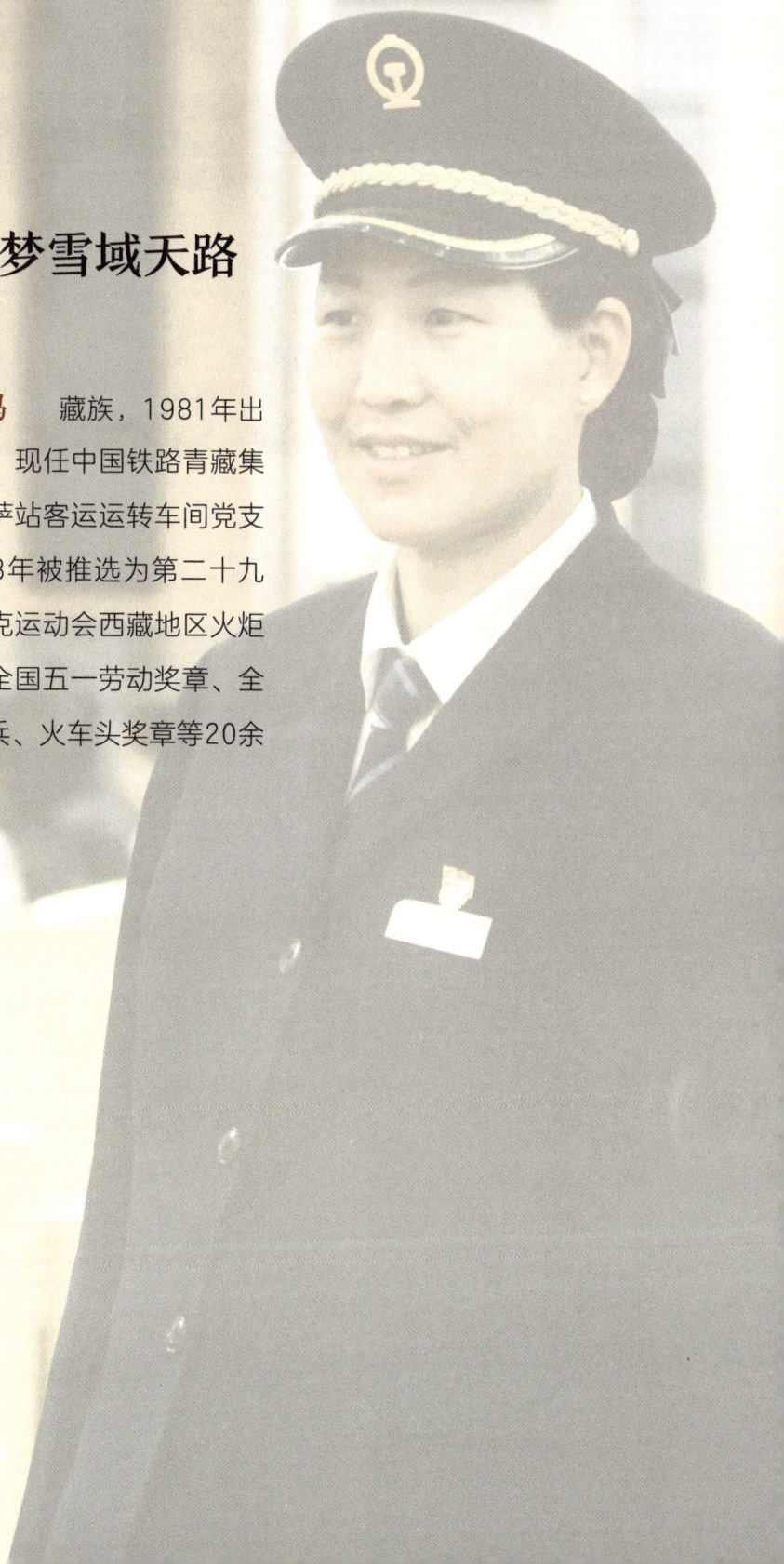

青春筑梦雪域天路

——记中国铁路青藏集团有限公司拉萨站客运运转车间党支部书记斯朗卓玛

王韬

周悦翔／摄

2019年7月25日清晨，中国铁路青藏集团有限公司拉萨站客运运转车间党支部书记斯朗卓玛忙碌地穿梭在如织的客流中。虽然已怀孕7个月，但她依然坚持每天早上上班前，巡查售票大厅、检票口、候车室和站台的客流情况，雷打不动。

卓玛藏语意为美丽的女神。今年38岁的斯朗卓玛，凭借自己的努力奋斗，成为青藏铁路线上最美的格桑花。

从2006年7月1日青藏铁路开通运营，斯朗卓玛就来到拉萨站工作了。她经过车站客运员、助理值班员、售票值班员等岗位锻炼，成长为今天客运运转车间的"领头雁"，获得20余项国家和省市级荣誉，用自己的青春理想和责任担当筑梦雪域天路。

感恩中寻梦

"一定要感党恩、听党话、跟党走，做一名不负党、不负父母、不负藏族同胞的优秀铁路职工。"质朴的情感始终刻印在斯朗卓玛心中。

出生在西藏昌都一个贫困农牧家庭的斯朗卓玛，儿时就渴望走出茫茫大山，看看外面的世界。借助党的政策，她小学毕业后有幸到湖南岳阳和北京就读初中和高中。

"那趟旅程让我深刻体会到家乡的交通是多么落后。"时至今日，斯朗卓玛依然清晰记得第一次跟着带队老师艰难走出大山的情景。他们从村子步行到镇上就用了3天，几经辗转，用了半个月才到达学校。"那时我多么希望村子有一条通向镇上的公路。"斯朗卓玛说，当得知要修建青藏铁路的消息后，自己兴奋了好多天，立志一定要为家乡交通发展贡献力量。

2006年，斯朗卓玛成为西藏第一批藏族铁路职工。"没有党的好政策就没有我的今天，我的成长全靠大家的关心帮助。"这位平凡的藏族姑娘把对党的感恩转化为干好工作的动力。

斯朗卓玛每天早上都会提前一个多小时到达岗位。担任客运值班员以后，她更是尽心尽责，总是想在前、干在前。

西藏每年都会有先天性心脏病儿童患者乘车到内地就医。考虑到这些孩子都是来自牧区，斯朗卓玛主动与带队负责人建立畅通机制，详细登记孩子返程时间，为她们提供周到服务。

"她在工作中有使不完的干劲，每件小事都做得很好。"车间的同事们说起斯朗卓玛工作中的表现，纷纷称赞。

拉萨地处高海拔地区，含氧量较低。在这样的环境下，斯朗卓玛每天要在候车室、站台往返行走10多公里，引导旅客进站乘车。

客运值班员次仁德吉说："有一段时间，我们发现平时帮旅客提行李特别麻利的斯朗卓玛，腿脚开始变得不灵活了，后来才得知由于长期劳累，她患上了腰椎间盘突出。每次帮旅客拿行李，她总是疼得满头大汗，但她始终坚守岗位，从未叫过苦、说过累。"

节假日是车站最繁忙的时候，斯朗卓玛考虑到车站人员紧缺，总是带头值班。工作13年来，她唯一一次在家过年，是她生第一个孩子的时候。

服务中追梦

"感谢斯朗卓玛姐姐为我们准备的水杯和学习用品，太实用了！"2019年

5月26日，拉萨站收到了来自那曲市双湖县28个孩子的一封感谢信。他们是来自山区的孩子，乘坐Z22次列车前往北京参加"起航计划"公益助学活动。"看到她们，我想到了我第一次走出大山的样子，希望拉萨站能成为她们实现梦想的起点。"斯朗卓玛感慨地说。

一座车站就是一座温馨的港湾。斯朗卓玛从一张笑脸、一句问候、一个手势、一个站姿开始，率先垂范，凡事都从细处着手，总结归纳出了"热情、细致、耐心、熟练"服务法，把每名旅客都当作自己的亲人。

"遇到你们我太幸运了，非常感谢。"旅客次南看到自己的财物分毫不差时哽咽地说。2017年4月13日，次南从拉萨站乘坐Z166次列车前往西宁，途中发现装有价值40万元物品的斜挎包遗失在了拉萨站。最后，在斯朗卓玛的帮助下，他找回了失物。

这样的事情对斯朗卓玛来说太常见了。客运一线的长期磨炼让斯朗卓玛学会了察言观色，通过听声音、看面色，就能判断旅客高原反应的程度，然后提供氧气、体检等服务。

"假如我是一名旅客，我想得到什么样的服务？"斯朗卓玛总是从旅客角度出发，查找不足，创新服务举措。他们提炼了"六字验票法"，设立了"爱心广播站"，还主动联系西藏自治区气象部门在候车大厅安装显示屏，实时播报西藏地区天气信息。

"实实在在干好一件事"是斯朗卓玛给自己的定位。在她和车站客运人员的努力下，拉萨站"五彩哈达"服务中心已经从候车室延伸到售票厅和出站口，成为促进民族团结的桥梁。

管理中筑梦

日常管理中的斯朗卓玛像"铁娘子"一样雷厉风行，将车间客运工作管理得丝丝入扣。在她的主导下，车间先后完善了8项管理制度，细化了安全卡控措施，每周开展安全专项检查，对任何安全隐患和违章都锱铢必较。

车间学习客运值班员敕丹坚措对此深有体会。他从最初思想上想不通，到成为中国铁路青藏集团有限公司优秀共产党员，就是得益于车间的严管厚爱。"书记解开了我的思想疙瘩，是我的入党介绍人。"敕丹坚措说，"我今天的进步，离不开她的严格要求和帮助。"

把爱融入管理中，管理就有了温情。"走进职工心里，做他们的知心朋友，才能做好管理。"斯朗卓玛做起了"思想政治辅导员"，像大姐姐一样关心职工，积极引导职工每天改进一点、每天变化一点、每天超越一点，努力营造快乐学习、激情工作的浓厚氛围。

2017年7月，拉萨站接到了西藏内高班连续6个月的集中运输任务。针对人员少、任务重的情况，斯朗卓玛组织车间客运人员成立了"雪域天路党员突击队"，连续加班加点，运送学生4.8万人次。安全优质的运输服务得到了西藏自治区教育部门负责同志的赞扬。

拉萨站外籍旅客较多。为排除语言交流障碍，斯朗卓玛组织刚上班的大学毕业生办起了语言培训班，购买了铁路客运人员用语相关书籍，让车间客运人员可以提供多语种服务。

在斯朗卓玛的带领下，车间服务管理水平不断提升，受到了旅客的广泛称赞。仅2019年上半年，车间就收锦旗4面、旅客留言表扬52条。"旅客的认可就是我们最大的收获。"斯朗卓玛认真地说。

大爱中圆梦

"我是一个幸运的人,是党培养了我。"斯朗卓玛感慨地说,"书包都背不起的我,成了第一代藏族铁路职工,与拉萨站一起成长了13年。"

斯朗卓玛是家中11个兄弟姐妹里唯一走出大山念书的幸运儿。参加工作后,她建立起了自己的小家庭,买了房子和小汽车。过上幸福生活的她深知父母的艰辛,主动担起了养家的重担。

2009年,斯朗卓玛带着从未坐过火车的父母去北京,完成了老人们一生的心愿。老阿妈一说起这段经历,眼里就泛起激动的泪光:"做梦都没想过能去北京。"

斯朗卓玛的家就像学校一样,兄弟姐妹的7个大小不一的孩子都住在她家里。她始终把爱装心里,13年如一日,寄钱给农村的哥哥姐姐,贴补他们的生活,让大家庭充满了温馨。每当同事和邻居遇到困难时,她总是第一个提供帮助,成了大家心中的"热心阿佳"。

"尽我个人的能力去帮助社会。"斯朗卓玛传递着爱心和力量。"没有斯朗卓玛姐姐的资助,我们就会辍学在家劳动。"2013年,她资助的第一个贫困孩子——左贡县甲朗村的姆仁已经大学毕业参加了工作,资助的阿姆曲珍、顿珠、加永卓嘎等5个孩子正在读小学、中学和大学。

赠人玫瑰,手有余香。斯朗卓玛的大爱善举受到了社会的关注和好评,2017年,她获得了全国孝老爱亲类道德模范提名奖。

采访手记

有梦想的人生更精彩

　　"幸福如此简单"是斯朗卓玛的微信个性签名。每个人都有人生理想，对勇于追梦的斯朗卓玛来说，幸福和梦想就在奔跑的道路上，就在辛勤与无私的付出中。

　　梦想有多大，人生的舞台就有多大。从一个贫困山区的孩子到一名大学生、车站客运员、车间党支部书记，斯朗卓玛始终怀揣着人生梦想和一颗感恩的心，一步一个脚印，把艰辛和汗水留给自己，把微笑和欢乐带给别人，用追求卓越的精神和无私奉献的情怀，让自己的青春在平凡的岗位上美丽绽放。

　　有梦想的人生才有奋斗的方向，前行的步伐才更加坚定。斯朗卓玛以追梦人的奋斗姿态，用青春理想筑梦雪域天路，书写着人生的精彩篇章。

为高铁建设插上智慧翅膀

韩祖杰　　1995年参加工作，现任中国铁路设计集团有限公司轨道交通国家工程实验室航测遥感实验室主任，获詹天佑铁道科学技术奖青年奖、火车头奖章、2017年中国铁路总公司"百千万人才"工程专业带头人等荣誉。他主持的国家863计划子课题等多项国家级、省部级科研项目获国家级金奖2项、省部级科技进步奖10项。

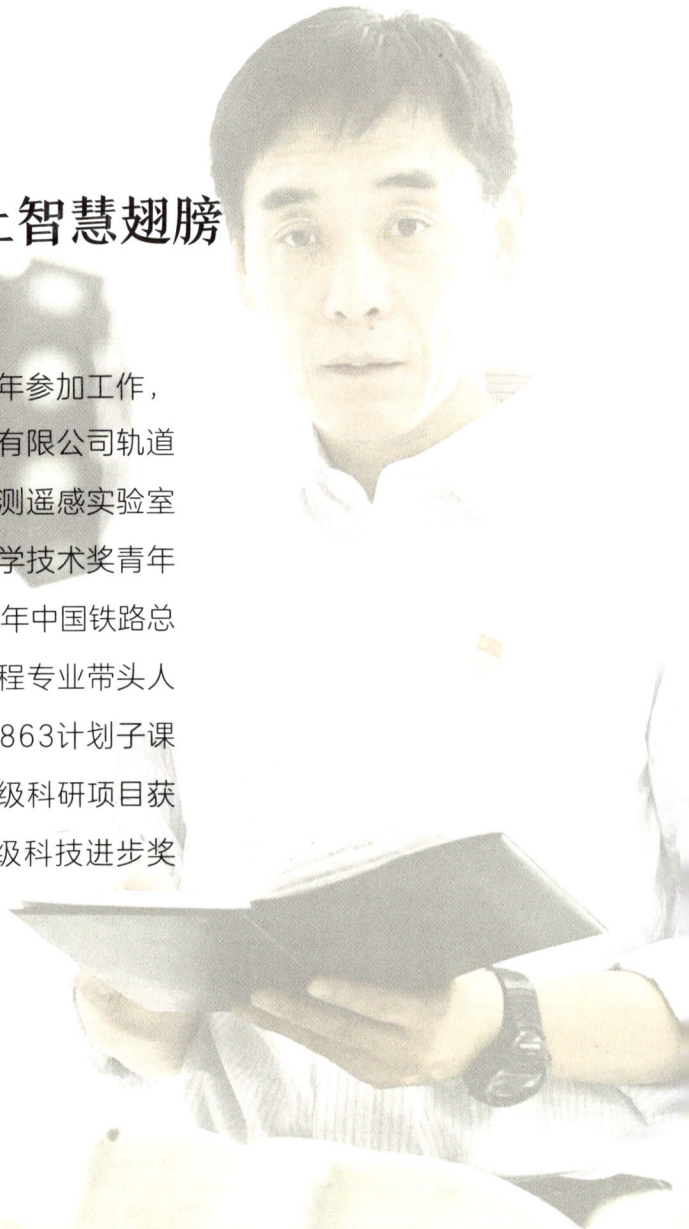

为高铁建设插上智慧翅膀

——记中国铁路设计集团有限公司轨道交通国家工程实验室航测遥感实验室主任韩祖杰

李 蓉

刘一赢/摄

在中国铁路设计集团有限公司轨道交通国家工程实验室航测遥感实验室，有这样一位能工巧匠：他是"王长进劳动模范创新工作室"的核心骨干成员，集詹天佑铁道科学技术青年奖、火车头奖章等多项荣誉于一身。他虽年轻，却已经主持了国家863计划子课题、国家自然基金、天津市重大科技支撑等一系列科研项目，一直为实现铁路勘察设计、建设及运营维护的现代化和智能化不懈努力。他曾参与京津城际铁路、京沪高铁、沪昆高铁等一大批国家重点铁路项目的初测、定测和精测工作，在数字化三维平台上"挥毫泼墨"，绘制出美丽的图景。他就是韩祖杰。

韩祖杰瘦高的个子，谈起个人荣誉总是轻描淡写，但一谈到技术创新，他总有说不完的话："我们这个领域就是要不断创新，科技创新不是空洞的口号，它需要事无巨细地落实。"

最美的遇见，24年钟情于它

韩祖杰走进测绘的大门纯属偶然。当年报考大学时，因为专业里有"摄影"两个字，他以为能做一个周游世界的旅行家，便抱着好奇心选择了摄影测量与遥感专业。

韩祖杰回忆道："几年的大学生活，我并没有周游世界，实习时拿着红白相间的测杆跑到山上测图，每天很早就要到荒郊野岭作业，深深体会到测绘工作的艰辛，也深感我国测量仪器与先进设备的差距。那时我就暗下决心，一定要刻苦学习、潜心钻研，将来报效祖国。"

1995年，韩祖杰从武汉大学毕业来到中国铁设，从一名一线的技术人员一直干到副总工程师。24年来，他扎根科研一线、苦心钻研，不断提升业务技能和创新能力，围绕航测遥感技术、三维地理信息技术和BIM技术深入开展课题研究，把专业技术和铁路工程应用结合起来，取得了多项研究成果，实现了多项研究成果的工程转化，对提高企业核心竞争力和打造拳头品牌起到重要作用。

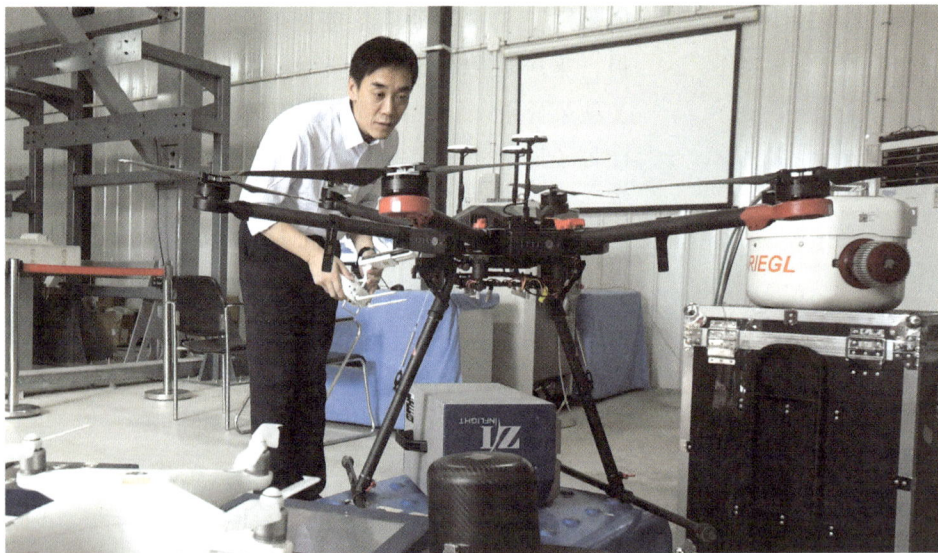

刘一赢/摄

什么是航测遥感？韩祖杰有一句很经典的描述："航测遥感工作最直观的体现就是大家在电脑或手机里看到的三维地图和三维模型。我们通过航空摄影获取高精度的现场照片，经过计算机对海量数据进行处理和平差计算，渲染还原成现场真实的场景。简单说，我们的工作就是为高铁建设插上智慧的翅膀。"

"因为要对地面进行勘测、施工、管理，所以有了测绘行业。航测遥感技术的应用，可以快速获得高精度的现场地形，为高铁设计提供基础地形资料，为建设管理、运营维护管理提供虚拟仿真场景。然后，我们把这一张张照片合成为高精度的三维图形，将成百上千公里范围的真实世界在计算机中重建后呈现给大家。给铁路建设工作带来便利，这就是这项工作的意义。"韩祖杰说。

"我们要把人生变成一个科学的梦，然后再把梦变成现实。"曾两次获得诺贝尔奖的女科学家居里夫人的这句名言点燃了韩祖杰的人生理想。

24年来，韩祖杰钟情于研究领域。为了保证研究成果的实用性，他经常与业主方、设计人员、施工方、监理方进行现场沟通，了解他们的需求，全年中超过一半的时间都是在现场度过的。为了确保研究质量，他每天工作到深夜，每个模块、每段代码都做到精益求精，不断完善信息化平台的各项管理功能，实现了信息化管理的标准化。

在中国铁路主数据中心项目建设中，他首次将平台应用于铁路建筑工程建设，实现了Revit模型的转换和优化显示工作，提高了BIM模型的应用效率，将BIM与GIS技术进行深度融合；在阳大铁路建设中，首次搭建了基于BIM+GIS的建设管理平台；在克塔铁路建设中，针对风吹雪监测与治理、样板工程段等，增加了传感器接入、系统集成和虚拟施工等功能，并融合了BIM技术，提高了铁路模型的精细化程度和建设管理的信息化、智能化水平。

勇挑重担，逐梦中创造奇迹

"只要有一分希望，就要付出百分百努力。"这是韩祖杰心中的信念。在同事眼里，他有一股犟劲，只要认准的事，就决不放弃。

2009年，正值中国铁路快速建设时期。沪昆高铁勘察设计面临着巨大的压力，施工现场山高林密，测量仪器之间被树木遮挡，GPS和一般航空摄影器材因树木茂密影响测量的精度，找出一种有效的测量方法是破解难题的关键。

韩祖杰大胆提出将用于地矿普查的机载激光雷达测量技术应用于铁路勘测，并得到中国铁设领导的支持。他跑现场、跑科研单位、跑厂家、做试验并彻夜编写代码，在极短时间内形成了完整可靠的作业流程和技术体系，实现了机载激光雷达测量技术在铁路勘测项目中首次大范围成功应用，使得勘测时间缩短了一半以上，勘测效率提高了2.5倍。

在京津城际铁路精密控制测量项目中，面对时间紧、任务重的困难，为了更好地配合现场测量工作，他白天与职工在现场边走边记，晚上回来还要研究数据处理方案、编写处理软件。"老韩坐火车不是编程序就是看资料，什么事都要做到极致，入住酒店后第一件事从来都是工作。我们经常劝他注意休息，他只是笑笑，然后继续埋头工作。"科研人员李建虎回忆道。同时，他还主持编写了精密导线测站平差软件，提出了坐标的投影改化方案，并实现了与清华山维平差计算软件的接口，勘测方法达到国际先进水平，为首次在路内使用精测网技术铺平了道路。

在积累了上千页的技术资料后，韩祖杰开始着手研发三维可视化勘测设计平台。在这个平台上，数据变成直观的三维图形，设计人员可以从图形上直接获取数据并在上面开展设计，工程建设管理人员可以直观地、数字化地进行管理，运营维护人员也可以进行工程设施的监测、管理和维护。经过十几年的开发、实践、完善，这个平台已经广泛应用于铁路勘察设计、工程建设和运营维护管理之中，大大提高了工程效率。

凭着一股爱钻研的劲头，韩祖杰逐渐精通航测遥感技术、三维地理信息技术和BIM技术，将三者合而为一，打造了工程三维可视化勘测设计平台，并依托主持的"高速铁路建设及运营综合仿真服务平台""城市轨道交通建设管理信息化平台建设关键技术深化研究"等课题，深入挖掘BIM与3DGIS融合技术在铁路建设及运营中的应用价值，开发了集综合管理、现场管理、技术管理、安全质量、计划合同五大系统三十多个模块于一体的综合平台。

为保证平台的实用性，他在中国铁路主数据中心、盐通铁路等项目的建设过程中不断完善各项管理功能，陆续在平台中增加了传感器接入、系统集成和虚拟施工等功能，并融合了BIM技术，提高了模型的精细化程度，成为打造智能高铁的重要组成部分。

在铁路运营维护阶段，他还组织开发了铁路资产台账、综合监测检测、养护维修以及安全应急等管理模块，并在沈丹高铁、京沪高铁等项目中测试应用，取得了良好的应用效果。

拼命三郎，潜心培养年轻人

韩祖杰的办公室位于研究所的二楼。说是办公室，其实更像是一个机房。寒来暑往，春华秋实。怀着对铁路勘测事业的美好追求，韩祖杰24年如一日，始终以精益求精的工作态度和勇于创新的拼搏精神砥砺前行。参加工作以后，他承担国家863计划子课题在内的多项国家、省部级研究项目，研究成果获国家级金奖2项、省部级科技进步奖10项、工程勘察设计奖7项，取得发明专利7项，并先后入选2013年天津市"131"创新型人才培养工程第一层次人选和2017年中国铁路总公司"百千万人才"工程专业技术带头人，同时还荣获了詹天佑铁道科学技术奖青年奖、火车头奖章。作为主要起草人，他参与了《工程摄影测量规范》和《轨道交通地理信息》两项国家标准的编制工作，还参与了铁路BIM国际标准的编写工作，出版2本相关技术专著。

面对成绩与荣誉，韩祖杰坚定地说："我始终是一名普通的科研工作者，只是赶上了好时代，这些成绩的取得与中国铁路的高速发展密不可分。"

当记者问他，做科研最难熬的是什么时，韩祖杰笑道："最难熬的是寂寞和孤独，但是研究也能让人享受快乐。"

儿子小时候对爸爸最深的印象就是："我每天晚上写完作业都睡觉了，爸爸才回来，晚上除了在家睡觉，爸爸一直都在加班。"但是儿子长大后总是以爸爸为傲，儿子的手机里存了很多爸爸设计的高铁建设三维模型，一有机会就向同学朋友们展示，言语中难抑自豪。一年365天有一半时间都在外面跑，韩祖杰对家人充满了亏欠和内疚，自己只要一有时间，就一定陪他们看电影、打羽毛球和爬山。

"航测遥感技术发展非常快，需要我不断地去追踪和学习，不断测试和创新。机载激光雷达测量技术一开始只是用于林业普查等，我们觉得它相对精度高，通过加强地面控制可以用于工程测量，特别是在植被戊密的地区，像沪昆高铁用传统测绘技术无法获得高精度地形，航测无法穿透植被，GPS上方覆盖植被无法定位，全站仪勘测也前后通视困难，机载雷达技术可以通过达到地面的点，滤波去除植被，从而获得精准的地形数据；3DGIS技术是在此基础上获得的衍生产品，可以将快速渲染的三维地形应用到勘察设计中，逐步扩展到深化设计。"说起热爱的专业，韩祖杰总是滔滔不绝，眼神中充满了兴奋。

在钻研业务的同时，韩祖杰也将自己的团队打造成了一支能打硬仗、作风顽强、勇于创新的队伍。他主动了解团队每个人擅长的领域,让每个年轻人术业有专攻。团队中,有做数据库研究的,有做基础三维与建模研究的,有做规范研究的,还有做应用研究、数学模型研究、虚拟施工和仿真研究的。他带领团队分工协作、补齐短板,攻克了一个又一个技术难关,同时通过劳模工作室的平台将自己的经验、感悟传递给年轻人。该团队2016年入选天津市"131"创新型团队、2018年被铁路总公司评为铁路信息模型(RIM)党员创新先锋队的党内品牌。

"我们技术团队的成员都很年轻,大部分科研人员只有三四十岁。我们要支持年轻人,激励年轻人不断前进,我们的国家就大有希望。"韩祖杰说。

业务时间,他经常与相关科研人员一道开展研究,交流研究思路并提出研究方法和方向,以实际开发工程代替训练,促进相关人员的快速成长。毕业于武汉大学摄影测量与遥感专业的赵文对记者说:"韩总和我们的关系亦师亦友,总是在我科研最迷茫的时候给我指明方向,让我们年轻人少走了不少弯路。"

"我常常跟自己的团队说,我们的工作就跟运动员一样,每一个动作和步骤都需要长年累月的训练才能达到必要的精度和准度。只有靠坚持不懈的奋斗,才能具备工作需要的技能水平。"韩祖杰说。

"技能成就梦想,奋斗改变人生!"韩祖杰动情地说,他最感恩的是国家和社会对工匠的认可与尊重,这也是他精益求精、创新钻研的最大力量源泉。

采访手记

奋斗，带着锐气和闯劲

有锐气、有朝气、有闯劲，这是韩祖杰留给记者最深刻的印象。从一名普通的技术员成长为副总工程师，从担当企业责任到肩负国家使命，韩祖杰用执着和激情书写着精彩人生。

24年间，他作为航测遥感科技研发团队的领军人，带领团队闯关夺隘，破解一项又一项技术难题。他深知科技是国之利器，国家赖之以强，企业赖之以赢，人民生活赖之以好。

韩祖杰身上有一种特殊的气质：不管外面的世界多么精彩，他都耐得住搞科研的寂寞，始终保持坚韧不拔、敢拼敢干、冲锋在前的本色。

也正因为这份执着与坚持，才有了一项项铁路工程勘察设计技术难题的破解，才有了一条条高速铁路的通车运营，才有了祖国山河"天堑变通途"。

"陆地海员"的人生高度

东江琦　　中共党员，51岁，中铁特货运输有限责任公司郑州机械保温车辆段304列机械冷藏车组乘务长。他工作在离地三尺的流动机械工作车里，每次出乘都要在外28天，因此，这个工种也有着"陆地海员"的称号。工作30年来，他的足迹遍布全国铁路沿线大小站点，累计值乘4600余天，行程85万多公里，承运货物7万余吨，取得了车组无事故、承运货物无质损的骄人业绩，先后获得全路优秀共产党员、中国铁路总公司直属机关建功立业先进工作者等荣誉，所总结的"党员963工作法"被评为全路党内优质品牌。

『陆地海员』的人生高度

——记中铁特货运输有限责任公司郑州机械保温车辆段304列机械冷藏车组乘务长东江琦

肖培清　王军　王博

王博/摄

2019年6月26日，郑州骄阳似火。一组由1节机械工作车和4节货物冷藏车组成的机械冷藏车组停放在郑州机械保温车辆段库内，火红的太阳照射在银白色的车组外，折射出耀眼的光芒。

郑州机保段304列机械冷藏车组乘务长东江琦打开机械工作间，一股热浪扑面而来，3台柴油发电机发出震耳的轰鸣。很快，豆大的汗珠就在他的额头、脸上冒出来，并不时地往下滚落。查看柴油机运行状况，观测水温、气温和压力……东江琦按照作业流程，同时也是长期形成的工作习惯，一项不漏地进行检查。这样的动作，每隔20分钟他就要重复一次，30年来，只要值乘，雷打不动。

30年来，他有近一半的时间在流动的机械工作车里度过，从没缺过勤，从未发生过事故，先后获得全路优秀共产党员、中国铁路总公司直属机关建功立业先进工作者等荣誉，他所总结的"党员963工作法"被评为全路党内优质品牌。

一组车就是一条航船，动力充足船儿才会远行

夜色如墨。东江琦值乘的304列机械冷藏车组接到新任务，由漯河出发，承运冻品至乌鲁木齐。工作车窗口的亮光划破夜空，拖出一道柔美的光带。

列车向西快速平稳前行。"不好，第3冷藏车温度偏高。"东江琦在例行巡查时发现一节冷藏车内温度不达标。停机、开机、切换线路……东江琦很快找到并排除了故障。

30年来，像这样的应急处置，东江琦记不得有多少次了。

东江琦所值乘的304列机械冷藏车组是铁路冷链物流运输主力车型。位于车组中间的工作车由机械间、控制室、厨房、卫生间、卧室和值班室等组成，是东江琦与徒弟闫海宁工作生活的主要场所，承担着为4节"大冰箱"供电的任务。

"上了车，就像船儿出了海，船儿要运行，各个部件必须运转正常。"东江琦介绍，车组有柴油机、电器柜、发电机、制冷机，这些机械的知识原理都得弄懂弄通，还有车辆检查维修业务也必须熟练掌握。"每次出乘都是对脑力、体力、经验和责任心的综合考验。"东江琦说。

王 博/摄

东江琦上次值乘的304列机械冷藏车组运送的是一批速冻水饺和汤圆。列车停靠新丰镇站后，东江琦戴上安全帽，拿上列检锤，插上红旗，按照要求对车组进行列检作业，重点检查车辆走行部。

东江琦很专注，先用手摸摸关键部件，再用锤子敲击，并侧耳倾听。他说："声音清脆，就说明部件没有故障。"如果碰到不能敲击的部位，他就会瞪大眼睛认真查看，绝不放过一个安全隐患。经过仔细排查，他发现一处减震圆簧裂纹。在紧张抢修后，东江琦及时消除了隐患，保证了车组正常运行和货物及时送达。

长期的乘务工作，东江琦总结出了车辆检查看、听、闻"三字法"：看车辆的运行状态、参数是否正常，听车轮行进中有无杂音，闻设备运转有无异味。

"说实话，这是个良心活儿。出门了，没人盯着你，你也可以不下车。但如果影响了安全，我自己的良心过不去。"东江琦说。

一次，车组乘务员未仔细瞭望便准备更换闸瓦，东江琦发现后立即制止。这时列车突然启动，本认为东江琦小题大做的乘务员心有余悸地说："看来按规章作业真是一点都马虎不得！"东江琦说："规章制度都是用教训写成的，按章作业是安全的基础。"

制冷机是车组最重要的设备。每一个值乘期，东江琦除了对各专业设备进行全面保养维护外，还会对制冷机进行二次保养。东江琦值乘的304列机械冷藏车组有8台制冷机，在列车运行过程中，风沙会通过细小的缝隙渗透进来并黏附在机器上，这些灰尘长时间积累会影响设备的运行状态和制冷效果。无论是炎炎夏日，还是冬雪漫天，东江琦都坚持每次值乘期擦拭一遍制冷机，确保其高效运转。

一组车就是一条船，动力足，船儿才能行得远。30年来，他行程累计85万多公里，承运货物7万余吨，取得了车组无事故、承运货物无质损的骄人业绩。

一组车就是一个哨所，互相帮助阵地才会安全

骄阳似火。东江琦值乘的304列机械冷藏车组经过7天的长途运行，满载着出口货物安全抵达卸车地——喀什站。

"货物一刻不卸车，咱们一刻也不敢怠慢呀。"东江琦看着徒弟，也是搭班伙计闫海宁说，"只要货物不落地，就要严格按照规定控制温度。"随后，

他利用等待货物卸车的时间检查保养机组设备。设备检查保养完成，他还没来得及喝一口水，手机就响了。

"东师傅，我们4车2位的制冷机组启动后总烧保险，怎么回事呀？"手机里传来了正在漯河装车的297列机械冷藏车组乘务人员的求助。不一会儿，297列机械冷藏车组乘务人员按照东江琦的指导排除了故障。

这些年来，东江琦接到的业务求助电话不计其数。对东江琦来讲，工作就是施展拳脚的舞台。他不仅掌握了车组所需的"三机一辆"各项运用技能，而且总结提炼了承运蔬菜、水果、牛奶、冰激凌等10多个品种货物的温控技术要点。2017年，他结合多年值乘经验总结归纳出了以"运输安全把控好、生产任务完成好、客户至上服务好、承运货物质量好、燃材成本控制好、机组设备状态好、定置管理习惯好、工作生活环境好、优质服务声誉好，岗证标识全、工装设备全、规章制度全、医疗保障全、工具备品全、生活设施全，管理规范化、服务精准化、效益社会化"为主要内容的"党员963工作法"。如今，该工作法已在全路机械冷藏车组乘务工作中推广运用，被命名为"全路党内优质品牌"。

一个人强不算真的强，大家强才是真的强。东江琦以"党员963工作法"为平台，带头开展了争"金牌车组"、创"乘务小家"、立"安全标兵"、建"党建堡垒"等延伸活动。

"东师傅是我们车间的节能高手。"东江琦所在运转车间主任徐留常介绍，由于车型老、能耗大，大部分乘务组很难拿到节能奖。但2019年以来，东江琦拿到了536元的节能奖。徐主任告诉记者，他把他的节能"秘笈"一股脑与同事们分享，带动了车间整体节能水平的提升。

"东师傅带的徒弟个个都是好样的。"东江琦所在车队队长韩建文介绍，东江琦带出来的3个徒弟如今都当上了乘务长，成了生产骨干。

"师傅特别爱学习，也特别愿意帮助别人。跟他跑车，从没听他抱怨过。"说起师傅，闫海宁显得特别自豪。

在大家你一言我一语的表述中，记者还知道了东江琦的许多个"没有"：没有给车间、车队找过一次麻烦，所值乘的车组没有叫过一次外修，没有请过一次假……

一组车就是一个流动的哨所，互相帮助阵地才会安全。30年来，东江琦以无私的奉献、宽广的胸怀展示了人生的高度。

一组车就是一个家庭，坚守奉献家庭才会温馨

东江琦一年中近一半的时间都在工作车内度过。车内放置有床铺、桌椅、冰箱、电视等家具电器和生活用品，狭窄的过道仅能容纳一个人通过。两名乘务员经过常年配合，早已达成默契。"师傅做饭，我就打扫卫生。"闫海宁说。

两个人在车组上一次工作、生活28天。因为走的是货运线路，车组时常加不上水。"吃水都困难，更别提洗澡、洗衣服了。"闫海宁介绍，车组一般停靠在远离市区的编组站，加上停车时间不固定，补充食物和日用品时就要特别小心。采访时，尽管小闫跟着师傅值乘还不到两年时间，但对哪个站离市场有多远、来回需要多少时间等，竟然如数家珍。"列车一停稳，我们算准时间，就一路小跑，购置萝卜、土豆、洋葱等易保存的食材，把冰箱塞满。"小闫说。

刚带徒弟小闫时，东江琦和他开玩笑："你知道我们为啥叫'机保段'吧，就是说'饥一顿、饱一顿、断一顿'。"在小闫眼里，师傅不仅业务好，而且日子也过得精细：要远行，就提前买一些耐储藏的菜；冰箱快见底了，就算好日子省着吃；水箱水不多了，就计划着用……

"陆地海员"的生活除了苦外，最难熬的是寂寞。每天面对同一个人，刚上车时还能"闲聊自欢然"，后来就只能"相对无言"了。空暇时间，东江琦练厨艺、吹笛子、学英语和法语、练习朗诵……"师傅生活非常有规律，每天都严格按照计划执行。"小闫告诉记者，他从师傅身上学到了好多东西，也养成了良好的工作生活习惯。

东江琦有16年没在家过春节了。2019年的春节正好是他的乘务期。他回忆说，农历大年三十，一个人静静地坐在车厢里，看窗外万家灯火，心里五味杂陈。当时，他和家人视频通话，一直唠到了手机没电。

运行千万里，苦乐寸心知。工作的压力、生活的艰苦、旅途的寂寞，他都能克服，唯一让他愧疚的是亏欠亲人太多太多。儿子高考期间，他值乘在外，无暇顾及；2016年，母亲因脑出血住院，他远在千里之外；2018年，父亲做了胃部整体切除手术，日常饮食只能靠插管，他没办法长时间陪护，只好让妻子提前办了退休……多少次，他值乘的列车经过郑州，甚至停靠在了郑州北编组场，但因职责所在，只能站在车窗前，凝视家的方向，然后，默默随车远行。

每次退乘回家，他都尽可能帮妻子多干点活，抓紧每分每秒陪伴在父母身边。

一组车就是一个家庭，东江琦把对亲人的爱藏于心间，用默默的奉献与乐观的精神，营造了一个流动的温馨的工作小家。他所值乘的304列机械冷藏车组被中华全国总工会命名为"模范职工小家"。

采访手记

心中有事业　人生有高度

在铁路线上，有一支不为众人所熟知的、特殊的货运乘务队伍。他们每年有近一半的时间奔波在万里铁道上，上下班地点分散在全国各地，流动的车组就是他们的工作岗位，逼仄的车厢就是他们生活的家。他们将新鲜美味的佳肴呈上千家万户的餐桌，保障着边远穷困地区的食品供给。他们是铁路冷链物流从业者，见证了铁路冷链物流事业的发展壮大。东江琦是他们当中的杰出代表。

人的一生有几个30年？在东江琦工作的30年里，他将大部分的时间交给了流动的车厢，交给了轰鸣的机器，交给了孤单与寂寞，这需要多大的决心、勇气和意志呀！采访东江琦，他没有说过一句抱怨的话。这种内心的强大，离不开家人的支持、单位的帮助，更离不开自己的修为。

心中有事业，人生有高度。从东江琦身上，我们看到了一名铁路人宝贵的精神品质，看到了一名普通劳动者的境界与胸怀。

浇灌中老友谊之花

董天胜　　中国铁路国际有限公司派老中铁路有限公司物资设备部部长，负责中老铁路全线物资设备采购供应组织和管理工作。他曾在铁道部京沪高铁建设总指挥部物资设备部工作，有着丰富的国家重大项目建设经验。中老铁路建设期间，他积极应对物资设备管理中遇到的问题，立足境外实际创造性地开展工作，获国际公司2018年度优秀党员、老中铁路公司2018年度先进个人等荣誉称号。

浇灌中老友谊之花

——记老中铁路有限公司物资设备部部长董天胜

郑 晨

　　见到董天胜时，他正在准备第二天的中老铁路防水卷材的竞争性谈判。身着整洁的浅蓝色衬衫，面庞白皙、谈吐优雅，董天胜颠覆了记者对长期在老挝工作、奔忙于中老铁路火热施工现场的物资设备管理者的印象。

　　为了这次谈判，董天胜前期进行了充分的市场调研，并预想了多种场景，积极制订预案。谈判当天，他作为组长，带领谈判小组成员在三轮较量中仔细揣摩对方心理，不断调整谈判策略，逐一与厂家负责人进行谈判，最终打了漂亮的一仗，既择优选择了供应商，又节省了概算投资。

　　这次谈判的重要功臣董天胜，是中国铁路国际有限公司派老中铁路有限公司物资设备部部长。

兵马未动、粮草先行，以施工组织为主线，超前谋划全线物资工作

　　在铁路建设项目工机料清单里，物资设备价值

占65%以上，物资供不上就会影响工程进度，物资质量出问题就会影响工程质量，物资费用控制不好就会影响工程投资。

2009年3月，董天胜进入铁道部京沪高铁建设总指挥部物资设备部工作，负责京沪高铁全线物资质量和供应商管理等工作。一次，施工单位向他反映，现场钢材不能按时到位且不配套，个别工点面临停工待料风险。

"军无辎重则亡，无粮食则亡，无委积则亡。"在董天胜看来，物资设备之于铁路工程，就像武器粮草之于用兵打仗，至关重要。

他及时了解具体供应情况，一方面召集物资代理公司研究解决方案，另一方面敦促施工单位提升现场储备能力，并积极协调供应实力较强的供应商，增加生产库存，做好调剂供应准备。

"中老铁路和京沪高铁不同。我们在境外开展物资工作，招标采购、物流运输、报关清关等环节多、周期长，更需要超前谋划。"董天胜带领物资团队，始终把"保质保供"作为工作目标，紧密结合施工组织，在市场调研的基础上优化采购策略。为了一个方案，他和同事们常常讨论到深夜。董天胜回忆："有一次讨论时，会议室里的灯突然灭了，我们还以为是临时停电，后来才知道是因为时间太晚，写字楼统一断电了。"

2017年，董天胜组织完成了3批次甲供物资招标，涉及钢材、防水板等7类物资11个包件，节约投资2350万元。

2018年，他带领团队挑灯夜战，对项目钢材供应特点、国内市场行情及出口退税政策等进行反复研究，决定一次性完成年度需求量采购，全年仅钢材就节约投资约1540万元。

2019年是中老铁路土建工程的决战决胜年，同时钢轨、轨枕、道岔等线上料以及"四电"物资设备采购供应逐步展开。面对挑战，董天胜常常半夜入睡，第二天不到5时就早早起床。他放弃春节回家的机会，坚守岗位筹划年度工作，于3月成功组织召开全线物资工作会议，明确了年度工作任务。针对钢轨招标采购及跨境海陆联运组织、轨枕现场预制等国内没有遇到的新情况、新问题，他深入研究市场，创造性地开展工作，设置最高限价，优化采购策略，仅钢轨一项就节约投资4600万元。

"中老铁路建设无小事，物资供应不能有任何闪失！"董天胜常常这样告诫自己和同事。

立足境外项目实际，建立健全国际工程物流新模式，协调物资设备顺利通关

境外铁路物资工作常常要面对很多新情况新问题，董天胜厘清工作思路，大胆创新实践，建立国际工程物流新模式。他提出建立境外项目采购供应、仓储物流、报关清关、质量控制、免税物资管理和物资核销六大体系，推行云南磨憨通关的北线公路运输和泰国林查班港转关的南线海陆联运相结合的双线运输保障体系，全力确保物流渠道畅通。

老挝物资机械设备匮乏，需要大量进口，而通关申报程序繁杂、涉及部门众多等问题成为影响物资机械设备进口的重要因素。这让董天胜下定决心深入探索适合境外项目特点的物资管理模式，协调物资设备顺利通关。

2018年3月，老挝政府正式启用中老铁路免税物资设备总清单，不再采用担保模式进口。针对参建单位提出的清关公司一家独大、费用高、服务差的情况，董天胜多方了解情况，向中老铁路项目管理组申请引入竞争机制，增加清关公司。在董天胜的努力下，最终清关公司增为两家，由施工单位自主选择，这样既降低了清关成本，又提高了清关服务水平，受到各方好评。

免税物资设备总清单启用后，根据老挝法律法规，所有车辆类设备进口必须办理通关手续，由于涉及部门多，有的手续办理时间长达1个月至2个月。施工单位车辆类设备大多为租用，为减少关口等待时间，董天胜指导施工单位至少提前1个月制订好进口计划，备齐通关资料，在车辆到达口岸前就办理好有关手续。自免税物资设备总清单启用后，董天胜共组织办理车辆类设备进口手续

271台套，协助施工单位顺利完成了设备进场任务。

随着工程建设的深入推进，免税物资处置、再出口等新问题浮出水面。为确保免税物资依法合规进口且符合项目实际需要，他和同事们分成3个组，在全线进行了为期10多天的调研，并积极征求参建单位和老挝政府相关部门的意见建议，创新制定了《中老铁路项目免税物资专项管理办法》。"这个办法仅在部门层面就修改了至少8次，凝结了大家的心血！"董天胜说。

在免税物资管理上，董天胜毫不含糊。他针对柴油、火工品等老挝政府重点管控的免税物资建立月报制度，随时监控现场管理和使用情况。2019年4月，他组织了全线免税物资设备专项检查，进一步强化了管理。

以服务现场为己任，加强源头质量把关，千方百计保障物资设备供应

现场如战场，无论是京沪高铁建设还是中老铁路建设，董天胜始终以服务现场为己任，千方百计保障物资设备供应。

2011年5月，董天胜收到了设计院9个车站设计优化后的空调需求清单，这已是第八次调整。而此时，京沪高铁站房空调招标工作已经结束，厂家根据合同要求，提前生产好了空调，有的已经送到施工现场，导致空调供应工作极为被动。董天胜多次召集设计院、施工单位和厂家协商，反复向厂家反映现场困难、做好解释工作。最终，已经生产好的空调被调到别处使用，未生产的设备立即安排生产，既解决了现场困难，又保障了现场需要。

2017年4月，董天胜日夜奋战在中老铁路磨憨物资储备基地，建章立制，规划库区，安装标识，一切都要从零起步。他组织同事们白天收发货，调度车辆，清点核对材料型号和数量，深夜填写报关单，干得热火朝天。两个多月时间里，基地平均口吞吐量达到1000吨以上，峰值高达2336吨，保障了施工现场需要。

为全面掌握现场供应情况，董天胜在中老铁路全线推行供应周报制度。他向记者展示了手机里的供应周报Excel表格，上面清晰罗列着施工进度、基地和现场收发存情况、未来10日内需求等关键指标。

在董天胜的字典里，没有"差不多"，只有"尽全力"。他加强源头把关，细化过程控制，坚决杜绝不合格物资进入施工现场。

在京沪高铁建设中，他充分掌握原材料技术特性及生产工艺，深入了解市场格局，建立合格供应商资格审查制度，合理确定供应商准入条件，分期分批公布《合格供应商名录》，严把采购源头关；积极推行质量记录单制度和质量月报制度，加强原材料质量日常检查和不定期抽检，并及时掌握全线物资质量动态。

为了将中老铁路打造成精品工程，董天胜组织参建单位严把原材料进场检验关和出库使用关，全面加强源头质量卡控，发现问题立即禁用。董天胜不碰烟酒，也多次告诫同事："中老铁路是一条'廉洁之路'，做物资设备工作必须从严约束自己，规范物资全供应链管理行为，做廉洁建设典范！"

中老铁路是"一带一路"建设、中老友谊的标志性工程。在董天胜看来，自己的使命和担当不仅在于积极响应"一带一路"倡议，建好中老铁路，而且要成为中老友谊的使者。在招标工作中，他组织编制招标文件英文范本，方便老方代表阅读。采购物资时，他要求各参建单位在同等条件下优先实施当地采购，带动了老挝相关产业发展，为当地百姓创造了更多就业机会。

在中老铁路磨憨物资储备基地工作期间，董天胜发现很多老挝司机都是携家带口跑运输，孩子们小小年纪就陪着父母四处奔波，非常辛苦。恰逢六一国际儿童节，他组织基地同事为这些孩子庆六一，送爱心。"孩子们的眼睛里充满了感激，特别清澈，令我至今难忘。"他深情地说，"是中老铁路搭建了友谊的桥梁，这种爱不分种族，没有国别，没有距离。"

这些孩子也时常让董天胜想起自己年幼的女儿。由于长期在境外工作，他很少陪伴女儿。记者在董天胜的手机里看到这样一张照片，是一次他回老挝前女儿临睡时留给他的一张纸条，上面写着："明天爸爸要走了，6点出发，5点起床。"后面还画了个哭脸的表情。"每次我走，她都特别舍不得……"说到这里，董天胜的眼睛湿润了。

（本文图片均由老中铁路有限公司提供）

使命在肩　勇往直前

中老铁路，是"一带一路"建设和中老两国友谊的标志性工程。能在中老铁路项目中历练成长，董天胜觉得无上光荣，更感到了沉甸甸的使命和责任。

在压力和挑战面前，董天胜选择了迎难而上，他坚定地说："我不是一个人在战斗！我们的一举一动，不仅体现着中国铁路人的精气神，而且代表着伟大祖国的形象！"

和董天胜聊天，更像是在听一堂生动的物资设备管理课，让记者对中老铁路背后的故事有了进一步了解。董天胜兢兢业业的工作态度、开拓创新的勇气魄力，让记者对他的敬意油然而生。

响应时代召唤，加快"一带一路"建设，更好推动中国铁路"走出去"，这是董天胜的追求，更是我们铁路人共同的使命。

以梦为马踏平坎坷变通途

　　王　伟　　男，1977年2月出生，1999年7月参加工作，现为浩吉铁路股份有限公司工程技术部高级主管。在浩吉铁路建设过程中，他负责966公里路基工程的施工图设计、重大技术方案及变更设计的审查和路基科研试验等技术管理工作，成功破解了一个又一个现场难题。

以梦为马踏平坎坷变通途

——记浩吉铁路股份有限公司工程技术部高级主管王伟

张 依

任思睿/摄

2019年9月28日，广袤无垠的毛乌素沙漠腹地，随着一声鸣笛，71001次万吨煤炭重载列车缓缓从内蒙古鄂尔多斯市浩勒报吉南站驶出，世界上一次性建成投用里程最长的重载铁路——浩吉铁路正式开通运营。

建成这条纵贯南北、高效、绿色的煤运大通道，是国人多年的梦想。但对建设者而言，这条铁路荆棘密布，充满挑战。他们栉风沐雨，迎难而上，打破一个个壁垒，向世界展现了中国标准、中国技术，彰显了中国智慧。

"浩吉铁路建设十分辛苦，但责任重大，意义深远。我为自己能参与其中感到自豪！"浩吉铁路股份有限公司工程技术部高级主管王伟就是这群可敬可爱的建设铁军中的一员，负责浩吉铁路966公里路基工程的施工图设计、变更设计的审查等技术管理工作。4年多来，他初心不改，以梦为马，一次次挑战自我、突破自我，踏平坎坷终成通途，留下太多难忘的回忆。

因地制宜、实事求是、依法合规、积极快速地解决 现场出现的一切问题，这是我的职责

"太不容易了！"王伟在建设过程中不止一次发出这样的感慨，"浩吉铁路全长1813.5公里，由北向南穿越毛乌素沙漠、陕北黄土高原、吕梁山脉、中条山脉、秦岭山脉、江汉平原、洞庭湖平原和赣西丘陵等，地质条件十分复杂，每经过一种地质环境都是对建设者的考验。"

对于困难，王伟的准备不可谓不充分。早在施工前的设计阶段，针对沿线山区居多、高填深挖工点众多的实际，王伟就对全线石质边坡30米、土质边坡20米以上的147个高陡边坡工点进行了分类，从中选了十分之一作为典型进行现场勘查。根据现场数据，他组织设计和咨询单位，按照安全可靠、经济合理、技术可行、施工方便的原则进行了路基边坡挡护工程优化设计，并在众多方案中进行比选，最终确定高边坡挡护方案，从源头上强化了工程质量安全和效益把控。其中，韩城北站经优化设计后节约投资4000万元，卢氏站节约500万元。

进入工程实施阶段，每向前推进一公里就有可能遇到新情况、新问题，需要及时优化设计。"因地制宜、实事求是、依法合规、积极快速地解决现场出现的一切问题，这是我的职责。"王伟说。

任思睿/摄

浩吉铁路有330公里线路途经国内典型的膨胀土地区——南襄盆地，其中路基工程近200公里。膨胀土遇水膨胀、天晴干裂，易出现边坡滑坍、路基沉陷、道路损毁等现象。

最初施工设计采用的方案是水泥改良膨胀土，总方量达1500万立方米。"1500万立方米是个什么概念？C80E型敞车的货车要装16万辆。这16万辆车一辆一辆排起来长达2278公里，比整个浩吉铁路还多400多公里呢。"王伟解释道。

尽管预想充分，但开工后通过膨胀土改良试验，王伟发现水泥改良膨胀土存在质量和工期的双重风险。浩吉铁路在膨胀土区域线路长、工程数量多，一旦在此耽误工期将对全线施工进度产生重大影响。确保膨胀土路基工程高质量如期完工是王伟给自己立下的"军令状"。

王伟立即着手在现场开展改良土工艺试验，并牵头负责技术方案审查。他反复分析比对试验资料和工艺流程，提出采用直填料和石灰改良土的优化建议，确保了南阳至襄阳间路基工程顺利推进。

浩吉铁路路基边坡采用浆砌片石拱形骨架防护，这是铁路工程普遍使用的一种防护形式，但在湖北段遇到了难题。湖北段沿线多为石材缺乏的地区，雨季时间长、降雨量大，导致工程进度滞后。王伟组织设计单位对路基边坡防护开展设计优化，提出"肋条式骨架＋基材植生"防护方案，不仅确保了工期，而且大幅降低了投资成本。

施工过程中类似的案例很多。当记者问王伟一次次成功优化设计背后的制胜法宝是什么时，他不假思索地回答——"因地制宜"。

在众多优化设计中也不全是令人头疼的"拦路虎"，还有一些"甜蜜的烦恼"。浩吉铁路北端有200公里线路位于毛乌素沙漠中。设计单位进行勘测时沿线严重沙害线路长达60公里。但随着近年来地方政府沙害治理效果显现，绿化面积大幅增加，现场实地核查时严重沙害线路仅剩10公里。对此，王伟组织设计单位根据现场情况进行了优化设计，节约投资5亿元。

科研试验就是一次次不厌其烦地试错与证伪，直至出现最优方案为止

在设计初期，针对毛乌素沙漠、江汉平原软土地基区和江西境内大量挖方这三大难题，浩吉铁路公司拟定了三大路基科研试验课题，分别是风沙路基、

软土地基组合桩以及C组、D组混合填料填筑及加固试验项目。其中，王伟负责组织试验大纲的编制、审查，督促试验工作实施并参与试验成果评审。"其实，科研试验就是一次次不厌其烦地试错与证伪，直至出现最优方案为止。"他解释道。

铁路穿越沙漠，首先得"战沙"。浩吉铁路穿越毛乌素沙漠的路基长达212公里。沙漠里筑路，既要防沙又要用沙。由于沿线缺乏合格的路基填料取土场，设计单位汲取其他项目经验，选择风积沙作为路基填料。如果这项设计成功施行，将开我国大规模使用风积沙筑路的先河。

为验证该设计的可靠性，王伟选择了800米长路基开展风积沙路基工程技术和长期稳定性试验。他经过两年间无数次试错，最终验证了该设计的可靠性，为今后风沙地区修筑铁路积累了经验。

驶出沙漠，车外早已换了景象。浩吉铁路经过江汉平原和洞庭湖平原区，这里广泛存在含水量大、固结系数小、土层分布复杂的松软土。浩吉铁路有43公里路基需要在软土上进行加固，如同在"软豆腐"上打桩立柱。

设计单位创新提出了软土地基组合桩方案。为论证该方案是否可行，王伟组织开展了软土地基组合桩试验。具体来说就是在路基面应力扩散范围内采用较长的刚性桩，用来承受主要荷载，保证路基沉降不超标；在应力扩散范围之外区域布置较短的柔性桩，用来保证路基稳定性要求。

软土地基组合桩试验最终验证了设计方案的可行性，降低了施工成本，为今后铁路类似厚层软土地基设计、施工提供了有益指导和借鉴。

抬头看山，转头见岭。浩吉铁路挺进山区，这里路基工程挖方外弃数量较大，大部分弃方为C组料（合格填料）和D组料（不合格填料）的混合料。为更好地总结经验，在今后工程中充分利用挖方，减少挖方外弃和取、弃土场的征用面积，王伟组织开展了C组、D组混合填料填筑及加固试验。试验证明，C组、D组混合填料填筑路基能满足工程质量要求。经专家评审，该项试验成果具有巨大的经济效益和社会效益。

当一个个桥墩竖起、一段段路基成型，特别是顺利通车，对一个建设者而言，那种喜悦无以言表

采访中，王伟的讲述如同他干的工程一样朴实，没有激情感人的故事，没

有热烈激昂的话语。他将一切成绩归功于公司、团队与家人的支持。

　　但在每一个成功案例的背后，记者都可以深刻地感受到，和很多铁路建设管理者一样，只有日积月累地积淀才能获得不平凡的成绩。

　　王伟1999年于哈尔滨工业大学毕业，随后一直在建设一线从事技术和项目管理工作。2014年调入浩吉铁路公司前，他先后参加了内昆铁路、宜万铁路和重点公路项目建设，历任技术员、技术副队长、技术负责人、项目经理等职务，积累了丰富的现场经验，锻造了非常强的规划、统筹、协调能力。

　　20年春华秋实，现在的他还像当年那个刚刚踏上工作岗位的小伙子一样满怀激情，朝着目标奋力奔跑。"建设管理是一个涉及多专业、多学科的系统工程，时间跨度大、涉及部门单位多、管理难度大，一个优秀的铁路建设管理人员首先必须具备敬业、忠诚、勤奋这些基本素质。"王伟说，"其次还应具备良好的协调、沟通能力，熟练的专业技术能力，强烈的成本意识，严谨的分析能力。在这条路上，我始终在努力。"

　　20年执着坚守源自信念与责任。他说："铁路建设是一个体力和脑力工作强度'双高'的行业，特别是在实施阶段，问题层出不穷，这是一个痛苦而冗长的过程。但是，既然选择了就必须全身心投入……当一个个桥墩竖起、一段段路基成型，特别是顺利通车，对一个建设者而言，那种喜悦无以言表。"这就是铁路建设者们最幸福的时刻，这就是他们逢山开路、遇水架桥，不畏艰辛、开拓创新的动力之源吧！

采访手记

虚实结合　锐不可当

"内心务虚需高远，手头务实需厚重。"采访中，王伟时常挂在嘴边的这句话给记者留下深刻印象。这是他在工作中奉为圭臬的信条，他是这样说的，亦是这样做的。

人在建筑房屋之前，思想中就已经有了房屋的图样。这个思考、谋划、设计的过程，就是务虚的过程。作为一项工程的源头，施工设计是确保工程质量安全和效益的关键。在这个阶段，王伟要求自己必须站在全局高度去思考谋划，在不断的比选、组合与调整中，综合考量安全、质量、成本、节能、环保等诸多因素，力争使设计方案趋于最优化。

一旦进入工程实施阶段，王伟则立刻完成从务虚到务实的"完美转身"。浩吉铁路纵贯南北，沿线地质复杂，施工难度非常大，现实困难层出不穷。越是艰险越向前，王伟一个山头一个山头地翻越、一个难关一个难关地攻克，无数次试验最终换来成功实践。

每个建设者都是人们了解一项工程的一个小小窗口。王伟的讲述，让我对浩吉铁路这个精品、智能、绿色、人文的工程有了更温暖、更真实、更立体的感知。

心中有责任　手中出精品

　　王久军　　男，1978年9月生，2019年时，任京张城际铁路有限公司精品工程办公室副主任、高级工程师，主要负责"精品工程、智能京张"的创建，涉及精品工程的规划、创建、检查评估，科研课题的组织推进，工程化项目的落地实施以及先进工装工艺工法的推广交流等。

心中有责任　手中出精品

——记京张城际铁路有限公司精品工程办公室副主任王久军

张　依

谢　琦/摄

110年前，由"中国铁路之父"詹天佑主持修建的京张铁路开通，打破了中国人不能自建铁路的妄言。

110年后，北京2022年冬奥会重点交通配套工程——京张高铁，开启了世界智能高铁先河，通过"智能建造、智能装备、智能运营"带给旅客全新的乘车体验。

一代人有一代人的青春，一代人有一代人的使命。新一代的铁路建设者们传承詹天佑精神，践行"精品工程、智能京张"理念，各出所学，向世界生动诠释了中国实力和中国智慧。

王久军就是这群可敬可爱的京张高铁建设大军中的一员。作为京张城际铁路有限公司精品工程办公室副主任。4年来，他在这里付出青春与激情，留下了开拓创新、奋勇前行的铿锵足音。

挑战世界级难题

当记者问起王久军对京张高铁哪个项目印象最深

时，他毫不犹豫地说："清华园隧道！"这也是王久军在工程部工作时付出心血最多的项目。

2015年，在圆满完成京津城际铁路延长线（天津至于家堡）项目后，王久军调到京张城际铁路有限公司工程部任职，牵头负责京张高铁全线174公里站房、路基、桥梁、城市隧道、环水保、施工组织、道路穿跨的工程技术管理工作。

"清华园隧道的建设难度是世界级的。它穿越北京市海淀区学院南路人口稠密区，施工组织风险多、标准高、难度大。"王久军介绍，"它和北京地铁10号线、15号线、12号线相交而过，并行13号线，此外还穿越大量城市主干道和地下管网。其中，与15号线的最小结构净距离仅0.8米。"

出于减少对敏感建筑物扰动的考虑，清华园隧道采取了盾构施工手段，可以最大限度地规避对既有基础设施的扰动，减少对市民生活的影响，还能在开通运营后降低对周边环境的噪声污染。

"在如此复杂的环境下进行盾构施工，还要满足地铁运营部门提出的2毫米沉降控制指标，无异于在人体的动脉间做一次微创手术。不同的是，我们只能成功，因为在首都核心区域施工，稍有闪失将会造成不可估量的社会影响。"王久军说。

由于清华园隧道项目的复杂性，仅办理手续就需要7项流程。对此，王久军组织参建单位通过"5W2H"分析法结合思维导图，厘清了地铁邻近营业线施工的关键问题，按照问题导向原则精准发力，积极协调北京市地铁运营公司将邻近地铁施工审批手续办理由4.5个月加快到1.5个月，大幅节省了工期。

智能化是京张高铁最闪亮的名片。京张高铁全线应用BIM、全过程可视化监控等技术，可以实现自动化监控量测，清华园隧道项目也不例外。施工过程中，王久军牵头成立现场管理组织，并通过设在清华园隧道项目部指挥中心的终端设备，全程进行现场监控，从而快速、准确采集现场数据，进行风险识别和隐患排查治理。

为了不影响地铁运行，施工都是在地铁停运的凌晨进行。"每次施工我都在设备旁进行监测，最紧张的就属穿越北京地铁10号线施工了。"王久军回忆道，"夜晚我监控施工，白天连轴转开会审核数据、总结经验、做好第二天施工准备，生生熬了5天，直到安全穿越地铁10号线，我悬着的心才落地了。"

在该项目中，他还打破常规、创新思路，将轨下结构混凝土现场浇筑改为绿色、高效的全预制拼装结构，实现轨下结构与盾构掘进同步进行，开创了国内全预制拼装技术的先例。该技术投产后不仅改善了作业环境、保证了工程质量，还提升了效率，为参建单位创造日掘进24米、月掘进474米的纪录，提前48天实现清华园隧道掘进贯通做出贡献，成为清华园隧道项目的一大亮点。

王洪明／摄

打造智能化高铁

百余年前，詹天佑在给友人的书信中感叹京张铁路的重要意义。百年之后，在同一起点，站在中国铁路、装备制造、综合国力飞速发展的"肩膀"上，新时代铁路建设者传承先辈精神，迎难而上，再次靠自己的双手和智慧创造出令世人惊叹的铁路工程建设奇迹。

2018年3月，经验丰富、业务全面的王久军从工程部调到精品工程办公室，结合以往的建设经验，依托科研项目研究，积极运用科技手段，通过改进技术工艺、改善生产环境、优化管理和流程再造，推进智能建造，助力精品工程。在这里，更多、更严峻的挑战在等着他！

"新建八达岭隧道是京张高铁的重点工程和控制性工程，也是全线最长的隧道。隧道内还设置了八达岭长城站。为保障客流顺畅，隧道内不仅要修建3层地下结构，还要修建78个大小洞室，最大跨495平方米左右。"王久军介绍道。

困难还远不止于此！八达岭隧道所处区域土质结构属极高风险，稍有不慎就会引起坍塌；存在地下涌水风险，不知打孔打到哪儿就会冒出个"大喷泉"。此外，由于隧道穿越军都山，两边高中间低，地形起伏较大，无法容纳大直径盾构掘进机，因此只能采用爆破法。

"八达岭长城景区对于文物保护及生态环境要求都非常高，在这里爆破就好比'太岁头上动土'。"王久军开玩笑地说，"但办法总比困难多！我们创新采用了精准微爆破新技术，决不能让老祖宗留给我们的宝贵遗产受到一丝影响。"

精准微爆破的震动到底多小呢？"传统爆破技术震速高、震感强，而精准的电子雷管减震爆破施工技术能使爆破震动的幅度和分贝降到最低，相当于一个成年人在长城上跺一下脚，可以忽略不计。"王久军骄傲地说。

此外，值得一提的是，王久军还首次在八达岭隧道施工中推广应用3D激光断面扫描技术，实现了正盘台隧道超欠挖及初支平整度精准控制，同时还减少了混凝土消耗，实现成本与质量双赢。

怀来双块式轨枕无人生产线也是王久军的一个"小骄傲"。他组织进行了怀来轨枕场轨枕生产智能化升级改造，将人工智能与高铁施工深度融合，实现设备效率最优：轨枕生产工效指标提高17%，产品废品率由2.5‰降低至1‰以下。这项创新对于解决当前建设领域劳动力缺乏的问题，提供了一个有益思路。

到精品工程办公室后，王久军负责中国国家铁路集团有限公司确定的67项工程化项目推进，其中50项已实现由科研到工程化应用的成果转化，极大助力了智能京张建设。

磨砺全能型本领

王久军的从业之路，源自他儿时的梦想。他的家乡在河北唐山一个农村。火车从村后穿过，仿佛从庄稼地里跑出来似的，让他觉得很神奇。在高考填报志愿时，王久军毫不犹豫地选择了西南交通大学，大学毕业后又如愿成为一名铁路职工。

但王久军的职业之路并非一帆风顺、一成不变。其间，他也曾离开铁路系统，"跨界"转战房地产、财会等全新领域，这些经历让他累积了宝贵经验，锻造了非常强的经营、统筹与协调能力，也对铁路建设管理有了独特的理解。

"适应当今铁路发展需要，铁路建设管理人员应该是个多面手：要有使命般的激情、要有永不言败的精神动力、要有过硬的专业知识、要耐得住寂寞的坚守、要有服务参建单位的行动、要有承受责任和压力的担当、要有临危不乱的冷静、要有抽丝剥茧的细致、要有运筹帷幄的协调、要有精打细算的'吝啬'。"他是这样说的，也是这样做的。在施工现场，他不仅展现了过硬的专业素养，而且发挥了极强的统筹协调能力，总是能沉着冷静地从纷繁复杂的问题中找出症结所在，进而解决它。

参加京张高铁建设，除了自豪和骄傲，王久军也深感肩上责任重大。"没有最好，只有更好"是他提到京张高铁精品工程时常挂在嘴边的一句话。为了让更多人理解"精品工程"的含义，他这样形象地解释："京张高铁不但要有健美形体，而且要有颜值和内涵，我们既要赋予其生命，又要让其体现内实外美。"

"建设京张高铁精品工程，就是要通过精心设计、精心组织、精心施工，使京张高铁设计新颖、安全可靠、技术先进、品质一流，集中国高铁建设运营技术和管理水平之大成，成为优质工程、创新工程、生态工程、人文工程和廉洁工程。"

2019年12月30日，京张高铁开通运营。以此为新起点，王久军将继续秉持精心、精细、精致、精品的建设理念，奋力前行，书写新的人生华章。

采访手记

每临大事有静气

　　从业18年来，王久军始终恪守"每临大事有静气"的人生信条，勇于担当，克难而行，用匠心打造精品。

　　"'精品工程、智能京张'的创新实践没有经验可循，可以说是在'摸着石头过河'。风险与困难层出不穷，这是挑战更是动力。"在京张高铁联调联试间隙，王久军接受记者采访时感慨道："遇见问题不要轻易说办不到，逃避解决不了问题，慌张会迷失方向，换一种心态，你会发现办法总是有的。"

　　一个人的静气从哪里来？它不是与生俱来的，也不是从天上掉下来的，需要经年累月的历练与积累。精彩丰富的职业经历赋予了他过硬的专业技术能力、敏捷的思维创新能力、良好的管理协调能力，更增添了他面对困难时的定力与底气。

　　心静才能专心谋事、用心干事、一心成事。"问题的出现是好事，越早发现意味着能越早解决。"当同事因联调联试每天出现的大量问题而产生急躁、畏难情绪时，王久军总是这样激励大家，帮大家化解压力，守好开通前的最后一道关，将中国高铁最新成就、标杆工程完美呈现于世人面前。

誓雕精品慰苍穹

闫志刚　　男，中共党员，正高级工程师，1976年2月出生，曾任国铁集团工管中心沪通长江大桥建设指挥部副总工程师兼工程部长，现任工管中心设计管理部副部长。组织编制了世界首座千米级公铁两用斜拉桥——沪通长江大桥沉井基础、主塔、钢梁等重大施工技术方案，并推进现场建设实施工作，保证了大桥顺利建成通车。紧紧围绕研发具有自主知识产权的新型材料创新目标，积极开展科研攻关，组织编制《2000 MPa平行钢丝斜拉索技术条件》《Q500qE 钢板供货技术条件》等技术条件，并推进生产及沪通长江大桥现场应用工作，沉井基础、主塔、钢梁以及新型材料研究成果达到国际领先水平。曾获省部级科技进步奖7项，获火车头奖章、茅以升铁道工程师奖、江苏省五一劳动奖章以及"钢结构杰出人才"等荣誉称号。

杨建光/摄

誓雕精品慰苍穹

——记中国国家铁路集团有限公司工程管理中心

沪通长江大桥建设指挥部副总工程师兼工程部部长闫志刚

杨建光

"长桥卧波，未云何龙？复道行空，不霁何虹？"

乘坐轮渡从长江北岸的江苏省南通市到达南岸的张家港市，每次看到正在建设中的沪通长江大桥，闫志刚总会想起杜牧的名句。

为了让这条巨龙跃出江面、早日腾空而起，闫志刚与无数桥梁科技工作者和建设者倾注了太多的心血与汗水。

作为中国国家铁路集团有限公司工程管理中心沪通长江大桥建设指挥部副总工程师兼工程部部长，闫志刚怀着对桥梁事业的无限热爱与忠诚，在这里已经奋战了5年有余。

恋"桥"之美

"北京的桥啊千姿百态，北京的桥啊瑰丽多彩……这一座座金桥啊，都连着四海通向未来！"

蔡国庆唱的这首老歌坚定了闫志刚选择桥梁专业

并一学到底的信念。"美！"闫志刚说，在交通工程建筑物中，桥无疑是颇具美学价值的工程体。

1995年，闫志刚从老家吉林省洮南市考入北京交通大学，从本科读到硕士再到博士毕业，桥梁专业一直是他始终不变的选择。他于2006年留校任教，2012年调入铁道部工程管理中心，直到担任中国国家铁路集团有限公司工程管理中心沪通长江大桥建设指挥部副总工程师兼工程部部长，闫志刚一直都在与桥打交道。

一聊起大桥，闫志刚的话就滔滔不绝。在他眼里，桥梁之美在其结构形态，也在其连接功能——连接被河流沟壑阻隔的两地，彰显其沟通和谐之美。他说，从古至今，中国桥梁之美不仅震撼人心，而且展现了不同时代中国桥梁水平的发展与进步。

闫志刚说，中国现在的桥梁建造技术在世界上也处于领先水平。长江之上，武汉、南京、九江、芜湖、天兴洲和大胜关等几座长江大桥代表了新中国桥梁史上的几座里程碑，而正在建设中的沪通长江大桥更是耀眼。他认为，这么多的壮美桥梁是国人的骄傲，也是建设者的骄傲。

杨建光/摄

虽然超级喜爱桥梁，但闫志刚在2013年以前做的都是教学科研和技术管理工作，算是纸上谈"桥"，并没有真正完整地参加过任何一座大桥的建设。这让闫志刚抱有很大遗憾。

闫志刚曾被工程管理中心安排到中铁大桥勘测设计院集团有限公司学习半年。其间，他翻阅了大量沪通长江大桥前期勘察设计资料。他说，那个时候能够专心阅读大桥设计资料，并与设计人员面对面沟通交流，让他对大桥的整体设计以及前期准备工作有了丰富而深刻的理解。

2013年11月，沪通长江大桥建设指挥部成立，37岁的闫志刚被正式任命为指挥部副总工程师兼工程部部长。"根本没想到会让我来具体负责工程管理部的工作。"闫志刚感到十分意外。他说："沪通长江大桥主跨1092米，建成后将是世界上首座跨度超千米的公铁两用斜拉桥。开工以来，这座桥一直受到社会各界的广泛关注。最近一两年，几乎每天都有来参观考察的团体，有时候一天会来几个团。"

这座世人关注的超级大桥有5100平方米巨型沉井基础、330米超高主塔、1800吨大节段钢桁梁及336米刚性梁柔性拱桥，工程建设难度前所未有。

"毫不夸张地说，作为一名桥梁工程师，一辈子能参与建造这样等级的大桥，值了！"回想当年接到任命通知的时刻，闫志刚至今仍难以忘记当时激动而幸福的心情，"当时就是让我去做一名桥梁工程师，我也愿意啊。"

解"桥"之难

兴奋之余，更多的是压力和责任。闫志刚深知，要破解大桥建设中的种种难题，自己还需要刻苦学习和磨炼。

"说实话，搞桥梁科研、教学我懂行，但工程建设管理确实是我的短板。刚来指挥部的半年多时间里，每晚我都要恶补重大施工方案和建设管理知识。"虽然是工程部的负责人，但闫志刚从不自以为是。第一次召开指挥部例会时，他诚恳地对大家说："大家都是我的老师，我很愿意倾听大家的意见、接受大家的帮助。我有做得不正确的地方，请大家及时指正。"凭着谦虚谨慎的态度，闫志刚很快就掌握了工程建设管理的精髓。统筹资源、协调组织、审核实施等日常工作，他很快就熟稔于心。5年多来，在他和同事的共同努力下，大桥建设闯过一道又一道难关。

　　大桥建设初期，面积达5100平方米的主墩钢沉井在长江上定位异常困难。闫志刚和建设团队参考了国内外大型沉井施工案例，最终研究确定"主锚钢锚桩＋重力式边锚"的定位方案。在这一方案指导下，钢沉井着床后，最大平面偏差仅29厘米，远低于最大要求限值。此后，他带领团队相继破解了330米超高桥塔C60混凝土抗裂及泵送工艺研究、1800吨大节段钢梁整体吊装架设等诸多难题，保证了大桥建设顺利推进。

　　智慧建桥、科技建桥是闫志刚的追求。大桥采用Q500qE高性能钢、直径7毫米的2000兆帕级平行钢丝斜拉索等新材料都是在我国桥梁工程中首次应用。在没有规范可采用的情况下，闫志刚组织相关单位对高性能钢材科研试生产产品进行反复检测试验，编制发布了Q500qE钢板技术条件，生产的桥梁用钢经鉴定达到了国际领先水平。

　　生产直径7毫米的2000兆帕级平行钢丝斜拉索需要优质高碳钢盘条，但当时只有国外一家钢厂能够生产，而且价格昂贵。作为主要负责人，闫志刚决心自己组织相关单位研发。他调查选择了8家钢厂和钢丝厂共同研发，经过无数次试验对比和数据分析，采用国产盘条生产的钢丝终于达到技术标准，实现了钢丝用盘条国产化的重大突破。

　　身兼工程部部长的闫志刚工作总是排得满满的。在他办公室里保存的15本工作笔记上，每一页都写得密密麻麻。随便翻开一页就能看到一条条清晰简要的工作事项："2019年4月23日：1.科技成果梳理；2.监理单位现场工程量审核；3.检查车资料不全，轨道未生产……"

　　闫志刚说，随着沪通长江大桥工期日益临近，他的工作越来越忙，压力也越来越大。外人觉得这样单调枯燥的日子不胜其烦，闫志刚却感到每一天都是充实的。

立"桥"之业

　　"我把沪通长江大桥当成自己的事业来干。参与建设沪通长江大桥这样一座世纪性桥梁、为我国桥梁建设贡献一份力量，让我实现了成为一名桥梁工程师的梦想。"2019年6月1日，闫志刚站在高达300多米的斜拉桥主塔塔顶作业平台，眺望远方雄姿初现的大桥，内心百感交集。

　　"5年多的时光，我对沪通长江大桥产生了浓厚的感情，沪通长江大桥就像我的孩子一样，我们一起成长、一起度过了一段美好的时光，我为能给中国桥梁建设贡献一份力量而骄傲，也为能成就自己的事业和梦想而自豪。"闫志刚说，这几年来，他收获颇多，既学到了更多现场施工技术知识，又增长了工程项目建设管理经验，给以后铁路工程管理工作带来极大帮助。

有了一定深度理论基础，又有宝贵丰富的实践经验，闫志刚干好桥梁事业的信心更加坚定了。"去年，母校桥梁系的老领导问我，现在报考桥梁专业的学生太少了，你能不能给学生做个讲座，激发他们学习桥梁专业的热情。结果，我给学生们讲过之后，当年报考桥梁专业研究生的人数爆增两倍。"闫志刚欣慰地说。

在沪通长江大桥指挥部工作这几年，闫志刚先后获得2015年火车头奖章、2016年茅以升铁道工程师奖、2017年江苏省五一劳动奖章等荣誉。他负责的沪通长江大桥BIM课题组和沪通长江大桥2000兆帕级斜拉索课题组还获得了2017年江苏省工人先锋号称号。

2016年，闫志刚获得茅以升铁道工程师奖时，颁奖仪式就在他的母校北京交通大学举行。当戴着大红花、手捧证书，站在熟悉的天佑会堂主席台上，闫志刚非常激动："这个奖对桥梁工程师而言，可以说是最高荣誉了！"回到家里，6岁的女儿欢呼雀跃，非要戴上大红花让爸爸拍张照片。她觉得，这个奖也是属于她的。

来到指挥部工作以后，闫志刚常驻南通。每次回家时，女儿总是问他："爸爸，你的大桥啥时能建完呀？"闫志刚总是回答："快了，快了！"

如今，大桥已经初具规模，北段主体工程已经完成，南段主航道桥今年将全部合龙贯通。2019年5月28日，大桥完成第一次小合龙。闫志刚难掩激动之情，提笔写下一首七言律诗《心桥》："授业多年志在胸，心怀桥梦毅从戎。龙盘苏北平川处，梁架江南细浪中。勇踞长江开道路，誓雕精品慰苍穹。水天一色连江海，公铁同心铸沪通。"他说，这桥里有他的情结，有他的事业，还有他的梦想……

清白做人　认真做事

采访中，闫志刚反复强调，沪通长江大桥建设给自己提供了追寻梦想的舞台，自己只是做了应该做的事，一切成绩都属于所有建设者。

大学教师的职业经历让闫志刚看起来带着浓浓的书卷气。他工作的态度就如治学育人一样，严谨细致，实事求是。中国中铁大桥局集团沪通长江大桥项目部工程部一位副部长悄悄地告诉记者："施工方案里不准确的表述以及用错的标点符号，闫总都会修改正确。"

在沪通长江大桥建设指挥部工作的5年多时间，闫志刚始终保持清醒的头脑和高度的责任感。他知道，这座大桥举世瞩目，建成后将是我国桥梁史上的一座丰碑。

守住底线原则，清清白白做人，认认真真做事——这是闫志刚笃定的理念。他表示，只有这样，才能对得起各级组织的信任和重托，才能向党和人民交一份合格答卷，才能对得起自己的梦想和良心。

"宝剑"锋从磨砺出

韩宝剑 2001年参加工作，现任京雄城际铁路雄安指挥部高级工程师，曾获得京沈铁路客运专线京冀有限公司先进个人、中国铁路北京局集团有限公司先进生产者等荣誉。2017年至2019年间，韩宝剑负责京雄城际铁路"四电"工程和高压电力迁改建设管理，在短期内制订出高压电力迁改建设方案，为该项目顺利实施做出了重要贡献。

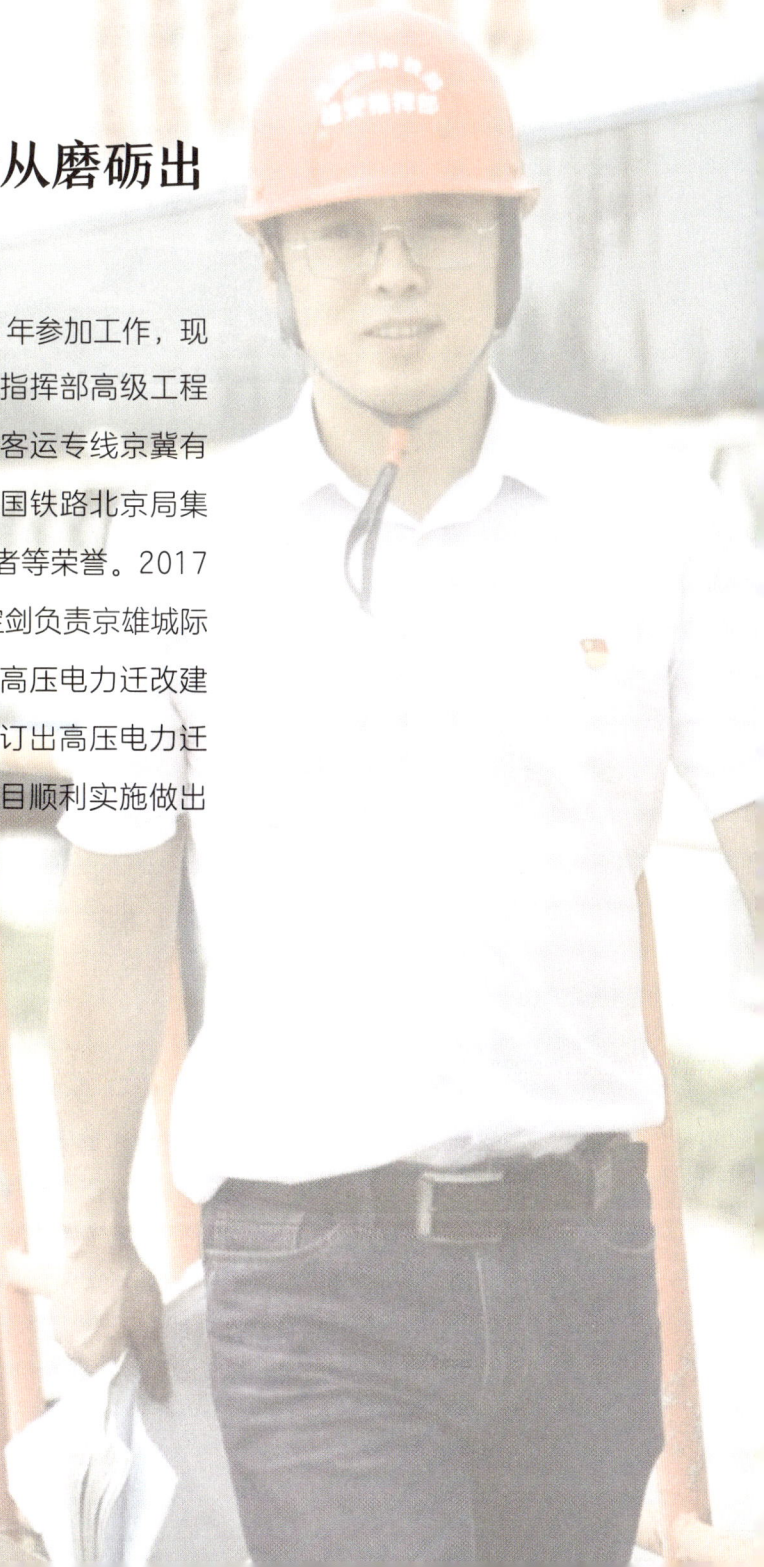

杨建光/摄

『宝剑』锋从磨砺出

——记京雄城际铁路雄安指挥部高级工程师韩宝剑

杨建光

"在我心中，参加京雄城际铁路建设这样的重点工程是人生中的一大幸事，我想任何人遇到这样的工作机会都会感到无比自豪和光荣。"韩宝剑没有想到自己会有机会参与到京雄城际铁路的建设中。从2017年7月进入筹备组，到现在在雄安指挥部负责站后"四电"工程建设管理工作，韩宝剑始终保持着一股高昂的工作激情与干劲。

如同他的名字一样，韩宝剑在43年的人生旅途上历经磨砺，终得利锋。

志存高远砺青春

韩宝剑的家乡在山西省灵石县的一个小山村内，交通不便，至今也未通公路。村里人出行困难从小就给他留下了难以磨灭的印象。所以，高考报志愿时，他下定决心要选个与交通有关的专业，希望将来能为改变家乡落后的交通面貌贡献一份力量。怀着这样的志向，韩宝剑1997年考取了华东交通大学电气化专业。

韩宝剑是个有心人。他说，当初选择电气化专业，是因为他觉得这是中国铁路未来的发展方向，在铁路基建领域，这个专业的技术含量也较高。

4年的大学生活清苦而又充实，韩宝剑一天也没有虚度，胸中的理想一刻也没有忘怀。2001年，依靠奖学金和助学贷款完成学业的韩宝剑凭借优异的成绩被中国中铁十二局集团有限公司录用。

刚参加工作时，韩宝剑同一线工人在一起劳动、爬杆架线。第一次爬上立柱的情形他至今记忆犹新："那时心里真的害怕。立柱下的老师傅就鼓励我，扯着嗓子喊'抓牢了，莫向下看'。"虽然苦没少吃，可学到的东西真不少。后来他发现，理论和实践是存在一定差别的。比如说，即使没有通电，水泥立柱也会带电，韩宝剑参加工作以前从不知道这个，在经历过一线作业后才明白。所以，每到雷雨季节，他都会叮嘱施工人员爬杆作业时要先给接地立柱放电。

野外作业不但辛苦，而且有时还伴有危险。2002年，他在参与河北黄骅港铁路专用线施工时遇到下雨，大家都跑到一处涵洞中躲雨。没想到，雨非常大，仅仅一分钟的时间积水就没过了大腿。这下大伙可慌了神，怎么办？不知是谁当机立断，大叫了一声："快跑，到公路上去！"就这样，顶着暴雨，一群人转移到了安全地带。

忆及往事，韩宝剑庆幸的是，不管多累多苦，自己还是坚持了下来，而且，他投身铁路建设事业的热情从未消减，心中的理想和志向从未放下。毕业至今近二十载，韩宝剑与铁路"四电"工程建设项目始终形影不离。这期间，他从现场技术员到项目部技术主管、工程部长、副总工程师、总工程师······脚踏实地，一路走到今天。

心无旁骛干实事

2001年参加工作以来，韩宝剑一直从事铁路"四电"工程牵引供电专业的施工建设技术专业管理，很善于在实践中根据现场具体情况组织施工。从企业专用线、既有线改造、新建普速铁路到京广高铁、贵广高铁等的"四电"工程建设，再到京雄城际铁路"四电"工程和高压电力迁改建设管理，韩宝剑攻克了一个又一个难关，积累了越来越丰富的"四电"工程建设经验。

杨建光/摄

　　2005年至2006年在武威至嘉峪关铁路电气化改造工程中，他带领同事们创新提出的流砂地质接触网支柱基础施工工法至今仍在应用。这让韩宝剑感到自豪。

　　"当时的流砂地质条件对支柱基础开挖影响很大。3米深的基坑，往往还没挖到一半，就会出现坍塌。"韩宝剑说，这让现场工人们苦不堪言。时任项目部工程部部长的韩宝剑立即组织技术人员集中开展攻关。他们首先想到的是采取支护方案，一边开挖，一边用木板在坑内做一圆柱形围挡防护。这个方案有一定成效。但是，这个方法却存在着成本问题，主要是回填时木板无法取出，造成浪费，大量推广应用显然在经济上行不通。韩宝剑又提出，改变材质，用钢板围成锥形支护。经过试验，这个方法简便易行。特别是由于钢板表面光滑，与流砂的摩擦力小，回填时很容易抽出，可反复使用。这个方法很快在全线同样地质条件下的施工中得到了推广应用。

　　2007年在包（头）兰（州）线包惠段的接触网施工中，在软泥涌水的地质条件下，时任项目总工程师的韩宝剑创造性提出的杯形浅基础施工方案也成功地破解了现场的施工难题，赢得了业主交口称赞。

　　2012年在石太客专接入京广高铁工程中，韩宝剑牵头组织了获鹿线路所改造，破解了硬横梁架设、下锚补偿更换、腕臂计算安装、线索架设和道岔调整等高铁改造难题，采用逐步过渡方案，为此后同类工程积累了宝贵经验。这个项目最终还获得了国家优质工程奖。

参加工作以来，韩宝剑一门心思扑到"四电"工程建设中，以踏实严谨的态度，心无旁骛地干好手中的每一件事。在做好工程建设管理的同时，韩宝剑还在理论上刻苦钻研，不断提高。这些年，他在攻读硕士学位之余，还撰写了"高速客专电气化接口及过渡技术"，攻关研究了"新建贵广铁路隧道群接触网的选型与布置"和"贵广铁路长大隧道内电力箱变远动调试技术研究"QC课题，参加了"京雄高铁全线BIM+GIS关键技术应用研究"科研课题研究。

"亮剑"京雄显身手

铁路建设中高压电力迁改历来是块硬骨头，不仅专业性极强、工作异常烦琐复杂，而且牵扯涉及的人和事很多，事无巨细，都要考虑周全。

作为京雄城际铁路高压电力迁改工程的主要负责人，韩宝剑注重超前策划、加强过程督导和配合。面对一个如此庞大的工程，面对电力迁改史上的诸多第一次，他加班加点，反复论证迁改方案。他严格制订时间节点和详细施工计划，路电双方密切配合，确保停电迁改时间，截至2019年8月，正线高压电力迁改已完成95%，有效保证了项目按期推进。

京雄城际铁路建设中站后"四电"工程的难点在于施工风险高，同步实施工程情况复杂，而且工期十分紧张。京雄城际铁路全线高压电力迁改45处、连续梁35联、道岔梁30联，各类跨越管线、河道等手续办理多达32处，施工有效期仅17个月。要征服这些"拦路虎"绝非易事。

面对困难，韩宝剑毫无怨言和畏难情绪，把各项工作安排得井井有条，保证了协调配合通畅、施工组织科学。京雄城际铁路指挥部副指挥长李政对韩宝剑的能力与业绩给予了肯定："韩宝剑的工作精神值得大家学习。他任劳任怨，积极肯干，为京雄城际铁路建设做出了应有的贡献。"

"专业技术没有99分，差1分就不及格"，这是韩宝剑一直挂在嘴边的口头禅。日常工作中，他常对人讲，牵涉到施工质量和安全的原则性问题，一点都不能商量。"为高质量、高标准完成电力迁改工作，我们提前研究策划施工方案，一次不行，就两次，大不了推倒重新再来。"韩宝剑是这样说的，也是这样做的。

韩宝剑说，京雄城际铁路建设不易，在这个过程中他得到了太多人的帮助，自身能力与素质得到了很大提升。他感到在跨行业的高压电力迁改中，有很多宝贵的经验需要总结。

对于BIM+GIS技术在建设领域的应用，韩宝剑认为对建设管理意义重大。他说："作为建设单位，在京雄城际铁路项目上，我们着重研究从设计、施工到运维环节全生命周期的BIM应用与管理。通过创建BIM模型结合GIS信息，在工程方案制订、现场测量、碰撞检查、图纸审核、方案优化设计、施组安排、三维可视化交底、模拟仿真、为运维预留接口等方面都进行了应用，实现建设信息从二维应用模式向三维模式转换。"

2019年，京雄城际铁路建设进入关键阶段。韩宝剑的工作愈加繁重，每天忙得像个高速运转的陀螺。但每每想到在主题党日活动中喊出的庄严誓词，他就感到全身充满了力量。今年3月的一天，在充满生机的河北大地上、在京雄城际铁路源霸线迁改现场，他与全线参建单位的70余名党员代表站在鲜红的党旗前，重温入党誓词，并作出郑重承诺：勇于承担建设雄安新区的历史责任，同心协力建设好京雄城际铁路。

建设京雄城际铁路是推动高起点、高标准、高质量谋划交通发展蓝图，构建雄安新区快速交通网，打造绿色交通体系的重要一环。韩宝剑和数以万计的建设者们正在为打造这项重点工程而努力着、奋斗着……

采访手记

人生有为　　选择无悔

　　"勤于思、敏于行、讷于言"，这是韩宝剑留给记者的印象。长期在铁路"四电"工程建设领域默默耕耘、无私奉献，他在平凡的岗位上做出了不平凡的业绩。凭着坚定执着的理想信念埋头苦干，韩宝剑从未停下奋斗的脚步。20年来，他转战祖国大江南北，献身于铁路"四电"工程建设，坚持用心用情做好手中的每一件事，在日复一日忙碌的工作中不忘理想追求，在往来奔波中实现人生价值。

　　人生当有为，选择应无悔，这是韩宝剑的理想与追求。对于所有人来说，这种信念也是一种激励与鞭策。愿这样的信念充盈着我们的内心，在各自的工作岗位中奋勇前行、有所作为。

壮心不已挑重担

范学波　　1962年11月出生，1984年8月参加工作。从事铁路信号施工技术和生产组织管理工作30多年来，范学波先后独立或参与组织了合武、哈大、哈齐、哈牡及京张高铁等国家重大工程项目。其中，他主持的大秦线两亿吨扩能信号配套工程获2007年火车头优质工程一等奖、2008年国家优质工程银质奖。范学波本人于2011年获得火车头奖章。

杨建光/摄

壮心不已挑重担

——记中国铁路通信信号集团有限公司京张高铁『四电』系统集成项目部常务副经理兼总工程师范学波

杨建光　郑昱雯

　　大秦铁路、合武高铁、哈大高铁、哈齐高铁……从事通信信号工程建设至今已整整35年，现任中国铁路通信信号股份有限公司京张高铁"四电"系统集成项目部常务副经理兼总工程师，范学波将汗水洒遍祖国大江南北的数十条铁路。

　　面对记者，这个外表粗犷的山东汉子显得有些腼腆，总是呵呵地笑。谈及自己的贡献和成绩，范学波总是说："俺就是一名铁路信号工，没干出啥成就来。"这是范学波一贯的低调与谦虚。事实上，他主持参建的多个项目曾获国家优质工程奖、火车头优质工程奖。组织上认为他是业务精通的行家里手，同事们把他当成和蔼可亲的良师益友。

厚积薄发巧创新

　　作为中国通号北京分公司的技术骨干，多年来范学波在工作中一直保持着凡事勤思考的好习惯。他说，只有将一线施工经验与勤于思考结合起来，发明创新才能源源不断。

2017年，京张高铁开工建设。范学波及其团队担负着京张高铁正线全长174公里的通信信号设备安装及站改施工工作。在工期紧张的情况下，他带领同事们潜心钻研，发明了信号电缆绝缘自动测试装置，将算法、仿真技术等有机结合，探索出一条可自动测量系统的技术道路，不仅提高了施工效率，而且提升了智能建造水平，获得了国家实用新型专利认证。

在长年的工程实践中，范学波有7项发明创造获得国家实用新型专利认证，为中国通号节支创效数百万元。

2010年，在哈大高铁信号施工项目中，针对该工程技术特点，范学波带领项目部技术骨干研发了基于RS232串口输出控制板的新型轨道电路模拟试验器。"我们通过把每个轨道区段模块化处理，把各站的站场图形拼接并预置在电脑中，试验时只需在显示屏上点击鼠标，即可实现对轨道区段的控制。"范学波说，这使得原来需多人操作的工作现在仅需一人就可独立完成，大大减少室内连线数量，改善了工作环境，提升了工作质量，为后期综合联调联试争取了更多时间。

杨建光／摄

2007年，在合武高铁站后工程建设中担任项目经理的范学波意识到，如何在隧道和桥梁段安全、快速敷设电缆是决定施工速度的关键。于是，他召集项目部技术骨干，针对客运专线站前施工已预留电缆沟槽的实际情况，在总结其他移动敷缆设备成功经验的基础上，研制了新型自装式敷缆车，彻底改变了以往靠人力拉引电缆进行敷设的方式，大幅提高了工作效率。

精湛技术解难题

和蔼可亲、不善言谈，这是范学波留给很多人的第一印象。可熟悉他的人都知道，执着严谨、技术精湛才是他的本色。在业内人眼里，范学波是精通铁路通信信号业务的行家里手，有他做后盾，大家心里就踏实。

在京张高铁站后"四电"工程施工中，范学波经常半夜被电话叫醒。不需要任何寒暄，同事只要直接陈述施工中遇到的问题，范学波就会快速、高效地给出解决方案。一声亲切的"范老师"背后，是大家对他的尊重和信任。小到一个配件、一条配线，大到整个线路的布局，只要有问题，找范老师，就不会出错。

他的精湛技术在以往工程实践中也常常令人折服。

岁月的时针回转到2015年初春，大庆室外的气温依然很低。国家"十二五"重点项目哈尔滨到齐齐哈尔的高铁线路正在进行最后的联调联试。夜幕降临，大庆东站值班室的显示器上3、4股道有砟轨道电路偶尔闪现红光。现场调试人员按照以往经验，对室内发送、接收设备进行了故障排查，结果配线、电源电压、功出、低频、载频均显示正常，测试导通室外发送、接收通道均无问题。在更换室外设备、补偿电容时，并没有显示出现故障，但是接收电平仍不能达标，第二天夜间故障又会发生。几天过去，问题仍得不到解决。得知消息后，时任项目总工的范学波立即带领技术人员，连夜逐点测试、试验，综合分析接收电平衰耗原因。

范学波紧蹙着眉头，对现场人员说："目前，我们已经排除了电气设备故障，我认为可能是本区段的两轨条绝缘降低导致区段内电平衰减严重，也就是固定钢轨的螺栓有短路的现象。"

听到这个观点，联调联试指挥部现场人员和站前铺轨单位都不以为然："轨枕短路是什么说法？我们从来都没有听说过。范总，你是不是在推卸责任？"几番解释无果，范学波只好说："你们既然不相信我说的，那咱们就用试验说话。"

随后，他利用4道设备接入正线无砟股道证明信号设备性能完好，最终确认是轨枕螺栓绝缘电阻不达标，尤其是夜间温度降低时绝缘值随机下降。在实验数据面前，站前单位最后承认是因为使用了新型黏固剂造成了故障的出现，并停轮更换3、4股道所有轨枕螺栓。

当那个闪烁了数小时的红光带终于不再亮起的时候，压在范学波心中的那块大石头也终于落了地。站前单位负责人说："范总，厉害呀，还是你说得对。"范学波长出一口气："没事儿，能把问题解决了就好。"

范学波用自己过人的胆识和丰富的经验赢得了更多人的信赖与钦佩。同事们都说，只要有范老师在，再难的问题都能迎刃而解。

言传身教育新人

2017年，范学波再次担负起重任，带领员工投入到2022年北京冬奥会的重要交通保障设施、时速350公里的智能化高速铁路——京张高铁的施工任务中。

京张高铁施工过程中需要与多方面进行协调沟通，范学波身上的担子越来越重。即便如此，他也没有忘记自己作为一名技术人员的本职工作。来找他的供应商在调度室里扑了个空，熟悉范学波的人对供应商说："您去机房找找，范总应该在那儿。"

"天窗"时间的通信信号机房灯火通明，范学波看着一个个站在机柜前独当一面做好联调联试工作的员工，心中无比自豪，却又放心不下。

在机房看到靠在墙上满是疲惫的范学波，供应商好奇地问道："您还真在这儿啊，这些活儿他们天天干，您还有什么不放心的？"

"这些孩子我没什么不放心的。我在这儿，他们心里能更有底，就算是真有问题，也能第一时间解决，不耽误项目开通。"

作为项目部的常务副经理兼总工程师，范学波的压力非常大，不但要与各方面协调，而且要紧抓施工生产，他紧锁的眉头几乎没有松开过。项目部的员工每每遇到这样的情况，就像是在家里遇到心情不好的严父一般，越发小心翼翼，唯恐因为自己的工作失误招来批评。而就是这位让孩子们"怕"的严父，时刻关注着这群青年人的成长。

京张高铁项目部中，年轻的身影随处可见。范学波深深懂得上级领导在把施工任务交给自己的同时，也把企业的未来和希望交给了自己。在队伍越来越年轻化的项目部中，范学波无论是职务还是年龄都是当之无愧的一家之长。为使项目部这批新招收的高校毕业生尽快在京张高铁建设任务中成长，成为公司各项工作的骨干和新生力量，范学波对他们的培养无不尽心尽力。

施工方面的经验只要有人问，他都倾囊相授；操作中的问题只要有人求教，不管多晚多忙他都耐心讲解；日常工作中员工考虑不到的问题，他都试着引导并让他们明白思考的方式。这样的他是大家眼里和蔼可亲的良师益友。如果有员工因粗心而导致工程出现瑕疵，第一次他会耐心地教育，一旦出现第二次，他就会毫不留情地予以训斥，让员工吸取教训，将施工质量与规范牢记在心。

范学波为人低调、不爱说话，更不爱在各种场合谈论自己的成绩。但如果谈到这些刚参加工作的毕业生，每个人他都能说得有条有理如数家珍。个人的专业特长、脾气秉性、缺点不足，他介绍起来是那么亲切，又那么准确。一有机会，范学波就会特地到驻地安排员工的伙食，保障后勤，尽可能让他们吃好。他经常说："这些孩子为建设京张高铁贡献了自己的力量，咱们千万不能亏待他们。"

为了使这些常年离家的员工业余生活丰富一些，他带领大家举办过篮球比赛、趣味运动会等各种活动。为了让员工在外同样能过上喜庆的节日，他组织大家一起聚餐、唱歌，让大家享受节日氛围。他像一位可敬的大家长一样呵护着项目部里的年轻人，用自己的心血细心浇灌着企业的未来和希望，使他们逐渐形成强大的凝聚力和向心力，为共同的目标而不懈努力。

35年来，不断开工的项目需要他，无数的实践难题考验着他，众多的员工依赖着他。已经57岁的范学波如同一棵松树般常绿常新，始终战斗在每一个需要他的地方，怀揣着对中国铁路事业的激情，带领着一批又一批通号人为推动祖国铁路建设而拼搏。

采访手记

谦恭为人　谨慎做事

"择一业，终一生，去哪里就要干好哪里的项目。"从入行之初到现在，30多年来，怀揣这样朴素的想法，范学波用他的青春与汗水、知识与经验，不忘初心、勇挑重担、砥砺前行，在中国铁路通信信号领域毫无保留地奉献与奋斗，做出了突出贡献，取得了令人钦佩的成就。面对各种表彰与荣誉，范学波始终不骄不躁，对人对事谦恭谨慎、一如当初。

千年潮未落，扬帆再起航。当前，在国家"一带一路"建设引领下，中国铁路建设又迎来了一个加快发展的新时期。范学波怀抱着延续通号辉煌的决心，担负起为通号事业拼搏的使命，带领团队全力以赴、埋头苦干，立志把京张高铁建设成一条智能化的高速铁路，为铁路事业蓬勃发展再立新功。

高铁劳模的时代新变

罗昭强　　48岁，中共党员，曾获得国家科学技术进步奖二等奖、全国五一劳动奖章、中华技能大奖、火车头奖章等荣誉，是参加国家"十二五"科技创新成果展的10位高技能人才之一，领衔的"罗昭强国家技能大师工作室"被授予全国工人先锋号称号。

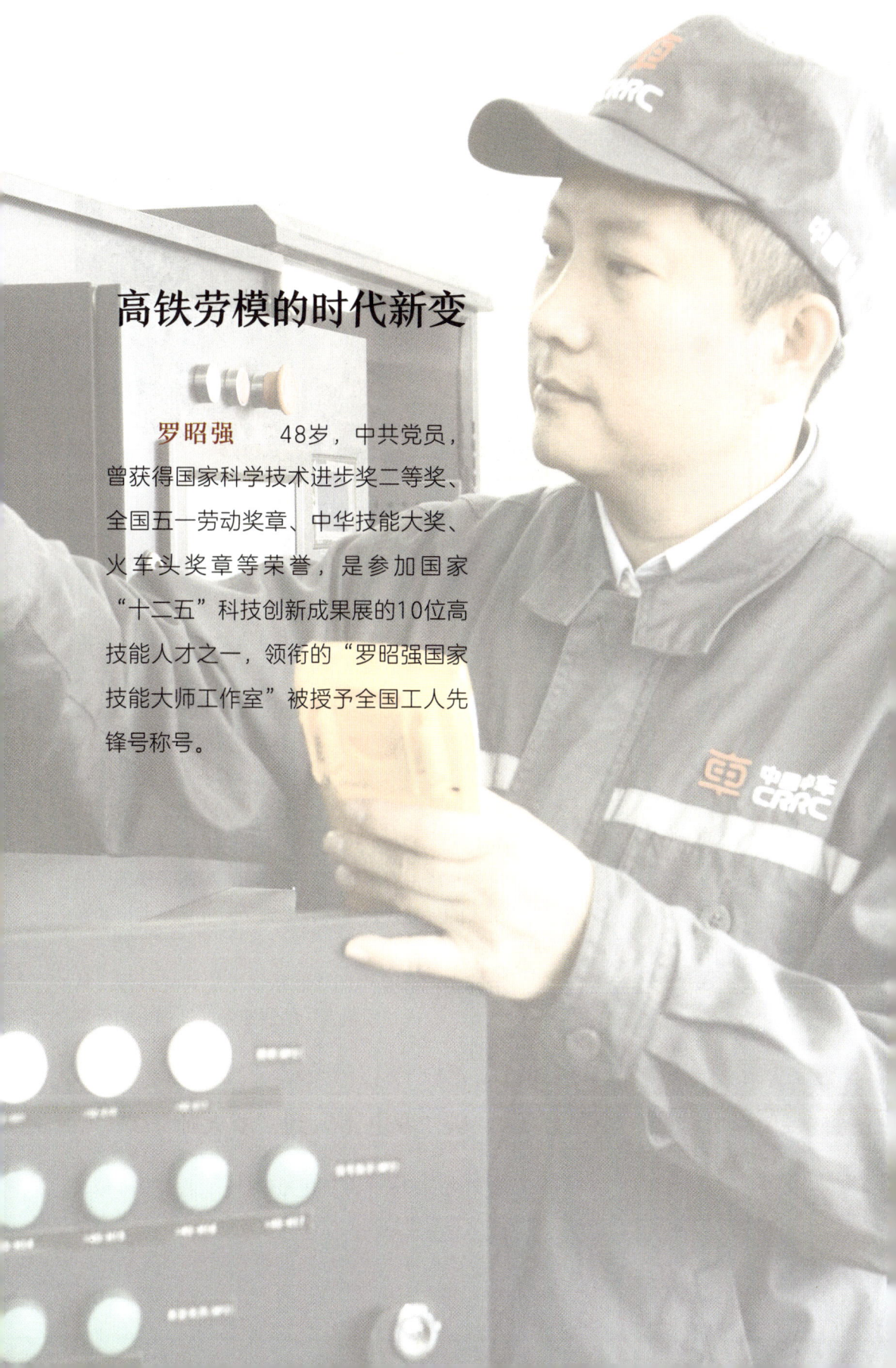

高铁劳模的时代新变

——记中车长春轨道客车股份有限公司铁路车辆制修工罗昭强

赵妮娜　解绍赫

王　伟／摄

工作29年，罗昭强共完成4项发明专利、7项实用新型专利，申报15项国家专利，累计为企业节约成本近千万元。他先后获得中华技能大奖、全国技术能手、全国五一劳动奖章、吉林省劳动模范、"吉林工匠"、火车头奖章等荣誉，享受国务院政府特殊津贴。

2015年7月17日，习近平总书记视察中国中车长春轨道客车股份有限公司高铁基地，罗昭强作为中国高铁工人的优秀代表之一，受到了习近平总书记的亲切接见。

劳模罗昭强是中国铁路从绿皮车到复兴号、从"追赶者"变成"领跑者"的快速发展过程中的蓝领技术力量。

从"罗电工"到"罗大师"

罗昭强的职业生涯从1990年开始，技校毕业后来到中车长客股份公司的前身长春客车厂，成为一名维修电工。

　　"罗电工"上班第一天并不顺利。一台立式车床出现故障，罗昭强请缨去修理，想在诸位老师傅面前显示显示自己，结果满头大汗地忙活了一上午也没处理好故障。中午，一位老师傅叫他去吃饭，看他还没有修好，就从兜里掏出一把小螺丝刀在速度继电器触点的调整螺丝上拧了两圈，车床立刻运转。年轻的罗昭强敬佩不已，给自己定了一个"小目标"：掌握车间里每一台电气设备的原理。

　　聪明加上努力，罗昭强很快实现了自己的"小目标"。但是，随着技术发展的日新月异，罗昭强意识到要当个好工人，就要超前学习。

　　1992年，铁路工业行业还没有编程控制的设备。于是，罗昭强开始四处打听。听说长春市一家企业刚刚引进了一套编程控制生产线，他主动上门，在休息日免费帮人家干活。从家里到那家企业，骑车要两个半小时，罗昭强却一点儿也没觉得苦。慢慢地，他赢得了那里维修师傅的赏识和信任，拿到了当时长春市唯一一本设备编程资料，开始了当时非常先进的编程、调试技术的学习。

　　罗昭强白天工作，晚上上夜大，4 年里系统学习了电子、计算机、液压等知识，又自学掌握了西门子、施耐德等不同控制系统的编程、调试等技术。

　　现场锤炼，知识助力，"罗电工"快速成为"罗大师"。

　　罗昭强第一次参加工厂举办的技能大赛，裁判员告诉故障后还没回到座位上坐好，罗昭强就"秒杀"龙门刨床4个故障点，轻松捧起第一名的奖杯。

　　2004年，公司开始高速动车组制造，大型高精尖设备大量引进，罗昭强成为公司400多套国际一流装备的"全科医生"。一次，生产时速250公里动车组的大型关键设备数控液压机出现故障，设备液压系统是德国制造，厂家派来的工程师也束手无策。罗昭强半夜出差回来，得知设备已经4天不能工作了，便直奔现场。他在电脑上操作了3秒钟，设备就恢复了正常工作。现场的人们爆出一阵惊呼，罗昭强憨笑："我就是改了个参数。"

　　第二年，在中国中车集团第二届职工岗位技能竞赛维修电工组的比赛中，罗昭强轻轻松松得了冠军，被授予全国技术能手称号，成为企业的首席操作师。

坚守初心终成"大国工匠"

　　2008年，罗昭强已成为中车长客股份公司的核心维修骨干。公司准备把他转成技术干部，由工人编制变为干部编制。好处显而易见，但他却犹豫了。内心深处，他反复问自己：你是因为什么想转呢？你是发自内心想转吗？你不是还有很多在工人岗位上想干还没干成的事吗？

罗昭强放弃了转干，决定在工人岗位上继续做自己喜欢做的事情。在现代制造业中，工人的概念早已与以往不同。在中国高铁这个世界瞩目的平台上，技能成才也是职业成功的高速线路。"工人是劳动者，也应该是创造者，中国高铁的质量和速度需要高铁工人的智慧。"罗昭强经常这样说。

2000年前后，外国一家机构的设备经理请罗昭强去管理一条瑞士出产的自动化生产线，薪酬是他当时工资的3倍外加年底分红。但罗昭强拒绝了："我父亲就是长客人，我是第二代长客人，是中国高铁的大发展给了我成长的平台。人不能光为自己活着，要回报企业、效忠祖国。"

在中车长客股份公司，罗昭强的手机号被许多人设定为手机快捷键——"设备有问题，找'罗大师'"成了许多人的口头禅。

2010年7月，公司两台进口地板磨光机的组合开关损坏报废，去欧洲采购需要耗时3个月、花费近万元。当时是CRH5型和谐号动车组生产的关键期，情况紧急。因为没有设备原理图，罗昭强将磨光机拆卸开来，零部件依次摆好，盘腿坐在地上逐件测试研究。5个小时后，他用国产通用电器件替代进口件，迅速修复了设备，生产再次启动。

不断创新擦亮"国家名片"

2015年是罗昭强记忆里幸福的一年。他向公司申请："我一直干电气设备维修来服务高铁，但我希望自己这一辈子能参与制造高铁。"这一年，他被调入公司高速中心，开始从事高速动车组调试工作。调试是列车出厂前的最后一道工序，解决最微小的问题，确保高速动车组完美出厂。

这一年，拥有自主知识产权的中国标准动车组CRH400BF型首列在中车长客股份公司试制。出厂前的调试中有一项静态重联试验，是让原型车与其他厂家的车实现网络和机械互联互通。如果等两车会合后再做这一试验，不仅会延长交车时间，还增加了试验的不确定性。罗昭强主动请缨，带领几个同事研发了只有抽屉大小的重联模拟器，成功实现与其他车模拟重联认证，解决了中国标准动车组互联互通的核心问题。

新时代技能人才，要埋头苦干，更要抬头创新。中国高铁快速发展，高速动车组仿真实训显得日益重要，罗昭强瞄准了这一全新课题。他发明的"CRH3型高速动车组调试操作实训装置"实现了高速动车组受电弓、安全环路、动车组牵引等七大系统的模拟，独立开发了5套动车组控制逻辑模拟软件，可实现模拟动车组功能和多种学习的目标，开了利用模拟的手段对高铁车辆调试操作员工进行培训的先河，使培训时间由原来的2～3年缩短为3个月，填补了国内轨道车辆调试模拟技术的空白。

之后，罗昭强在课题中引入在国内尚未得到推广应用的具有前瞻性的列车实时以太网（ECN）控制技术，实现了列车控制程序、监控和诊断程序、信息显示系统、UIC网关的自主开发，为中国标准动车组产品的调试、运营维护提供了新的技能培训平台，并将随着中国高铁走出去的脚步服务国际高铁用户，从而实现产品增值。

这一课题后来延伸为"高速列车整车调试环境模拟技术及应用"项目，申报了2018年国家科学技术进步奖。中国工程院院士丁荣军亲自指导提名书的撰写。该项目最终获得2018年国家科学技术进步奖二等奖。中国中车集团号召全体员工向项目主持人罗昭强学习。

罗昭强经常反思，及时发现自己的不足，并努力补齐。他主动拜师，和知名专家常振臣博士签订了师徒合同。他努力学习外语，积极为轨道交通国际合作做准备。

2008年，罗昭强的工作室正式成立，实现辐射互动，努力解决现场疑难杂症，培养复合型高铁技能人才，并与大连交通大学博士后工作站实现对接。罗昭强牵头编写了《维修电工技能进阶培训》《动车组调试应用技能》《轨道车辆制修工基本技能丛书（高级）》等教材。罗昭强的工作室作为公司技能型人才的"黄埔军校"，培养出6位全国技术能手、4位中央企业技术能手；学员中有6人成为中国中车集团拔尖技术能手，46人成为高级技师，75人成为技师，11人成为吉林省首席技师，3人获长春市职工技能大赛状元，5人获长春市高技能领军人才称号，1人成为中国中车集团首席技能专家，4人成为中国中车集团资深技能专家。

当前，罗昭强和他的同事们正投入更高层面的数字化、智能化高速动车组调试体系研发中。在这个新时代，实现中华民族伟大复兴的中国梦离我们如此之近，以罗昭强为代表的新时代劳模们正向世人展示出蓬勃的奋斗力量。

基于苦干　成于创新

2019年1月，在国家科学技术奖励大会上，"高速列车整车调试环境模拟技术及应用"荣获国家科学技术进步奖二等奖。主持完成这一项目的是一位工人——中车长春轨道客车股份有限公司一线工人罗昭强。这是中国高铁领域第一次由一线工人荣获国家科学技术进步奖。

罗昭强已经两鬓斑白，工作29年，苦干29年，艰辛自知。

罗昭强常常笑意盈盈，工作29年，创新29年，幸福自知。

低头苦干，抬头创新。蓝领罗昭强29年践行着这简单普通的8个字，新时代劳模的成功和幸福随之而来。罗昭强以知识、技能为载体，持续学习，努力创新，他的成功是劳模先进性在新时代焕发新光芒的经典案例，对新时代产业工人的成才起到了引领示范作用。

基于苦干，成于创新。中国高铁事业蓬勃发展，基于所有铁路人苦干实干的不懈努力，更成于主动变革、勇于创新的更高追求。这样的原动力让中国高铁成为中国的金名片，让世界为之瞩目。

京雄酬志筑通途

姚军军 1995年从石家庄铁道学院桥梁专业毕业，20多年来一直工作在工程建设项目管理一线，现任中国铁建十二局集团一公司京雄城际铁路1标项目部经理。2017年参加京雄城际铁路建设以来，带领团队以高度的责任感和使命感，高标准高质量高速度推进工程施工，提前完成主体工程，在建设单位组织的三次信用评价中取得两次第一、一次第二的优异成绩；荣获2018年度中华全国铁路总工会火车头奖章；所在项目部荣获2018年度中华全国铁路总工会火车头奖杯；所在项目施工BIM技术应用获全国BIM技术大赛银奖，并入围2018年度北京市建筑信息模型应用示范工程。

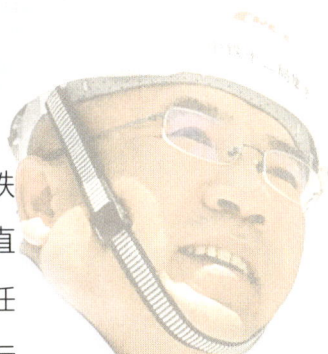

京雄酬志筑通途

——记中国铁建十二局集团有限公司一公司京雄城际铁路1标项目部经理姚军军

杨建光

杨建光/摄

"天下的路有多长啊，筑路人的故事就有多长。山间的云朵就是我们做梦的帐房。扛起日子的肩膀啊，心中一轮大太阳。古铜色的脸庞，古铜色的脊梁，生活像风一样，爹娘给咱好身板啊，气壮山河走一趟……"

中国铁建十二局集团一公司京雄城际铁路1标项目部经理姚军军从事工程建设工作至今已有24年。他多年来的筑路生活就如这首歌描绘的一样。

结实的身板、黝黑的面膛、两道浓眉下目光如炬，姚军军的声音非常爽朗："干我们这行的，可不都是这样子，哪有白白净净的。"1995年从石家庄铁道学院桥梁专业毕业后，他先后管理过5个项目，曾在多个重点铁路项目建设中立下赫赫战功。

挑起重担

从小生长于山西省晋城市的姚军军出身于农户之家，10岁起就开始干农活。长期的体力劳动让他觉得从业以来的所谓"吃苦耐劳"如同家常便饭，反而为枯燥单调的筑路生活增添了更多乐趣。

"在山东搞公路建设时，一个深秋的晚上，我们要走回工区。前面一个水坑，月光照上去，平平的，像水泥路面一样。我一脚踩上去，咕咚一声就掉进去了。水还挺深的，都没过我的腰了。当时吓了我一大跳，好不容易才爬出来。当时天气还挺凉，冻得我直哆嗦。穿着湿透的脏泥水衣服回到工区，搞得自己狼狈不堪。"提及这段往事，姚军军笑道，"这在一线工地建设者中是常有的事，谁也不觉得这算什么苦，大家还互相拿这当作笑料来调侃呢！我们现在的项目部还有同志掉过江里呢，哈哈哈⋯⋯"

谁能相信，就这样一个乐观自信的人，在两年多前就任京雄城际铁路1标项目部经理时，还曾陷入前所未有的焦急与忧虑当中。

时间回到2016年12月28日，京雄城际铁路1标合同花落中铁十二局集团一公司时，大家既觉得兴奋异常，又感到重担难挑。经公司领导反复权衡研究，姚军军被选定为项目经理。以敢打硬仗著称的姚军军接到任务后，顿感"压力山大"，但也没有太多犹豫，立即整理行囊，从霍永高速项目上转战京雄城际铁路项目，踏上了"进京赶考"的征程。

杨建光/摄

2017年1月1日，姚军军带领第一批人来到了北京大兴，开始着手进场的一系列准备工作。谁也没有料到，困难程度远远超过了他的想象，可以总结为"急、难、险、高、严"。急，工期后门关死，面对施工环境的复杂性、不确定性，合同工期显得有些紧张；难，线路涉及71家企事业单位、200多户民宅、19处超高压线迁改，征地面积1280亩，数百家产权对象，迁改手续仅盖章以千枚计；险，线路27次跨越铁路、高速公路、城区主干道和13.44公里的既有线改造施工；高，京雄城际铁路社会关注度高，安全质量要求高；严，铁路工程建设已经迈入新时代，生态环保要求远远严于过去。

那段时间，姚军军觉得任务难以完成，思想上有包袱："如果干不成，我就应该及早抽身让更有能力的人来干"。再一想，他又觉得："别人干也要面临这个困难，逃避不是办法啊！"关键时刻，公司领导表态将举全公司之力支持京雄城际铁路建设。

公司的鼎力支持给予了姚军军极大的信心和动力。"公司给我的支持力量是强大的。说实话，以前总认为，我们在外面干项目，要尽量不让公司为我们操心。京雄城际铁路不一样，很多资源配置、外部协调问题，公司都出面帮助我们解决，为我们有效组织生产创造了良好的条件。"

决战京雄

重担已然在肩，姚军军知道，他已无退路。"按期开通不动摇，生产安全不亡人，质量过硬不碰线，科技创新出成果，这是我们当初确定的目标。"姚军军认为，作为一名项目总负责人来讲，管理本身就是资源的调配、安排。工程从开始到竣工，人、材、机是贯穿始终的主角。在实际施工中，各种资源如何安排、调配大有讲究。

抓大放小是姚军军管项目的一贯思维。根据现场需要，姚军军细分施工单元，将管段分为4个分部、1个制梁场，充分释放生产力。同时，他要求各分部按照这一思路布局，每个分部必须上足5个以上施工队，并配备足够的施工人员，满足现场需要。施工中，姚军军按照"机械为主，人工为辅"的思路，配足、配强机械设备，展开大规模机械化施工。"我们仅二分部就投入塔吊13台，吊车24台，挖掘机11台，运输车辆20台。"姚军军说，这几乎是"武装到了牙齿"。

　　"我们的项目部是以小时为单位倒排工期的，以时保天，以天保月，以月保节点工期。"姚军军回忆，在劳动竞赛中，他们每周一次通报，每月一次奖罚兑现。"有指标，有考核，人员才有压力。每个月进度不达标，分部、施工队给予经济罚款、减少任务、清退出场等处罚。"

　　在强有力的考核制度下，参建各团队、员工争第一、拔头筹的热情高涨，全标段从一开工就呈现大干态势。施工高峰期时，混凝土拌和站每天生产的混凝土多达7000立方米，10立方米的罐车要装700车，50台罐车高速往返，仍不能满足现场要求。附近群众惊叹："看到过干工程的，没看到过干得这么快的，桥墩像凭空冒出来的，几天不见一大排桥墩已经起来了。"

　　施组、方案优化是最大的效率。姚军军带领技术人员，逐项优化分部、分项、节点施工方案，把17处悬灌梁改为现浇梁，同步施工，把梁场存梁由2层改为3层，由单向架梁改为双向架梁……一项项举措，成倍缩短了时间，提高了工效。不知道有多少次，项目部管理技术人员建议、论证、争论、测算到深夜。就是在一次次思想碰撞的火花中，一个个高效省力、严谨科学的方案出笼，并得到了业主、设计单位的肯定和支持。

　　2019年5月13日，北京新机场真机试飞成功，作为连接线的京雄城际铁路北京段建设也接近尾声，京雄城际铁路1标段在有效工期不足两年的时间里，主体工程基本完成，这样的施工速度实属罕见。姚军军也因此被人叫作"拼命三郎"，但他似乎不认可这样的称谓。"在建设高峰期时，我们工地上的施工和管理人员多达5000多人，仅仅靠拼命两个字诠释不了建设者的状态。"姚军军说，"如果没有智能化的手段、充足完备的工装、训练有素的作业人员和科学的施工组织，像这样的建设规模和紧张的工期要求，要完成任务是不太可能的。"

　　特别是对于施工中BIM技术应用，姚军军颇有心得体会："BIM技术革命引领新的建设潮流，对建筑施工企业的发展意义重大。在京雄城际铁路项目，我们通过创建全标段BIM模型，在工程前期策划、测量智能化、钢筋碰撞检查、图纸审核、方案优化设计、施组安排、三维可视化交底以及模拟仿真等方面都进行了探索性应用。我们还通过BIM模型静态基础数据与自建PMS项目管理信息系统的动态数据采集有机结合，实现了集信息共享、统计分析、过程监控、质量追溯等内容于一体的闭合式管理。"他表示，BIM作为发展中的技术，其实施效果与现有的工具、人员综合素质息息相关。"今后我们会加大培训力度，使BIM技术成为我们从业人员的工具。"

筑路无悔

提起姚军军所在的1标段，京雄城际铁路建设指挥部副指挥长邓寅杰连声称赞："老姚人不错，讲政治，顾大局，懂管理。在京雄城际铁路项目这么重要的工程中，带领团队完成了各项任务，指挥部上上下下，包括中国铁路北京局集团有限公司都对他们的工作很认可。"在中铁武汉大桥咨询监理有限公司总监崔天宝的眼里，姚军军是一个讲原则、守信誉，工程管理方面的行家里手，是一个出色的带头人。

项目部党工委书记孟德水说："我和姚经理做搭档一直配合比较默契。去年，我们项目部还被评为了'四好领导班子'。姚军军是一个敢于担当的人，他思路清晰，管理有方法有策略，对党群工作很重视很支持，关心员工生活，关注个人成长。"

面对各方的夸奖，姚军军倒有些不好意思了："其实，我这个人脾气不算好。"姚军军说，随着年龄增长，他也在不断有意识地控制、管理好自己的情绪。

2019年已45岁的姚军军长年在铁路施工一线摸爬滚打，从一名普通技术人员成长为项目负责人，一直业绩不俗。他任项目经理的兰武铁路、达成铁路、成蒲铁路等工程，都曾被评为省部级样板工程。对此，姚军军表示并没有多大多宏伟的目标，只是想在专业能力和个人修养方面努力提高自己，为企业在激烈的市场竞争中添砖加瓦。

"咱也不会干别的，坚持下去，继续给老百姓修路吧。"姚军军说，这也是当初自己选择专业和职业的初心。

采访手记

唯自律与勤奋方得始终

姚军军很少面对镜头和记者，更习惯踏踏实实、不声不响地干好每一个项目。他参加过国内多条重要公路和铁路项目建设，还参加过2008年汶川抗震救灾抢险活动，但是这么多年来留下的照片资料却很少。

当记者采访姚军军时，他还有些不太习惯。他的话语不多，却清晰而有条理、坚定而有力量，谈起施工管理来头头是道，提及自己的付出和辛苦来却口讷少言。

20多年来，姚军军勤勤恳恳地奔波在施工一线。谈起工程建设项目管理，他感触很深。他说，现在工程建设对项目管理者的综合素质要求越来越高，不仅需要坚定的理想信念、扎实的专业基础和优秀的管理能力，而且需要持之以恒的自律、始终不渝地追求和废寝忘食的勤奋，只有这样才能善始善终地带好团队、管好项目。

筑路京张致青春

    蒋 思 中铁五局集团第四工程有限责任公司副总经理兼京张高铁3标项目部经理。他曾经在南昆铁路、济泰高速公路、秦沈客专等十几个项目建设中留下足迹。蒋思带领项目部参建员工一路披荆斩棘，在京张高铁全线10多家施工单位中，项目部信誉评价两次名列前三名。蒋思不仅被评为2016年度中铁五局集团有限公司优秀项目经理，而且还在2016年荣获中国中铁股份有限公司劳动模范和京张城际铁路有限公司优秀项目经理等荣誉，在2018年被评为中国中铁股份有限公司优秀共产党员。

筑路京张致青春

——记中铁五局集团第四工程有限责任公司副总经理兼京张高铁3标项目部经理蒋思

杨建光　谢崇志

杨建光/摄

天资聪慧，19岁就大学毕业，熟悉蒋思的人都说他是一个英才。

"我算什么英才？可不敢这么说！"中铁五局集团第四工程有限责任公司副总经理兼京张高铁3标项目部经理蒋思大笑着解释道，"小时候，我父母都是老师，没时间管我。他们在课堂上讲课时，就把我放在教室后面玩耍。等6岁入学的时候，校长发现我既能识字，又会算术，就让我直接上了三年级。我们那时小学是五年制，所以我15岁就参加了高考。"

1992年，蒋思以优异的成绩考取西南交通大学，就读道路与桥梁专业，大学毕业时他刚满19岁。此后23年间，蒋思豪情满怀地走进铁路建设工地，用感恩的心做人，用忠诚的心干事，在国家重难点建设工地奋勇前行，谱写了一曲初心无悔的青春赞歌。

有热爱才有情缘

"小时候，看见火车在钢轨上南来北往，我感到无比神奇。第一次坐上火车，看到外面变换的风景，我感到无比兴奋。我想，如果有一天，那些洞啊、桥啊是自己建的，那该多好。"蒋思的思绪一下子飞到了遥远的童年，"头戴安全帽、身穿工作服、眼盯施工图，逢山开路，遇水搭桥，多神气啊！我长大了就要做一个修铁路的工程师。"

1996年大学毕业后，蒋思不愿每天坐在办公室里，决心要到施工一线摸爬滚打，锻炼自己。蒋思一直坚信："年轻人一定得从基层一线干起，只有这样，以后制订施工方案才能做到既'知其然'，又能'知其所以然'。而且，当亲身和一线工人干活的时候，你能切身体会到工人劳作的辛苦。等你制订施工方案的时候，才会更加注重细节，更加人性化、科学化。"

聪明爱动脑，勤劳肯吃苦。这是当时很多同事和领导对蒋思一致的印象。从见习生干起，蒋思一路成长迅速。从技术员、技术主管、队长、项目部总工程师、项目部经理到四公司副总经理……23年来，蒋思始终没有离开施工一线。

在项目建设中，他曾多次主持、参与解决高铁隧道、桥梁、路基等方面的施工技术难题。"我参与过南昆铁路、济泰高速公路、秦沈客专等十几个项目建设，见证了中国交通发展，也享受着每次破解工程技术难题后的喜悦。"他说。

蒋思总觉得没"吃饱"，还有很多领域等着他去"加餐"。

"我一直想寻找一个更好的锻炼机会。2016年早春，机会向我招手了。我加入了京张高铁项目的踏勘行列。"蒋思说，"当时，四个标段我都一一仔细勘察过。那时我就认为，包括八达岭隧道和八达岭长城站在内的3标段将是整条京张高铁上的'硬骨头'。"

后来，中铁五局集团偏偏中标了这块"硬骨头"，而蒋思又偏偏被集团组织部门委以重任，担任京张高铁3标项目部经理。

当时也有人私下说："一个桥梁专业出身的人，要想拿下世界级的大隧道，简直是太难了。"大家都为蒋思捏了把汗。

蒋思骨子里总有那么一股闯劲。他说："管它是'硬骨头'还是'软蛋糕'，只要能'加餐'、丰富自己的施工经验，那就是自己最好的'粮食'。"

"接到任命通知时，我正在西宁站站改工程现场。马上收拾行李，我第一时间赶往北京。同时，项目部党工委书记贾友文、总工程师老罗分别从贵阳和怀化赶过来了。"蒋思回忆道，"2016年3月20日，我们三个人在北京会合后的第2天，就租了一辆车到八达岭查看工地环境。"

此后3年多时间里，蒋思和同事开始在这里拼搏奋斗，把满腔热情和汗水挥洒在燕山余脉军都山中。

有奋斗才有精彩

2019年5月，北京延庆县军都山上郁郁葱葱，苍柏挺拔，青松傲立。八达岭山行川跃，万壑千峰愈显雄奇。这里就是中铁五局集团京张高铁三标项目部承担施工任务的八达岭隧道所在地。

八达岭隧道全长12.01公里，是京张高铁全线最长隧道。隧道与车站连接两端渡线段单洞开挖跨度达32.7米，是当前国内单拱跨度最大的暗挖铁路隧道。同时，隧道内含八达岭长城站。车站深处地下102米，总长470米，地下建筑面积3.98万平方米，是当前国内外埋深最大、堪称世界第一的高速铁路地下车站。

"它就像一个深藏地下的巨大空间，车站主洞数量多、洞型复杂，有88种断面类型、78个交叉节点，是目前国内最复杂的暗挖洞群车站。"2019年5月27日，在已经贯通的八达岭隧道中，蒋思介绍了此次工程的特点难点，"八达岭长城站社会关注度极高，我深感责任重大，但肩上的担子再重，我们也有信心挑起来。"

"京张高铁是2022年北京冬奥会的配套工程，要求2019年底必须通车。工期是死的，但人是活的。我们一天当作两天用，白天晚上一起干，只用3个月时间就完成了施工用地、出渣用地等施工必用场地建设，以最快的速度使隧道施工步入正轨。"回首建设过程中的那些日日夜夜，蒋思的心至今仍是沉甸甸的。

"在'詹天佑'脚下干工程，如果不能夺得詹天佑奖，就是问心有愧。"在每次月度安全质量专题会上，蒋思都会这样强调。为把八达岭这一隧一站打造成精品工程，项目部以"开工必优、一次成优、样板引路、全面创优"为总体思路，先后制定出台了50多项管理制度和实施办法，将施工工艺、施工方法等作业标准落实到每道工序、传达到每个作业面、灌输到每个工人。

隧道开工后，围岩状况、施工管控远比想象中复杂，各种不可预期的一系列难题接踵而至，安全、质量、工期等压力之大前所未有。蒋思说："来到京

杨建光/摄

张高铁3标项目部后，我几乎没睡过一次安稳觉。标准高、难度大，工程建设就像在刀尖上跳舞，各种问题随时会出现，不能有半点闪失。今天我们有强大的祖国和高端的修路技术作后盾，必须把京张高铁修得更好更美，向百年前的铁路人致敬。"

针对项目工程难、技术新等特点，蒋思从展现科技力量、展现创新精神、展现工作作为等方面搭建起京张高铁科研创新大舞台，让热爱科研、敢于创新的技术人才在这里尽情施展才能，大胆探索创新。他与班子成员共同成立了技术创新攻关团队，根据工程阶段性进展，开展专项性的、针对性的、复杂性的科研创新工作，从复杂洞室群地下车站施工组织、车站两端大垮过渡段单洞开挖方案、小间距爆破施工等方面确立了11个科研创新课题。这些课题已全部完成，获得各级工艺、工法认证的课题有21个，其中，获得省部级认证的课题有3个。

新工艺、新工法、新工装，有力地保证了工程质量和安全，大大提高了劳动生产率和经济效益，使隧道施工步入了"快车道"，保证了2019年5月28日铺轨顺利通过八达岭隧道。

有梦想才有未来

"我的梦想是修建一座子孙后代都能记住的铁路工程，在实现梦想的过程中，不管成功与否，我都愿意付出一生。"在23年工程建设职业生涯中，蒋思一直怀揣着这样的梦想。

如今，举世关注的京张高铁八达岭隧道已经贯通；超大断面的八达岭长城站也初具规模，即将交付安装。质量、安全、工期均达到设计要求。一个崭新的高铁车站即将展现在世人面前，蒋思的梦想也即将成真。

蒋思喜欢这样一句话：人有梦想才有未来。他认为，心中有梦想，身上就有干劲，日子才有奔头。

从业以来，蒋思从未停下过追梦的脚步。同大多数铁路建设者一样，除了工作的艰辛，蒋思也面临家庭难顾的尴尬。蒋思的妻子早早就辞掉了工作，全身心照顾家。这么多年来，绝大多数春节他们一家三口都是在工地上度过的。项目部在哪里，老婆孩子就赶往哪里，陪他一起过节。蒋思的母亲今年已经80岁了，每逢春节不能回家时，电话那头的母亲总是说："没事，你好好工作，不用挂念我。"

提起孩子，蒋思更是一脸愧疚地说："孩子跟我不太亲近，现在长大了，也能理解我的苦衷。"虽然见面少，可蒋思管教孩子却十分严厉，以至于父母训斥他："你一年到头也没陪孩子几天，好不容易见了面，还要教训他？"再过几天，孩子就要参加高考了，蒋思打算回去陪陪儿子，可仍然放心不下工作，详细地和项目部书记贾友文商量着工作。

"孩子高考是大事，你就放心回家吧，这里有我盯着！"贾友文说，"我和老蒋是第一次搭班子，但这三年来，我们相处得很融洽，配合默契。他这个人性子直，有什么话从不藏着掖着，为人坦诚，从不计较个人得失。看，会议室的墙上挂满了我们项目部获得的各种奖状和荣誉证书。"听到贾书记的赞扬，蒋思不好意思地笑了。

繁忙的工作之余，除了看书，蒋思没有其他兴趣爱好。他的书柜里全都是工程建设方面的专业书籍。"现在知识更新速度快，施工技术管理也是日新月异。不抓紧学习新知识，怎么能跟得上时代步伐？自己不懂又如何指挥别人？"蒋思直言不讳，"说实话，专业以外的书我看得不多，没兴趣，也没时间。"

他说，如果有机会，还会去迎接更大的挑战。等京张高铁开通运营后，他希望能带着一家老小坐着自己参与修建的铁路，去看冬奥会。

采访手记

脚踏实地　放飞梦想

走起路来坚定有力，聊起天来谈笑风生，脸上总是洋溢着沉稳和自信，似乎没有什么困难能压倒蒋思。其实，随着最后工期的日益临近，他的心里一点也不轻松。他知道，行百里者半九十。虽然八达岭隧道已经贯通、八达岭长城站竣工指日可待，但蒋思却不敢有一丝一毫的松懈。作为中铁五局集团有限公司京张高铁3标项目部第一管理者，他明白，唯有脚踏实地，砥砺前行，才能不辱使命，用智慧和汗水向人民交一份满意答卷。

他相信：有梦想，才会越活越年轻，越活越精神；有梦想，才会打破陈规陋习，树立新目标、富有新活力、展示新作为；有梦想，才会把握时代脉搏，与时代同进步、同发展、同命运。我们期待着，蒋思在人生道路上放飞更多更美的梦想。